纪念抗日战争胜利七十五周年

抗战大迁徙实录丛书
编委会

主　　任：潘　洵
副 主 任：刘东风　郭永新
顾　　问：张　生　黄正林
编　　委：（按姓氏笔画排序）
　　　　　王兆辉　王勇安　刘志英　张　炜　张守广
　　　　　高　佳　赵国壮　郭　川　唐润明
审　　稿：方大卫

抗战大迁徙实录丛书

丛书主编　潘洵

金融对垒

刘志英　编著

陕西师范大学出版总社

图书代号：SK20N0721

图书在版编目（CIP）数据

金融对垒 / 刘志英编著 . — 西安：陕西师范大学出版总社有限公司，2020.7
（抗战大迁徙实录丛书 / 潘洵主编）
ISBN 978-7-5695-0838-3

Ⅰ.①金… Ⅱ.①刘… Ⅲ.①金融机构—史料—中国—近代 Ⅳ.①F832.95

中国版本图书馆CIP数据核字（2019）第104632号

金融对垒
JINRONG DUILEI

刘志英　编著

选题策划	刘东风　张　炜　王勇安
执行编辑	郭永新　王西莹　胡　杨
责任编辑	王　翰
责任校对	王西莹　陈柳冬雪
封面设计	张潇伊
图表设计	荣智广告文化
出版发行	陕西师范大学出版总社
	（西安市长安南路199号　邮编710062）
网　　址	http://www.snupg.com
印　　刷	中煤地西安地图制印有限公司
开　　本	720mm×1020mm　1/16
印　　张	19
插　　页	2
字　　数	278千
版　　次	2020年7月第1版
印　　次	2020年7月第1次印刷
书　　号	ISBN 978-7-5695-0838-3
定　　价	88.00元

读者购书、书店添货或发现印装质量问题，请与本公司营销部联系、调换。
电话：（029）85307864　85303629　传真：（029）85303879

总序：气壮山河之大迁徙

潘 洵

抗日战争全面爆发前的中国，不仅经济、文化、教育、科技等十分落后，布局也极不合理，绝大多数现代工业、金融、文化、教育、科技等机构集中分布于东部沿海沿江地区。据国民政府实业部统计，战前工业主要分散在冀、鲁、苏、浙、闽五省及天津、威海、青岛、上海四市，尤其集中于长江三角洲地带的苏、浙、沪两省一市，广大中西部地区川、滇、黔、陕、甘、湘、桂七省共有工厂237家，占全国工厂总数的6.03%，稍具规模的工厂几乎没有。战前全国108所高等院校中大学42所、专科30所，大部分集中在中心城市及沿江沿海一带，其中上海与北平占1/3，而贵州、陕西则一所没有。一旦东部沿海沿江地区遭遇战争破坏，将会给中国经济、文化、教育等带来毁灭性的打击。

从1931年九一八事变，日军炮击沈阳北大营开始，到1945年抗日战争胜利，中国历经了一次史无前例的大迁徙。特别是在全面抗战爆发以后，为了躲避日寇的炮火，为了不当亡国奴，数以千万的社会精英和平民百姓扶老携幼、驮箱推车、风餐露宿，艰难地向大后方迁徙。而同时，在国民政府和社会各界的动员和组织下，各政府机关、厂矿企业、文化单位、科研机构、大中院校、金融机构等也艰难地向西迁移。抗战大迁徙，涉及地域之广、动员力量之大、跋涉路途之遥远、历经时间之长久、辗转周折之艰险、作用影响之巨大，在人类历史上实属罕见。

这场大迁徙始因于1931年日本军国主义对中国东北的侵略。东北大学成为日军侵略下第一所内迁的高等学府,在九一八事变爆发后被迫走上流亡之路,成为第一所流亡大学,揭开了抗战大迁徙的序幕,其先迁北平复课,后又迁开封、西安,最后南下四川三台继续办学。

1935年华北事变后,华北危在旦夕,华北之大,已放不下一张平静的书桌。北平的部分学校、科研及文化机构开始了国难迁徙。位于北平的中央地质调查所、故宫博物院、中央研究院历史语言研究所等陆续南迁南京、上海。

全面抗战爆发后,平津很快沦陷,淞沪会战打响,首都南京岌岌可危,政府西迁迫在眉睫。1937年10月29日,中国军队在淞沪战场上处于不利的形势,蒋介石在国防最高会议上发表《国府迁渝与抗战前途》的讲话,确定以四川为抗日战争的大后方,以重庆为国民政府的驻地。[①]11月16日晚,国防最高会议正式决定国民政府西迁重庆。国民政府主席林森即席辞别,于当晚乘军舰溯江而上,率领国民政府高级官员及随员800余人离开南京,首途重庆。11月20日,国民政府正式发表移驻重庆宣言:"国民政府兹为适应战况,统筹全局,长期抗战起见,本日移驻重庆,此后将以更广大之规模,从事更持久之战斗。"同日,四川省政府主席刘湘电呈林森,表示"谨率七千万人,翘首欢迎"。12月1日,国民政府宣布在重庆简陋的新址正式办公。

国民政府的西迁,迅速带动中国沿海沿江和中部地区的工业、金融、文化、教育、科技等机构及民众的大规模内迁。"中华民族6000万儿女,政府官员、大学教授、工商老板、小工苦力,他们挈妇带女,扶老携幼,从海边走向大山,从莽莽林海前往黄土高原,从富饶的江南奔赴偏远的西南。他们不分老幼,不分男女,不分信仰,不分党派;为了生存,为了延续民族的血脉,为了抗击日本侵略者,走上艰苦卓绝的迁移之路。"[②]

为了保存中国经济命脉,支援抗日战争,上海及其他战区的民族企业家纷纷冒险犯难,将机器、设备和员工迁到武汉,继而又转移到西南内地。他

---

① 《国府迁渝与抗战前途》(1937年10月29日),见秦孝仪主编:《总统蒋公思想言论总集》第14卷,中国国民党中央委员会党史委员会1984年版,第655—657页。
② 苏智良、毛剑锋、蔡亮等编著:《去大后方:中国抗战内迁实录》,上海人民出版社2005年版,前言第1—2页。

们长途跋涉，历尽艰辛，迁往内地恢复生产，仅1938年至1940年，内迁工厂448家，有技工12,182人，内迁后复工的308家。①高校内迁也是抗战大迁徙的重要组成部分，从1937年到1944年，经历三次大规模的内迁：第一次是全面抗战开始到武汉、广州会战前，内迁高校达56所，占当时全国高校总数97所的57.73%；第二次是太平洋战争爆发后，内迁高校21所，占21.65%；第三次是1944年2月至12月豫湘桂大溃败时期，原迁在此的21所高校仓促再迁，损失极大。据统计：迁校4次以上的有19所，其中4次的有东吴大学、国立戏剧学校等8所；5次以上的有浙江大学、私立贤铭学院，其中浙江大学两年5次迁徙，途经浙、赣、湘、桂、黔五省，行程5000余里；6次的有河南大学等3所；7次以上的有中山大学、山西大学等5所；8次以上的有广东省文理学院。而迁校2—3次的占绝大多数。②抗战期间迁移高校总计106所，搬迁次数多达300余次。内迁重庆的科学研究学术单位、文化机构也很多，如国民政府国史馆，中央广播电台，兵工署导弹研究所，中央工业实验研究所，中央农业实验研究所，国立中央研究院动物研究所、植物研究所、物理研究所，中国地质调查所，永利化工研究所，中山文化教育馆，国立编译馆，国立礼乐馆，商务印书馆，正中书局，国立中央图书馆，中央电影制片厂等100多家单位。大量报社、出版社也纷纷迁渝，当时国民党的主要大报《中央日报》《扫荡报》《大公报》等，以及共产党的《新华日报》都在重庆印行。在战时四川的"文化四坝"中，重庆就占据了"文化三坝"（北碚夏坝、市区沙坪坝、江津白沙坝）。重庆出现文化机构云集、文人荟萃的局面，大大推动了重庆文化的繁荣。随着战争的持续，大量东部、中部地区的人口也纷纷内迁，据国民政府铁道部部长、交通部部长张公权先生估计"到1940年，沿海各省逃往大后方的人民，从一亿八千万增加到二亿三千万，以致全国人口总数之一半定居于中国后方"③。而据陈达统计，七七事变后短短数年中，全国城乡共有一千四百二十五万人迁往后方。④陈彩

---

① 国民政府经济部：《经济统计月报》，1940年第4期。
② 季啸风主编：《中国高等学校变迁》，华东师范大学出版社1992年版。
③ 张公权：《中国通货膨胀的历史背景和综合分析》，见中国人民政治协商会议全国委员会文史资料研究委员会编：《工商经济史料丛刊》第1辑，文史资料出版社1983年版，第147页。
④ 陈达：《现代中国人口》，天津人民出版社1981年版，第93页。

章认为大后方除有组织的迁移人口外，仅难民就收容了一千余万人。①而陆仰渊认为迁移人口多达五千万。②

太平洋战争爆发后，美国好莱坞著名导演弗兰克·卡普拉根据美国国防部参谋长马歇尔元帅的要求，制作完成了反映第二次世界大战真相的系列纪录片Why We Fight（《我们为何而战》），其中的第六集是1944年制作上演的The Battle of China（《中国战事》）。该纪录片以相当长的篇幅记述了抗战期间中国大迁徙的景况：

> 三千万人被本能驱赶着向西移动，路上崎岖难行，他们没有铁路快车可搭，在二千英里没有道路的荒地中往西移动，全世界目睹人类史上最不可思议的景象之一，史上最大的迁徙。任何可以使用和搬动的东西都被中国人带上路，他们的图书馆，他们的学校，他们的医院，全都被拆下来带走。一千多家工厂的机器，重达三亿多磅，被用卡车运走，用牛车运走，以及扛在背上带走。二千多英里的路程，向西二千多英里，只要可以，他们就聚集在仅存的少数几条铁路旁，等待着，希望在前往西方的目的地时，火车能多少载他们一程，当最后的一部火车载满人和机器后，铁轨也被拔起，一个横轨接着一个横轨，一块枕木接着一块枕木，都将运往西方，不留下任何东西给敌人。每一条往西的河都载满船只，每个舢板、每个驳船，都行在水面上，运送新中国所需的工具到河岸。什么也阻挡不了他们，即使是山谷里的狭窄河流也一样，运送比生命重要的机器往西行。旅程是以英里计，以英尺计，以英寸计，流着汗水一步步披荆斩棘，没有火车、没有船、没有牛车的地方，还是有自动帮忙的勤劳人手，三千万人往西迁移，往西离开侵略者，往西离开奴役与死亡，往西寻找自由。

中国铅笔工业奠基人，有"铅笔大王"之称的企业家吴羮梅曾回忆抗战内

---

① 陈彩章：《中国历代人口变迁之研究》，上海书店出版社1946年版，第112页。
② 陆仰渊、方庆秋主编：《民国社会经济史》，中国经济出版社1991年版，第636页。

迁经历："那是1937年8月，我在上海经营的中国标准铅笔厂为了救亡图存，加入了内迁的行列。由于上海江运已被日寇封锁，大轮船不能通过，同时火车又多被军队征用，陆路运输也不可能，因而只好出重价雇用木船，由小火轮拖到镇江，再以江轮转驶武汉。我与全体职工在敌机轰炸、炮火连天的危险时刻，争分夺秒，随拆随运。我们将拆下的机件，装上木船，在船外以树枝茅草伪饰，掩蔽船内物资。各船沿苏州河前行，途中遇到敌机空袭，就停避在芦苇丛中，空袭过去，再继续前进，终于经镇江运达武汉。次年三四月间，武汉吃紧，再迁宜昌。后因宜昌势难久留，又不得不溯江西上。宜昌以上川江，滩多水浅，只有木船可用。其时搁在武昌待运的物资堆积如山，运输大成问题。我们与工矿调整委员会武汉办事处负责人林继庸、李景潞多次商谈，承协助租到白木船几百只，始得成行。由宜昌至重庆水路全线1300哩，沿线有险滩75处，水流甚急，须由纤夫在岸上拉纤前行，速度很慢。过滩时，因水位不平，船头被纤拉住，往上倾斜，极为危险。如逢小轮急驶而过，激起高浪，最易倾覆沉没。我厂所租的白木船被浪涌入，有两只倾覆，物资落江，损失不小。我们就这样辗转设法把工厂的设备和物资，迁到了抗战后方的重庆。"①

抗战大迁徙是一曲撼人心弦的悲歌。由于国民政府对日本侵略的严重性、紧迫性认识严重不足，直到抗战全面爆发，日寇占领平津，上海即将沦陷，决定迁都重庆前不久，国民政府才匆忙部署政府机关和工矿企业的西迁事宜，造成了很大的被动。而对大中院校、文化单位、科研机构等的迁徙，更是缺乏统筹计划和组织，大多只能各自为政。且由于时间仓促，有的直接毁于战火，有的未来得及搬迁便沦于敌手，有的搬迁计划多次变更，搬了又迁，费尽周折。当时交通极不发达，公路铁路很少，西迁主要靠长江水道，运输能力严重不足。迁徙之路还不时面临日军的狂轰滥炸。更多的人只能靠双脚行走，肩挑背驮，颠沛流离，风餐露宿，艰难西行。

抗战大迁徙是一曲气壮山河的壮歌。对于大规模的工厂、机构的搬迁，即使在和平时期也是一项复杂的工程。但广大内迁员工同仇敌忾，满腔热情

---

① 孙果达：《民族工业大迁徙——抗日战争时期民营工厂的内迁》，中国文史出版社1991年版，序言第1页。

地投入搬迁,废寝忘食,夜以继日地拆卸、包装、装车、装船、造册,无论是机器设备,还是实验器材,无论是桌椅板凳,还是文物图书,都尽一切可能搬运到大后方。无论在迁徙途中,还是在大后方重建,完全陌生的环境,持续不断的无差别轰炸,无休无止的通货膨胀,"衣"的简朴、"食"的匮乏、"行"的艰难、"住"的简陋、"活"的困苦,都没有动摇他们一路向西的意志和抗战救国的信念。

抗战大迁徙是一曲可歌可泣的赞歌。抗战的西迁,粉碎了日军威迫中国首都、要挟国民政府妥协投降的企图,特别是国民政府移驻重庆,"一则防为城下之盟,一则更坚定抗战之决心,俾便从容为广大规模之筹计,使前方将士、后方民众感知政府无苟安求和之意念,愈加奋励"。抗战大迁徙,建立了一个长期抗战的战略后方基地,对支撑长期抗战,争取抗战最后胜利奠定了坚实的基础。"播迁想见艰难甚,辛苦谁争贡献多,宝气精心应不灭,从头收拾旧山河。"[①]抗战大迁徙,也给中国西部经济、文化、科技的发展创造了一个特殊的、前所未有的机遇。不仅为国民政府正面战场的抗战提供了物质基础,也在一定程度上调整了全国经济、文化、科技布局不均的状况,带动了西部地区经济、文化和社会事业的发展,极大地促进了西部地区的现代化发展。

抗战大迁徙,实现了抗击日军侵略的重大战略转移,奠定了中华民族持久抗战的坚强基石,是一部民族解放战争史上气壮山河的壮丽史诗。

为了再现抗战大迁徙波澜壮阔的历史画卷,弘扬伟大的抗战精神,陕西师范大学出版总社与西南大学中国抗战大后方研究中心共同策划推出"抗战大迁徙实录丛书"。该丛书包括《国府西迁》《文化存续》《金融对垒》《守望科学》《烽火兵工》《工业重塑》等六卷,由长期从事中国抗战大后方历史研究的学者编著。经过多年的不懈努力,力图以学术的视野,故事化的文字,并辅之以生动的图片,全景式呈现抗战大迁徙中那些颠沛流离的生活、悲欢离合的故事、可歌可泣的事迹和不屈不挠的抗争,给广大读者提供一套兼具思想性和可读性的学术读物。

---

① 黄炎培为迁川工厂出口展览会的题词,1942年2月。

引　言

上海，这个曾经的小渔村，近代开埠后，以神奇的速度飞快发展，至20世纪30年代初，成长为世界瞩目的大都市——中国的经济（金融）中心，远东国际金融中心，因此有了如"远东明珠""东方巴黎"等一个又一个的头衔。在这些炫目的光环下，最具分量的当属上海作为中国金融中心的地位与身份。据1937年《全国银行年鉴》统计，上海有54家银行总行（全国共164家）、128家分支行（全国共1627家），均占全国各大城市之首，足以看出上海金融事业的繁荣。

然而，七七事变，打响了日本帝国主义全面侵华的枪声，八一三事变，日军大举进攻上海，这也成了上海金融从繁荣到萎缩的转折点。无情的战火摧毁了上海滩照彻夜空的霓虹灯，也重创了上海的金融业，严重动摇了上海作为中国金融中心的地位。蓄谋已久的日本侵略者，凭借一时的军事优势，攻城略地，涂炭生灵，很快便将中国东、中部地区揽入魔爪。

存亡之秋，国民政府在宣布以"自卫战争"抵抗日本侵略的同时，明智地决定西迁，以重庆作为战时首都，进行"抗战建国"的事业。伴随着国民政府的西迁，原本麇集于上海及其附近地区的大量金融机构资本和人才，也纷纷内迁，揭开了中国金融业战时大迁徙的漫漫征程。

金融业的大迁徙，实现了金融中心有计划、有组织地向抗战大后方的转移。可以说，近代中国金融业自诞生之日起就身处动荡的环境中，而金融为国家之命脉，百业之中坚，人民生计之泉源。国家无事变则已，有事则金融必先受其弊；百业无恐慌则已，有之则金融首当其冲。因而，自日本发动九一八事变以后，随着战事的不断升级，中国北方的金融机构就开始了由北而南的转移。八一三淞沪会战后，国民政府实施"应变"措施，中国金融业正式进入战时状态。1937年9月25日，财政部密令中央银行、中国银行、交通银行、中国农民银行将设在上海的总行转移到国民政府所在地南京。11月，上海失守，日军进逼南京，国民政府旋即西迁重庆，"四行二局"又迁至武汉，最后辗转迁入大后方。随着战局不断扩大、战火不断升级，上海的商业银行也成为内迁大军中的一员，银行经营业务，颇多转向西南，与政府战时金融政策取一致之行动。

金融业的大迁徙不单单是金融机构的西迁，还包括货币的转移。七七事变当天，蒋介石密电当时在上海的宋子文（时任全国经济委员会常委、中央银行常务理事、中国银行董事长）将上海各银行的现银与钞票，从速移运杭州与南京，准备向南昌、长沙集中，当时财政部部长兼中央银行总裁孔祥熙正在出访欧洲还未回国，宋子文临危受命，果断行动，完成了任务。同时，国民政府另决定所有由外国印钞公司承印的新钞一律停止直接运输到上海，经过香港时直接在港卸存。在战火引爆之际，现洋南运，钞票内移，为抗战初期的军事提供了最需要的货币支持，从金融角度体现了政府"应战"的决定，及在另一个战场上的备战。

金融业的大迁徙，也是现代金融人才队伍的西迁。作为全国金融中心的上海，金融家云集。其中比较有名的是中国银行总经理张嘉璈、上海商业储蓄银行总经理陈光甫、金城银行总经理周作民、浙江实业银行总经理李铭、浙江兴业银行总司库徐寄庼及总经理徐新六、交通银行董事长胡笔江及总经理唐寿民、交通银行上海分行副经理钱新之、新华银行总经理王志莘、上海证券物品交易所理事长虞洽卿，还包括原中国通商银行董事长、后改任常务董事的傅筱庵。随着战局的进展，这些金融家大部分选择前往大后方，与大后方原有的金融家们共同拓展后方金融事业，稳定大后方金融，并且为激增的金融机构采取多种方式培养合格的金融人才，为稳定战时全国金融、支持抗战而竭诚服务。

全面抗战爆发以前，上海无疑是全国的金融中心，在此基础上，上海发展为远东国际金融中心，但是，随着日本全面侵华战争的枪声打响，战火已燃烧到上海，上海金融中心的繁华和前景也随之"葬身火海"，这是战火冲击下中国金融业从繁荣走向萎缩的缩影。而迁入大后方的金融力量，在为后方注入经济活力的同时，也使战时首都——重庆，开始崛起并成为战时中国的金融中心。

金融业的大迁徙，是国民政府主导下的中国金融网络在抗战大后方的重构。20世纪30年代初，上海金融中心地位最终确立，以此为依托逐步构建了以上海为中心的金融网络体系，即一个以上海为中心，以东中部地区为主体，逐步向西部发展，辐射全国的金融网络。以"四行二局"为典范的国家行局是金融网络的核心，以"南三行""北四行"为代表的商业银行是金融网络的主体。中国近代金融网络的构建，使资金从上海流通到全国。全面抗战爆发后，沿海地区很快陷入敌手，战前形成的国家金融网络以及财政收入受到沉重打击。面对全国金融、经济恐慌的严峻形势，国民政府认为必须尽快从平时经济转入战时经济，统一全国的经济力量，建立战时经济体制，以适应战争对人力、物力、财力的巨大需求。伴随着战时经济体制的建立以及金融业的大迁徙，国民政府主导下的中国金融网络在抗战大后方开始努力进行建设。

首先，建立战时金融垄断体制。采取了一系列措施，其中最为重要的措施就是成立四联总处，统领全国金融。战前，国民政府虽已建立起以"四行二局"为中心的金融体系，初步实现了对金融的垄断，但在国民政府看来，垄断的程度还不够，远不足以应付战局。于是，中央银行、中国银行联合交通银行、中国农民银行，于1937年7月27日，在上海合组联合贴放委员会，共同办理同业贴现和放款。8月9日，正式在上海成立中央银行、中国银行、交通银行、中国农民银行四行联合贴放委员会，下设联合办事处（简称四联社），制定《贴放委员会办理同业贴放办法》及办事细则。11月25日，孔祥熙召集四行代表在汉口组成四行联合办事总处。1939年9月8日，又颁布《战时健全中央金融机构办法》，决定对四行联合办事总处进行改组。1939年10月1日，在重庆正式成立改组后的四行联合办事总处。总处设理事会，理事会设主席由中国农民银行理事长蒋介石兼任。此次改组改变了四联总处的地位与性质，四联总处虽然名义上还是四行的联合办事机构，但是性质上已经从一个单纯的银行之间联合办理业务的机构，转变成为隶属于国民政府的最高金融决策机构。四联总处的成立，标志着一切金融资本受制于国家垄断资本银行的时代从此开始了。

其次，构建大后方金融网络。由于日本疯狂进攻，以上海为中心的中国金融网络遭到重创，并失去了原有的立足之地。国民政府愈加清楚地看到，将金融机构迁至尚未沦陷的西部地区，在抗战大后方重建金融网络已迫在眉睫，并且，此举乃坚持抗战、赢得胜利之关键；于是便着手部署和实施大后方金融网的建设，1938年8月拟订《筹设西南、西北及邻近战区金融网二年计划》，1940年3月增订《第二第三期筹设西南西北金融计划》，具体提出四行应在西南、西北筹设金融网的任务。在国民政府有计划有目的地推动下，以川、滇、黔、桂、康、陕、甘、宁、青、新为主要区域的大后方金融网建设便快速实施起来。其具体载体则是以国家银行为骨干，地方银行为基础，商业银行及其他金融机构为补充，层层推进，全面发展，逐步形成了一个以重庆为中心的遍布西南西北大中城市和县区的金融网。

金融业的大迁徙，保持了中国基本的金融实力，为坚持抗战、赢得胜利奠定了重要的基础。金融机构是货币资金的调剂枢纽，于社会百业而言，金融犹如泉眼，若泉眼堵塞则百业凋散。九一八事变揭开了日本武装侵略中国的序幕，位于日本侵略前沿的中国北方的金融机构由北向南集中；七七事变后，全国金融机构再进一步由东向西内迁，从而保存了中国的金融力量。金融机构的内迁，对维护战时整个中国的经济，坚持抗战起到了极大地作用，正是因为有了这样强大的金融后盾，全民族抗战虽艰苦卓绝，付出了巨大的民族牺牲，但最终赢得了彻底的胜利，粉碎了日本帝国主义变中国为其殖民地的迷梦，并成为自近代以来中华民族命运由沉沦走向崛起，由衰败走向复兴的转折点。

目　录

第一章　战争对中国金融业的破坏 / 1

  金融光环下的远东明珠——上海 / 3
  筚路蓝缕——中国近代金融网的初步形成 / 18
  战火冲击——中国金融业从繁荣到萎缩 / 30

第二章　四联总处的辗转内迁与后方金融中枢的建立 / 45

  整顿金融，服务抗战——宋子文与四联总处的成立 / 47
  "两个权力"不会轻易放手——蒋介石担任四联总处主席 / 58
  掌控大后方经济的枢纽——孔祥熙与四联总处 / 72

第三章　国家行局的内迁与大后方国家金融垄断地位的确立 / 83

  一路向西——"四行二局"的内迁 / 85
  无奈抉择——战时金融政策及通货膨胀 / 98
  为了垄断——国家行局的扩张 / 116

第四章　商业银行与地方银行的内迁、筹设及西部地方金融的繁荣 / 129

  漫漫内迁路——商业银行与各省地方银行的内迁 / 131
  战争下的另一片繁荣——西部省银行迅速发展 / 148
  从无到有——战时县银行的筹设 / 159

第五章　保险业的内移与后方保险事业的发展 / 169

　　为工业内迁保驾护航——战时的运输兵险 / 171
　　做大后方生产建设的坚强后盾——战时的陆地兵险 / 186
　　大后方社会经济的稳定器——战时的人寿保险 / 195

第六章　中国金融家的内迁与大后方现代化金融队伍 / 207

　　"到大后方去！"——东部金融家内迁纪实 / 209
　　报效桑梓——大后方本地金融家风采 / 228
　　无米之炊如何为继——大后方现代化金融队伍的构建 / 236

第七章　中国金融中心的转移与大后方金融中心的构筑 / 247

　　重庆——一个新的金融中心诞生 / 249
　　困境中的新生——西南西北金融业的崛起 / 261
　　聚沙成塔，集腋成裘——大后方金融网的构建 / 272

后记：不一样的战场同样残酷 / 285

# 第一章

战争对中国金融业的破坏

俗话说"千年中国看北京,百年中国看上海",百年上海浓缩了百年中国的历史,是近代中国发展变迁的缩影。近代中国虽处于半殖民地半封建社会,但上海这颗东方明珠却越发明亮,不仅成为中国的经济、金融中心,而且一跃成为远东的金融中心。上海金融中心地位的确立,影响并辐射了周边地区,由此逐步构建了中国近代金融网。然而,战争的炮火却中断了这种进程的继续发展,自1937年七七事变中华民族全面抗战爆发后,战争摧毁了昔日的繁荣,以上海为代表的近代中国金融业开始走向衰落。

金融光环下的远东明珠——上海

不同时期的上海在中国的地位有所不同。从古代至近代,上海经历了从边缘走向中心的转变。近代以来,上海是中国最大的港口城市,是通往世界的窗口,是中国的金融中心,也是远东国际金融中心。

1. 远东明珠地位的确立

上海金融中心地位的确立,不是一蹴而就的,而是长期以来多种因素发酵、酝酿的结果。

首先,上海具有地利之便。上海居长江之下流,为南北洋适中之地,……行旅、商贾及丝、茶等百货云合雾集,以出于其途。凡大小西洋、南洋、东洋诸国,自新加坡,自美国旧金山、檀香岛,自日本运入中国之货,大抵尽至上海,然后分运各关。[①]上海倚海带江,地处东部沿海中心的地理位置可谓得天独厚,上海与长江支流交汇形成内陆航行的水运网络,与东部海洋相接拥有四季皆可通航的优良港口,水陆交通十分便捷,这是长江赠予上海的"厚礼"。上海扼长江入海的咽喉,素有"黄金水道"之称的长江流经中国最富庶的四川、湖北、湖南、江西、安徽、江苏等省,为上海提供了广阔的经济腹地。加之,上海恰好位于内、外扇面的交会点,国外进口的商品通过上海输送到全国各地,而杭嘉湖地区的丝、闽浙皖的茶、四川的桐油和猪

---

① 参见杨楷撰:《光绪通商列表》,见《近代中国史料丛刊续编》第48辑,文海出版社1977年版,第22页。

鬃等土特产，又以上海为平台销往世界，增强了上海对世界市场的辐射能力。

其次，1843年上海开埠，促进了上海经济发展。1846年，上海出口货值仅占全国总量的16%；1871年，在中国主要港口对外贸易中，上海63.6%，广州13.4%，天津1.5%，汉口1.7%，其他各地共为19.8%。"盖上海一埠，就中国对外贸易言之，其地位之重要，无异心房，其他各埠则与血管相等耳。"①此外，部分官僚、地主、商人携款来到上海，促进了钱庄业的繁荣，1858年时上海的钱庄达百余家。山西票号也将汉口、苏州等地分号的资金转移至上海，到19世纪80年代初，上海已有24家资金、规模较大的山西票号，增强了上海的资金流通能力。同时19世纪中后期苏伊士运河开通，欧洲到上海的海底电线成功敷设，上海和世界经济的心脏也贴得更近。一战期间，上海的民族工商业如雨后春笋般涌现，"商人集则市兴，财富集则金融裕"，大量资金汇集上海，融资活动更趋频繁。1928年，南京国民政府成立后，由于上海资本家和政府联系紧密，上海金融业获得发展的助推器。20世纪初到30年代初，中国对外贸易总值由7.9亿元增加至35.1亿元，其中，上海稳占半壁江山，约3倍于汉口，4倍于天津，5倍于广州，6倍于青岛。上海以经济实力为后盾，确立了其在全国的中心地位。

最后，上海具备人和的条件。1852年上海总人口为544,413人，到1937年上海总人口为3,851,976人。②这些人中包括大量技术娴熟的工人，劳动力大军的聚集和壮大为上海的经济繁荣做出了巨大贡献，携资而来的富商巨贾为上海注入资金活力。伴随开埠、通商，也有许多西方人来到上海。1930年，以国籍估算日侨有25,650人，英侨为9331人，俄侨为7687人，美侨为3614人，其他国籍外侨1万余人。③他们或直接投资，或参与中西贸

---

① 顾家熊、聂宝璋编：《中国近代航运史资料》第1辑，上海人民出版社1983年版，第144页。

② 邹依仁：《上海历年人口统计（1852—1950）》，见邹依仁：《旧上海人口变迁的研究》，上海人民出版社1980年版，第90页。

③ 徐雪筠等编译：《上海近代社会经济发展概况（1882—1931）》，《海关十所报告》译编，上海社会科学院出版社1985年版，第311页。

易，其中不乏实力雄厚的"商业大王"。另外，原来为中西贸易服务的"通事""买办"也尾随而至，发挥了东西间的桥梁作用。近代上海犹如人生大舞台，这里是"冒险家的乐园"，"优胜劣败、事在人为"成为一种普遍的精神风貌。金融家、企业家、商人、平民齐聚一堂，共同开创了上海的繁荣局面。

上海成为远东明珠并非偶然，而是人文与地理、历史与现实的结合，是多种因素共同影响的必然结果。从晚清到20世纪30年代，上海完成了从沿海港口到中国经济枢纽的完美蜕变。美国学者雷麦曾说："如果我们把新奥尔良和纽约合为一个密西西比河口的城市，则这部分地域就有些像中国，而这两处合成的一个城市在重要性上就有些像上海。"[①]

2.上海——中国的金融中心

金融、商业、贸易是上海经济发展的三大支柱，它们浑然一体，贸易的激增必然带动商业的发展，提高对金融的需求。上海作为全国货物的集散中心和贸易中心，金融业迅速发展，并以此为前提逐渐形成全国最大、最灵活的金融中心。

清末民初，外商银行在中国独占鳌头。1896年11月，盛宣怀在"请设银行片"中谈道："臣惟银行者，商家之事。……拟请简派大臣，遴选各省公正殷实之绅商，举为总董，号召华商，招集股本银五百万两，先在京都、上海设立中国银行，其余各省会、各口岸，以次添设分行，照泰西商例，悉由商董自行经理。"[②]1897年5月，在上海外滩6号，中国通商银行成立，这是中国人创办的第一家银行。中国人的"银行梦"实现了。中国通商银行实行股份制，张振勋、严信厚、叶澄衷等为第一届总董，盛宣怀则任督办，掌握实权。中国通商银行经办的业务：一是汇解和收存公款，储存活动资金；二是发放贷款，发挥银行的"血液"供

---

① [美]雷麦：《外人在华投资》，蒋学楷等译，商务印书馆1959年版，第7—8页。
② 陈旭麓等主编：《中国通商银行》，上海人民出版社2000年版，第4页。

给作用；三是经理铁路借款；四是发行钞票，正面印有"The Imperial Bank of China"（中华帝国银行），反面印有"中国通商银行钞票永远流通"和"只认票不认人"等字样，之后发行的钞票还印有"财神"标志。中国通商银行的成立，宣告华资银行业"春天"的到来，在黄浦江西岸的黄金宝地上，开始出现华商银行的踪影，彻底打破了外商银行在华一统天下的局面。信成、四明、裕商等华商银行在上海陆续设立，它们具有发行纸币的权力，并在其他地方设有分支机构。而此后崛起的上海商业储蓄银行、浙江兴业银行、浙江实业银行即"南三行"则成为商业银行中的佼佼者。此外，中国、交通、新华、聚兴诚等银行也先后在上海开办分行。上海金融业已具有跨地区甚至全国性的影响。

中华民国九年（1920年）中国通商银行发行壹两银券

1905年户部银行（后更名大清银行）、1908年交通银行在北京设立，两行拥有众多的分支机构，延揽赔款付息、公款存汇等财政性金融业务，遥遥领先其他金融机构。而且，天津的金融业也相当发达，以北京、天津为核心的华北地区金融实力迅速上升，相当程度上赶超上海。1913年4月，在原大清银行的基础上，中国银行成立了，北京政府《中国银行则例》明确规定，"中国银行设总行于中央政府所在地"[①]——北京，原上海中国银行改为上海分行。复业的交通银行和中国银行获得了北京政府中央银行的地位和特权。在中交两行的引领下，"北四行"

---

① 中国第二历史档案馆、中国人民银行江苏省分行等合编：《中华民国金融法规档案资料选编》（上册），档案出版社1989年版，第160页。

即以盐业、金城、大陆、中南为代表的商业银行迅速发展，至1923年，北京已有23家华资银行总行，天津有40家银行的总分行[①]。京津成为当时中国金融中心的所在地。但上海与京津金融地位有所不同，"上海为我国第一大埠，第一银行之成立所在地，独得风气之先，俨然为我国金融之中心，固无论矣。惟北平并非商场，徒以政府所在之首都，因承袭政府公债借款等业务之关系，遂为一部分银行之发源地"。[②]可见，20世纪初，北京-天津金融中心实乃财政金融中心，上海则是商业金融中心。随着北京政府的垮台，北京-天津金融中心也逐渐衰落，与此同时，上海经济地位得到提升，尤其是南京国民政府成立后，凭借接近首都南京的地利之便，上海金融家和国民政府以公债为纽带加强彼此间的政治联系，上海金融业得到空前发展，除上海的金融机构外，原在京津的大型金融机构纷纷迁沪。上海外滩耸立了各式各样的金融建筑，上海的金融功能得到了充分发挥，金融中心的辐射能力愈加显著。

第一，金融机构齐聚上海。国民政府成立后，定都南京，北京改称北平。针对国家的顶层设计，采取政治中心与经济中心适当分离，把上海发展成为全国最大、最重要的金融中心的方针。1928年11月，中央银行在上海外滩15号宣布开业，《中央银行条例》规定："中央银行为国家银行，由国民政府设置经营之。"[③]时任财政部部长的宋子文担任总裁，在开幕典礼上，谈及成立中央银行的目的，即一为统一全国之币制，二为统一全国之金库，三为调剂国内之金融。[④]1933年，宋子文因与蒋介石关于财政的矛盾加深，被迫辞去中央银行总裁职务。同年4月，孔祥熙继任中央银行总裁。1934年，美国政府实施白银法案，高价收购白银，造成中国白银大量外流，引发"白银风潮"。为了解决经济

[①] 中国银行总管理处经济研究室编：《全国银行年鉴（1936年）》，中国银行总管理处经济研究室1936年，第S2—8页、K125页。
[②] 中国银行总管理处经济研究室编：《全国银行年鉴（1934年）》，中国银行总管理处经济研究室1934年，第A6—A7页。
[③] 中国第二历史档案馆、中国人民银行江苏省分行等合编：《中华民国金融法规档案资料选编》（上册），档案出版社1989年版，第529页。
[④] 洪葭管主编：《中央银行史料（1928.11—1949.5）》，中国金融出版社2005年版，第16页。

危机，蒋介石、孔祥熙、宋子文通过密谋策划，决定发行1亿元金融公债，将中央银行的资本额从2000万元增加为1亿元。此举大大提升了中央银行在国家银行中的地位，使它进一步掌握法币和外汇，业务与盈利迅猛扩张与增加。

20世纪30年代上海外滩的繁荣景象

在中央银行成立的同时，中国银行和交通银行也在思考自己的"去路"问题。1928年11月，中国银行、交通银行分别召开股东大会，除修订银行章程，另决定将总行自京迁沪。相比北平，上海在开展金融业务方面更具优势，中交两行看到了这点，中国银行在1928年的营业报告中写道："北平入春以来，因南北军事未经解决，交通又复阻滞，以致银根枯窘，各业均受影响，倒闭时有所闻，迨至首都南迁，市面更形萧条。""沪行 本年春初，时局尚在军事进展之中，各业咸具戒心，市面因之停顿，迨至夏间，兵戎既戢，交通恢复，商业始呈活泼之象，金融亦渐宽舒。"[①]谈及南迁入沪，交通银行称："交通银行总管理处，原在北平，兹因国都设宁后，内部公务，诸多不便，特将北平总管理处

---

① 中国银行总行、中国第二历史档案馆合编：《中国银行行史资料汇编·上编（1912—1949）》第3册，档案出版社1991年版，第1979、1975页。

迁入沪行。此后对外一应公务，均由沪行总管理处办理。全部人员亦已来沪。"①执金融界牛耳的中交两行中枢机构的南迁，标志着上海已成为名副其实的中国金融中心。对南迁的两行，国民政府指派了官股董事、监事，将中国银行改组为政府特许之国际汇兑银行，交通银行则改组为发展全国实业之银行。改组后的中国银行，无论是资本额、经营管理还是社会声誉，其实力都远超中央银行，这无疑让蒋介石"眼红"，欲夺取中国银行的控制权。最终，1935年币制改革时增资中国银行将其纳入国家银行体系。另外，为控制交通银行，1933年4月，由"宋子文的亲信"胡笔江和唐寿民担任董事长和总经理。1935年4月，交通银行股东大会在上海召开，通过了增加官股、修订章程的决议。增加官股1000万元，连同原有的200万元，合计1200万元，占63.37%，商股仍为693.51万元，占36.63%。②1935年11月，国民政府币制改革后，交通银行在国家银行体系中位居第三。

交通银行大楼旧址（今上海市总工会）

继中交两行迁沪后，北方其他银行也相继南迁，以下为各银行成立时间、地点和迁移时间、地点。新华信托储蓄银行，北京（1914）—上海（1930）；中孚银行，天津（1916）—上海（1930）；中国农工银行，北京（1918）—天津（1929）—上海（1931）；中国垦业银行，天津（1926）—上海（1931）；中国实业银行，天津（1919）—上海

---

① 《交通银行总管理处迁沪》，载《银行周报》1928年第12卷第40期。
② 《交通银行史》编委会编：《交通银行史（1907—1949）》第2卷，商务印书馆2015年版，第107页。

（1932）；东莱银行，青岛（1918）—天津（1926）—上海（1933）；盐业银行，北京（1915）—天津（1928）—上海（1934）；边业银行，天津（1919）—沈阳（1926，奉军收购）—上海（1936）；金城银行，天津（1917）—上海（1936）。谈及南迁，金城银行总经理周作民曾说："本行总行原设天津，其时趋向所集，固在北方，平津相近，一切自易处理。年来形势既异，而经济及金融重心，益觉专集于上海矣。京沪密迩，亦有相为呼应之势，同业中已先有将总行迁沪者，本行似难再缓。"[①]1937年4月，中国农民银行也由汉口迁至上海。国民政府还在上海设立了中央造币厂、邮政储金汇业局、中央信托局等非银行性的大型金融机构。另有将总会设于上海的跨地区储蓄会，如中央、四行、四明、万国等储蓄会。当时，国内12家信托公司中亦有10家设于上海，如中央、中一、中国等。中国、太平、宝丰、安平、泰山等著名保险公司也将总公司设于上海。到此，国民政府的国家金融体系"四行二局"（中央银行、中国银行、交通银行、中国农民银行与中央信托局、邮政储金汇业局并称为"四行二局"）在上海聚首，以"南三行""北四行"为首的商业银行也在上海安家落户。全面抗日战争爆发前夕，大型金融机构集中上海，相较于其他九大城市，群英齐聚上海。据1937年《全国银行年鉴》统计，上海有54家银行总行（全国共164家）、128家分支行（全国共1627家），均占全国各大城市之首，足以看出上海金融事业的繁荣。

第二，社会货币集中上海。全国著名银行麇集上海，其直接影响是社会货币资金集中上海。1937年《全国银行年鉴》统计，中枢机构设于上海的"中中交农"（中央银行、中国银行、交通银行、中国农民银行四行简称为"中中交农"），实收资本总额达1.675亿元，放款总额为19.139亿元，占全国各银行放款总额的55.2%，存款总额为26.764亿元，占全国各银行存款总额的58.8%。全国有73家商业银行，其中有36家商业银行的总行设于上海，实收资本总额达6210万元，占全国商业银行实收资本总额的

---

① 中国人民银行上海市分行金融研究室编：《金城银行史料》，上海人民出版社1983年版，第241页。

74.6%。全国汇款,趋向口岸;口岸汇款,又集中上海,上海便成为全国资金的集散地。因此,自20世纪30年代以来,上海既是纸币发行的枢纽,又是货币的配给中心。截至1935年9月,仅上海一地纸币发行额即占全国发行额的58.4%。币制改革前,上海各银行发行钞票流通总额达3.8亿元,流通地域最广,而在华北流通的津钞位居第二位,仅为5000万元左右。[①]汇集上海的巨额财富,通过金融机构的放款投资流转各地。例如,1930年"南三行"工矿业放款总额为2137.8万元,1933年增至5506.7万元,1936年又增至7263.1万元。[②]此举,在促进沪市工商业发展的同时,使上海金融业朝着良性循环的方向前进。

第三,灵活的金融市场。作为全国的金融心脏,上海的资金血液需随时流动到各地,这就得益于上海金融市场。

上海的资金市场分为拆借市场和票据贴现市场。上海拆借市场具有悠久的历史,既有钱庄同业拆借,又有银行同业拆借。拆借市场设在钱行中,凡头寸之拆进拆出,现洋之买出卖进,以及划头的划进划出,均取决于市场。[③]八点早市开始,十二点举行午市,下午三时至五时晚市开市。早、午两市为"正市",进行大宗买卖的交易,公布拆息行市;晚市为"小总会",是一些小额、零星的交易。"正市"过后,若有资金不足或资金富裕的人,可在"小总会"中继续交易,周转资金。拆借形式多样,十分便捷,上海银行、信托等金融机构,都可派人现场接洽,委托钱庄同业市场现场交易。所以,抗战以前钱业拆借市场是上海资金市场的主角,由它挂牌的行市中外商人奉为圭臬。1932年3月,上海银行业同业公会联合准备委员会成立,银行业的拆借市场正式形成。银行拆借市场创造了将指定资产折为公单,以公单代替现金交易,可用公单拆借现金的新形式。若是会员银行现金头寸不足,可使用公单向委员会拆

---

① 中国人民银行总行参事室编:《中华民国货币史资料(1924—1949)》第2辑,上海人民出版社1991年版,第231页。
② 张仲礼主编:《近代上海城市研究》,上海人民出版社1990年版,第314页。
③ 中国人民银行上海市分行编:《上海钱庄史料》(下编),上海人民出版社1960年版,第652页。

借。拆票即拆进、拆出的款项,拆息指拆款的利率行市。如果拆进资金多,拆出资金少,那么银根就会紧缩,拆息就会水涨船高,反之亦然。由于拆息行市是其他资金借贷利率的参照标准,因此它是反映上海金融市场资金供需情况最灵敏的寒暑表。①自银行同业拆借市场形成后,两个市场同时共存,直到抗战胜利后才合并组成上海银钱业联合准备会,成为统一市场。

票据市场,又称贴现市场,其主要活动是贴现、转贴现、重贴现,其有形市场形成较晚。1930年底,交通银行副经理金国宝设计创立承兑汇票②,并率先制定、颁行《办理押汇凭信及承兑贴现业务规则》,这成为中国第一个票据承兑贴现方面的专门规章。1935年,上海银行公会倡议联合准备委员会组织银行票据承兑所。1936年3月,由38家银行组成的票据承兑所正式成立。会员银行的票据经过承兑所承兑后,即可在市面买卖贴现,工商客户持此票据,可向会员银行贴现,银行也可将贴现票据向中央、中国、交通银行重贴现。通过票据贴现市场,短期资金有了一个既生利又稳妥的运用途径。

上海是全国最大的内汇市场,这是由上海作为全国最大的贸易集散中心和中国第一大港口的优势地位决定的。不管是内地货物的

民国初年上海"钱庄街"街景

---

① 洪葭管、张继凤:《近代上海金融市场》,上海人民出版社1989年版,第29页。
② 交通银行总行、中国第二历史档案馆编:《交通银行史料》第1卷,中国金融出版社1995年版,第634页。

外销,还是外国货物的内运,大多在上海中转。这个贸易枢纽,联系了国内重要商埠,如天津、青岛、汉口、重庆、杭州等地,这些商埠又沟通了周边地区,从而形成了一个四通八达的货款汇拨和结算网络,再演变为一个集汇兑、结算、信贷为一体的内汇市场。汇兑与贸易紧密结合,款项的收解即是资金的汇拨,也是业务的清算,当需要资金周转时,还可给予贷款支持。1935年前中国的币制极其混乱,既有银两、银圆,又有钞票等,因而申汇在内汇市场上处于中心位置,各地汇兑行情均以申汇行情为依据。申汇亦称申票,包括钱庄汇票、庄号汇票和庄客客票。上海钱庄庄票是以上海通行的九八规元为货币单位,不同地区不同货币的汇兑,均以它们同九八规元的汇兑为基础。申汇不仅信用高,而且流通范围广,上海汇划钱庄的庄票与现金无异,在商业活动中畅通无阻。申汇市场遍及全国,同一地区既有人买进申票,也有人抛售申票,一买一卖,市场交易就此形成。这意味着通过申票买卖可以掌握现金,若是资金丰裕可购买申汇,资金紧缺可卖出申汇,申汇成为调剂资金、平衡汇兑的重要手段,自然而然地成为埠际贸易资金清算的工具。当时的申汇如同英镑、美元为外汇硬通货一般,有"内汇硬通货"之称。[①]

3.远东国际金融中心

上海成为远东国际金融中心的必要条件是国际金融机构聚集。港口贸易兴盛,外商云集上海,为了给外商的经营活动提供金融服务,大量外资银行进驻上海。1847年英商丽如银行率先入驻上海,英、德、日、俄、美、比、荷、意等国纷纷在上海开设分支行。到1936年,上海有外国银行27家,其中英国汇丰银行、德国德华银行、日本横滨正金银行、俄国华俄道胜银行、法国东方汇理银行,及美国花旗银行形成了外资银行六强竞争的局面,它们长期把持中国的国际汇兑和外汇业务,兼营金银套购投机活

---

① 洪葭管:《中国金融通史》第4卷,中国金融出版社2008年版,第145页。

动，对上海金融市场起着重大影响。同时，上海还有总行设于新加坡、菲律宾、棉兰、苏门答腊等地的侨资银行9家，如大华银行、中兴银行、永安银行、东亚银行、金华实业储蓄银行、香港国民商业储蓄银行、华侨银行等。①这些银行是上海与远东地区资金集散和资本流通的桥梁，如果将侨资银行归入外商银行，则外商银行合计36家，占当时上海122家中外银行总家数的约30%。②中国、交通、上海商业储蓄银行等华资银行亦重视开展海外业务，陆续设立国外汇兑部经营外汇业务。在上海的外国银行与在本国的总行或其他各处的分支机构互有联系，因而以资金流动为媒介，上海就与世界金融中心伦敦、纽约、巴黎、柏林紧密联系，上海金融业进入了世界资本主义金融体系之中。

汇丰银行大楼旧址（今浦东发展银行大楼）

其次，上海的证券市场具有国际性。近代上海的证券市场包括外商证券市场和华商证券市场两部分。上海外商证券市场是伴随着外商在华股份制企业的创办而产生的。1891年，一些专门从事证券买卖的西方经纪人建立了上海股份公所，这是交易所的雏形。甲午中日战争后，西

---

① 中国银行总管理处经济研究室编：《全国银行年鉴（1936年）》，中国银行总管理处经济研究室，1936年，H目1。
② 中国银行总管理处经济研究室编：《全国银行年鉴（1936年）》，中国银行总管理处经济研究室，1936年，A16。

方国家加大资本输出，直接在中国投资设厂，外资企业的股票交易渐趋活跃。1904年该所在香港注册定名为The Shanghai Stock Exchange，改组为上海众业公所。①经营涉及中国和远东各地的外商公司股票、中国和远东各地的外商公司债券、南洋各地的橡皮股票、中国政府的金币公债。②另外，1918年日商也在上海设立了取引所。鉴于此，1918年中国商人在北京的证券交易所开业了，1920年在上海设立了证券物品交易所，1921年在上海又设立了华商证券交易所，1933年上海华商证券交易所合并了上海证券物品交易所，实力大增，业务兴旺，次年交易额便达47.7亿元，不仅在全国，而且在远东也是最大的证券交易所。

19世纪上海证券交易所内交易情形

上海外汇市场是"远东汇兑市场之中心，次于伦敦、纽约，而成为世界三大汇兑市场之一"③。上海是中国最大的贸易中心，其进出口业务占全国进出口贸易总额的半数之多。上海也是远东航运中心，1931

---

① 杨荫溥：《上海金融组织概要》，商务印书馆1930年版，第286页。
② 朱斯煌主编：《民国经济史》，银行学会、银行周报社1948年版，第153页。
③ 冯次行：《上海之汇兑市场》，载《钱业月报》1935年第15卷第7期。

15

年上海港的吞吐量在世界上排名第七位[①]，稍逊于纽约、伦敦、汉堡、洛杉矶，与日本大阪港、神户港不相上下。旺盛的国际贸易对金融周转提出要求，外汇市场的繁盛则是对这一要求的回应。外资银行充当了上海外汇市场的操纵者，尤以英国汇丰银行为代表，自19世纪70年代以来，上海汇兑行市的挂牌都由其公布，上海外汇市场的"风向标"即汇率，也是由汇丰银行上海分行挂牌。1935年法币改革前，由汇丰银行挂牌交易的外汇已达15种，汇丰银行经手买卖的外汇总额，经常占上海外汇市场成交额的百分之六七十。[②] 除星期日和银行例假日外，外汇交易多在银行柜台或电话中如火如荼地进行，每日上午九点半汇丰银行挂牌行市，十二点早市结束，下午两点到四点半午市再度开始。外汇市场是资金流动的场所，在上海外汇市场，中外银行进行巨额外汇的买卖和金银、投资款项的输入输出。如此繁盛的外汇市场，奠定了上海远东金融中心的地位。

上海黄金市场又称"标金市场"，所谓"标金"即标准金条。标金市场的兴起与我国使用银本位，西方诸国使用金本位相关。在进出口贸易中，输入、输出的货物或以银折金或以金折银。但金银涨落不定，为了规避风险需使用国际交易公认的支付手段"标金"。中国并非产金国，其黄金多来源海外，一部分来自伦敦、纽约市场条金和砂金的输入，另一部分则来自对外贸易中外国货币的熔铸。上海的金货交易最初并无固定场所，1921年上海金业交易所成立，1934年上海华商证券交易所将标金部分合入金业交易所。上海金业交易所，遂成为上海唯一的标金市场。按上海金业交易所规定，交易物品有：国内矿金，各国金块及金币，赤金，标金。虽然种类较多，但还是以标金为主。每日上午九点到十二点，下午两点到四点，黄金交易所内人潮涌动，标金市场呈现出一派繁荣的景象。20世纪初的金业交易所中，每年的成交数恒达三、

---

① 金立成：《上海形成全国航业和远东航业中心》，见丁日初主编：《近代中国》第4辑，上海社会科学院出版社1994年版，第242页。

② 洪葭管：《从汇丰银行看帝国主义对旧中国的金融统治》，载《学术月刊》1964年第4期。

四千万条乃至五千万条之巨，最盛时交易所标金买卖总额，1924年为2870万条，1925年为4689万条，1926年为6232万条，若按成交数计亦达3116万条。八一三前，上海标金市场不仅是中国黄金市场的中心，亦堪称"远东唯一的金市场"。[①]

上海大条银市场即白银市场，中国虽不是产银国，却是用银大国，白银进出口数量庞大。北美洲的美国、加拿大及墨西哥等南美洲地区的总产银量占世界银产量的73%以上，但英国伦敦才是世界银市中心，每年世界银产量的40%都由其经营。[②] 一般说来，从伦敦运到中国的白银俗称"红毛条"，纽约的白银大多从旧金山运沪，称"金山条"。上海是中国进口大条银的总枢纽，输入上海的英美大条银，除熔铸为上海本埠通行宝银外，其余则转运各省或国外。由于世界市场常有金贵银贱或银贵金贱的现象，对于银行、钱庄、商人以及投机者来说，风险投资无疑是获取财富的最佳途径。然而，繁盛的大条银市场却没有固定的交易场所，主要在沪外国银行中进行。作为一种支付结算手段，白银势必会和黄金、外汇挂钩，三者可以相互套做，白银交易增加，就连世界大条银市场中心——伦敦，也要事先掌握上海市场的交易和吞吐情况。

纵观战前，中国虽处于半殖民地半封建社会中，上海却是一颗耀眼的东方明珠，在黑夜中熠熠生辉。在这里，上演了传统市场和现代市场的沟通交流，国内市场和国外市场的交易互动。上海从中国走向世界，上海金融市场的脉搏已经紧贴着伦敦、纽约世界主要金融市场的脉搏而跳动，上海已成为远东地区国际资本流动的一个枢纽。

---

① 投资周刊社编：《黄金交易须知》，中国文化服务社1947年版，第19页。
② [美] 耿爱德：《中国货币论》，蔡受百译，商务印书馆1929年版，第200—240页。

筚路蓝缕——中国近代金融网的初步形成

中国近代金融网的形成是近代中国经济艰难、命运多舛的发展轨迹的缩影。20世纪30年代，上海金融中心地位最终确立，以此为依托逐步构建了以上海为中心的金融网络体系。金融机构对于金融网络来说就似脉络和血液的关系，血液的运转必须依赖于人体的脉络，金融的畅通就要依赖于金融机构，以"四行二局"为典范的国家行局是金融网络的核心，以"南三行""北四行"为代表的商业银行是金融网络的主体。总之中国近代金融网络的构建，使资金从上海流通到全国。只有健全的金融网络，全国的经济才能健康发展。

1."四行二局"国家银行体系

中国近代金融网络的构建是伴随金融机构设立分支机构逐步形成的。中央银行可谓是国家银行体系的"领头羊"，被称为"发行的银行""国家的银行""银行的银行"。根据中央银行条例和章程，中央银行应设立分支行处于各地，或与其他银行订立代理合同或汇兑契约，为本行之代理处。中央银行在各地的分支机构体系由分行、支行和办事处构成。初期，除上海总行外，中央银行在其他重要经济城市设立分行，次要城市设立支行，较不重要城市设立办事处，各地分行下按规模大小及业务繁简设甲、乙、丙三种收税处。1928年11月，中央银行建立南京分行及下关办事处，这也是它的第一家分行。1929年4月，以汉口中央银行旧址为行址设立了汉口分行，在浙江建立了杭州分行、宁波办事处和衢州办事处，山东地区设立了济南分行和青岛分行，又先后在安徽芜湖和蚌埠、江苏徐州、江西九江和南昌建立分支行处。1931年，在河南省设立了郑州分行，1932年6月，设洛阳办事处、开封分行。1935年《中央银行法》颁布后，取消支行名称，按照业务繁简，设一、二、三等分行，总行对分行的管理，一般只管辖一等分行，二、三等分行就近归一等分行管辖，少数二等分行由总行直接管辖，分行的设立与废止，由理事会决议，再呈报国民政府备案。同时，为便利发行，中央银行拟就于西南、西北、华中三区分别设立发行分局，西南区设于重庆，西北区设于兰州或洛阳，华中区设于汉口。[1]1935年6月，郑州分行、开封分行改为二等分行。另外，中央银行在西部内陆地区也设立了分支机构。在西北，1933年7月，兰州分行成立，并陆续在天水、武威、酒泉、平凉、岷县等地设立分支机构。[2]1935年5月，西安分行在五味什字开业，办理存贷汇等基本业务，并代理国家财政金库。在西南，1935年3月，在重庆设立一等分行，首任经理杨晓波，主要业务为发行兑换券、筹措军费、平抑申汇、收销地钞、开展领钞等。7月，在重庆成立中央银行第一发行分局，发行中央银行兑换券。9月，率先在重庆设立发行局第一分局。1935年6月，在贵州设立分支行处，在贵阳正式成立二等分行，经理为彭惕安，办理发行及国库事项。因该行成立时，为贵州省唯一之新式金融事业机关，故除国家银行一切业务外，商业银行之一部分业务及省金库之收解等项亦均兼办。[3]同年8月，成都分行成立，次年相继成立万县、三台办事处（万县办事处后改为三等分行）。[4]中央银行并不完全按照行政区划设置分行，而是参酌经济发展的情况，并非每省的省会城市都会设一等分行，很多省会只设二等分行，例如长沙、福州、迪化（乌鲁木齐）、济南、太原，甚至银川、西宁、归绥

---

[1] 洪葭管主编：《中央银行史料（1928.11—1949.5）》，中国金融出版社2005年版，第27页。
[2] 中国人民政治协商会议甘肃省委员会、文史资料研究委员会编：《甘肃文史资料选辑》第10辑，甘肃人民出版社1980年版，第148页。
[3] 张肖梅：《贵州经济》，中国国民经济研究所1939年版，第713页。
[4] 四川省地方志编纂委员会编：《四川省志·金融志》，四川辞书出版社1996年版，第17页。

（今呼和浩特）、承德（当时热河省）等省会城市只设三等分行；同一省内，省会城市设二等分行，其他工商业发达的城市设一等分行，如青岛、厦门；也有省会并未设立分行的，如湖北武昌、安徽安庆；也有升格降格的，如南昌的一度为一等分行，后又降为二等分行。①全面抗战爆发前，中央银行总行及各地分行如雨后春笋般纷纷开办、发展，中央银行分行处计达49处，西达川黔，北抵陕甘，遍布各重要地区。②

自法币改革后，中国银行退居二线，成为国家金融体系的"二把手"，但依然加快了国内金融网的铺设。初期，中国银行在总行之下分为分行、分号、兑换所和汇兑所。1912年大清银行更名为中国银行时，就在上海、南京、北京、天津设立分行。1913年中国银行的分支机构激增至50处，相继成立汉口、河南、长春、山东、山西、浙江6处分行。1914年又增加33处，共83处，分布在全国69个大小区县内，新设立福建分行、广东分行和北京分行，将原来的长春分行改名为东三省分行。1915年中国银行的分支迅速扩展为186处，贵州分行、重庆分行、陕西分行相继成立，南昌分行则改组为江西分行，归绥、安庆分号升格为分行。1928年，改组后的中国银行因各分支机构有变化，而将全国系统由原来的四个区域行，划分为五大区域行。第一区原为沪宁浙皖四处分支行，改为沪宁浙三处，仍以上海分行为区域行，安徽的芜湖分行改为支行，属南京分行；第二区原为津鲁晋三处分支行，改为天津一处，仍以天津分行为区域行，山西分行改支行，属天津分行，山东的济南分行改支行，设分行于青岛；第三区原为汉赣渝黔四处分支行，改为汉口一处，贵州分行停业，仍以汉口分行为区域行；第四区原为粤闽两处分支行，以香港分行为区域行，改为闽粤两处分支行，以闽行（厦门分行）为区域行；增设第五区为奉滨二处分支行，以奉行（沈阳分行）为区域行。1930年第三区撤销，因汉口分行已改为驻汉沪券汇兑处，成为四个区域行，山东的分支行仍划归第二区为津鲁区。1931年东北沦陷后，区

---

① 李守荣编著：《中国金融体系概论》，经济管理出版社1993年版，第49页。
② 刘慧宇：《中国中央银行研究（1928—1949）》，中国经济出版社1999年版，第54页。

域行又成为三个。区域行并非一级行政机构，其主要任务为主管本区各分支行、办事处、收税处的业务及发行的统一事项，并处理本区内行与行之间的争议。1930年前后，中国银行仿照英、美银行，进一步扩展营业机构。在原有网点的基础上，在首都、各大商埠、交通中心及物产集散地区增设网点机构，广设支行、办事处、办事分处、寄庄，原汇兑所、兑换所、收税处等机构陆续取消。中国银行在国内的分支行处，至1929年共84个，以后机构与员工逐年增加，至1937年机构增至209个，员工3505人，与1934年比，机构（157个）增加33%，员工（2528人）增加39%。同时，为了顺利开展国际汇兑，中国银行谋求设立海外分支机构。最早于1929年11月4日，在世界金融中心伦敦设立经理处，成为中国银行上海总行和国外各分支行资金调动、汇集的枢纽。1930年，在日本神户设立办事处，1931年9月，在日本大阪开设分行。为更好地发展对外业务，张嘉璈聘请德国专家来沪拟订制度，11月，成立总行国外汇兑部。1936年6月，中国银行在新加坡开设分行，7月1日，在纽约开设经理处，并与英、美、法、意等外国银行建立直接通汇和代理关系。[①]

交通银行系晚清成立的第二家国家银行，是中国早期官商合办的新式银行之一。1935年实施币制改革办法第六条规定"为使法币对外汇价按照目前价格稳定起见，应由中央、中国、交通三银行无限制买卖外汇"，侧面反映了在国家银行体系中交通银行身居第三位。1908年交通银行在北京成立，成功开办了天津、上海、汉口、广州四地分行，在国内各地以及海外设立分支机构的任务也被提上日程。据统计，1908—1911年，交通银行先后开张的营业机关共有21处。[②]至1918年，交通银行在全国共设有分行23处，汇兑所57个。交通银行具有振兴中国实业的职责，轮船、铁路、电报、邮局等事业都是其投资贷款的对象，为了发展对外业务，1909年在香港设立机构，后在新加坡设立分行。1929年11月，国民政府公布《交通

[①] 中国银行行史编辑委员会编：《中国银行行史（1912—1949年）》（上），中国金融出版社1995年版，第167—171页。

[②] 张国辉：《中国金融通史》第2卷，中国金融出版社2002年版，第326页。

银行条例》，确定交通银行为"发展全国实业的银行"，后交通银行进行了相应调整，一方面将总行由上海外滩搬迁至霞飞路，另一方面为便利业务开展，广设分支处。在东部地区，设立南京分行、杭州分行等；在西北地区，设立包头支行、归绥支行、张家口支行、大同办事处等；在中部地区，设立郑州分行、开封分行、汉口分行、武昌支行等；在东南地区，设立广州支行、汕头支行、厦门支行、福州支行等。到1936年底，该行营业机关展布甚广，沿海各省都有其分支机构，内地沿着平汉、粤汉、陇海、浙赣以及其他铁路线节节进展。在发展实业方面，尤以苏北金融网之完成，与西北经济之开发为重要。截至1936年底，有分行7个，支行70个，办事处35个，临时办事处10个，共计122个。其中，7个分行——天津、香港、汉口、厦门、杭县、青岛、长春都集中在中东部地区。在70个支行中，由于西北经济开发，仅在陕西设立了3个支行——西安三等支行、渭南五等支行、陕州六等支行，灵宝与潼关设2个办事处，泾阳设1个临时办事处，其他西部各省一个支行级办事处都没有。[①]总之，战前交通银行的分支机构已遍布国内经济比较发达的地区。

厦门交通银行

---

① 交通银行总行、中国第二历史档案馆合编：《交通银行史料》第1卷，中国金融出版社1995年版，第131—136页。

1933年，蒋介石在豫鄂皖赣设立四省农民银行，下设多个农村金融救济处。蒋介石成立四省农民银行的初衷主要是筹划"剿匪"军费，提出"军队开到哪里，机构设到哪里"的口号。四省农民银行的第一要务，便是发行钞票，但它发行的钞票，既无准备金，亦从不公开检查报告。此后，随着红军的长征，蒋介石"觉得仅有四省农民银行不足济事"，必须在红军长征途中增设机构、改变名称。1935年4月，以四省农民银行为"母体"，中国农民银行在汉口诞生了。中国农民银行与蒋介石有着不解之缘，它不仅是蒋的"剿匪"银行，也是蒋的个人外库。根据《中国农民银行条例》，该行是"经国民政府之特许，为供给农民资金，复兴农村经济，促进农业生产之改良进步，依照股份有限公司之组织设立之"银行。①但实际上军事存汇款项才是该行的业务重点，垫支军费为放款业务大宗，农贷业务则为数不多。中国农民银行成立后，依据自身特色大肆扩充机构。四省农民银行曾在1934年6月设立西安办事处，1935改称中国农民银行西安分行，并在宝鸡、南郑等地设立办事处。②1935年9月，蒋介石下令中国农民银行"陕、甘、川、黔四省应多设办事处"。在蒋介石的督促下，1935年和1936年又在陕西分别设潼关、安康等办事处；1935年在甘肃设兰州分行，以及天水、平凉、武威办事处。1935年7月，中国农民银行重庆分行成立，首任经理薛迪锦。同月，中国农民银行贵阳分行正式开业，首任经理王觉，此后，陆续在遵义、安顺、铜仁等地设立了13个办事处、分理处，并在锦屏、天柱、石阡等未成立合作金库的县设立农贷通讯处，办理农业贷款。③8月，中国农民银行成都办事处开业，凤纯德任主任。1936年，在川、康各县成立的中国农民银行机构有泸县、永川、乐山、宜宾、自流井、广元、阆

---

① 洪葭管主编，《上海金融志》编纂委员会编：《上海金融志》，上海社会科学院出版社2003年版，第165页。
② 陕西省地方志编纂委员会编：《陕西省志》第36卷《金融志》，陕西人民出版社1994年版，第286页。
③ 贵州金融学会、贵州钱币学会、中国人民银行贵州省分行金融研究所编：《贵州金融货币史论丛》，1989年（内部资料），第105页。

中、西充、雅安等9处。①截至1937年,中国农民银行的分支机构由原来的16处增加到87处,同年4月总行亦由汉口迁至上海。②

1935年10月,中央银行正式设立中央信托局,其总局设于上海,最初目的是推广公务员与军人的强制储蓄,进而缓解政府的财政危机,后来逐渐发展成一家以经营信托、购料、储蓄、保险等业务的国家信托机构。中央银行副总裁张嘉璈兼任中央信托局局长,该局与中央银行是一套班子、两块牌子的关系,中央信托局与中央银行的业务、发行、国库三局同为该行直属机关,行政上直属于该行,会计则完全独立。③中央信托局既掌握资金又掌握物资,在生产领域和流通领域占据垄断地位,因而在筹集国家建设资金,控制对外军火采购,垄断进出口贸易,加强全国金融业的引导和管理等方面,发挥着重要作用。为了业务的发展,中央信托局在南京、汉口、上海等地设立分支机构,在西南、西北地区也建立了一些分支机构。

1930年3月,在原来邮政局经营汇兑储金业务的基础上,邮政储金汇业总局于上海成立,直隶交通部。1935年,国民政府公布《邮政储金汇业局组织法》,规定:该局管理全国邮政储金汇兑,对各邮局办理储汇保险事务有指挥监督之权;得于重要交通地点设立分局;可经营的业务有十个方面,包括购买中央政府发行的公债库券,以妥实有价证券或栈单为抵押的放款,以有确实受益不动产为抵押的放款,票据贴现,押汇等。④后来,邮政储金汇业总局改为邮政储金汇业局,直隶于邮政总局,进一步融入国家金融体系,并利用邮政局系统遍布全国的分支机构吸收储金、办理汇兑,下辖上海、汉口、南京三分局,并陆续在西南、西北地区设立分支机构。

---

① 四川地方志编纂委员会编:《四川省志·金融志》,四川辞书出版社1996年版,第20页。
② 洪葭管主编,《上海金融志》编纂委员会编:《上海金融志》,上海社会科学院出版社2003年版,第165页。
③ 洪葭管主编:《中央银行史料(1928.11—1949.5)》,中国金融出版社2005年版,第189页。
④ 中国第二历史档案馆、中国人民银行江苏省分行、江苏省金融志编委会合编:《中华民国金融法规档案资料选编》(下),档案出版社1989年版,第1460—1461页。

2.商业银行的金融网络

商业银行金融网络的构建以国家政策为导向，根据自身经营利益，不断增设分支机构，由点到面建立自成系统的局部小金融网，配合了国家大金融网的建立与纵深发展，对贯通内地金融网络，对中国近代金融的进一步发展做出了重要贡献。

1935年币制改革后，中国老牌商业银行中国通商银行、中国实业银行、四明商业储蓄银行都被改组为官商合办银行，中国银行界朝官方垄断方向发展。在民营银行中资本较大、发展较快、经营管理较完善的首推"南三行"和"北四行"，它们逐渐成为中国近代金融网络建设的得力助手。在吸收存款方面，这7家银行力量虽小，作用却很大。1936年全国164家银行存款余额达455,126万元。其中，"中中交农"四银行合计存款余额为267,636万元，"南三行"和"北四行"7家银行合计存款余额为81,766万元，其他153家商业银行和省银行合计存款余额为105,724万元。通过吸收社会存款，这7家银行拥有了相当可观的货币资本。同时，这7家银行在国内各城市设置了众多的分支机构，在大商埠设立了分支行或代理银行，又向海外拓展业务。例如，在总经理兼董事长周作民的带领下，金城银行左右逢源，不断发展银行业务，开业后前十年获得净利润1065万元。[1]到1937年6月前夕，金城银行全国各地分支行处已经增至65处。[2]在东北地区，设立大连、哈尔滨分支处；在华北地区，设立北平、石家庄、郑州、保定、定县、彰德、新乡、焦作、道口等分支机构；在华东地区，设立上海、苏州、同里、南通、常熟、南京等分支行；在华中地区，设立汉口等分行；在华南地区，设立广东、香港分行；在西部地区设有西安、重庆两办事处，分别隶属于郑州分行与汉口分行管辖。

上海商业储蓄银行的"领头人"是陈光甫，在其带领下，上海商业

---

[1] 中国人民银行上海市分行金融研究室编：《金城银行史料》，上海人民出版社1983年版，第35页。
[2] 许家骏等编：《周作民与金城银行》，中国文史出版社1993年版，第19页。

储蓄银行广设分支机构谋求向外发展,"本行既求服务之普遍,当不能偏于一隅,故广设分行"①。

■ 1915—1926年上海商业储蓄银行分支机构设立、变迁统计表

设立日期	机构名称	主要业务	变迁情况
1915年秋	无锡分理处	承做货栈米麦押款	1916年4月28日改为分行
1915年秋	常州分理处	承做货栈米麦押款	1921年6月改为分行
1916年4月	南通办事处	经理厂家押款	1920年2月改为分理处 10月改为分行
1917年上期	南京下关办事处	承做沪宁路货运押汇	1920年2月改为分理处 1921年6月改为分行
1917年上期	苏州办事处	吸收存款	1917年11月改为分行
1917年上期	界路办事处	临近车站,以便押汇	1923年11月改为分行
1918年2月	蚌埠分理处	扩充铁路押汇	—
1918年2月	圣约翰大学储蓄处	为教育界服务	—
1918年8月	宜兴分理处	承做丝茧押款	1921年5月31日结束
1919年5月	汉口分理处	—	1923年4月改为分行
1919年10月	济南分理处	—	1926年4月因北伐停业
1919年11月	苏州观前办事处	—	—
1919年	南京鼓楼办事处	—	1921年3月因行员舞弊亏空结束
1920年2月	虹口分行	便利住户存款储蓄	—
1920年11月	天津分理处	—	1924年3月改为分行
1922年5月	烟台分理处	承做出口货物押汇	1923年4月改为分行 1926年4月停业
1922年11月	威墅堰办事处	—	—
1923年2月	南京市内办事处	—	—
1923年7月	杭州分行	—	1926年4月因北伐停业
1923年8月	镇江分行	—	1926年4月停业,后撤销
1923年8月	许昌办事处	为南洋兄弟烟草公司在许昌收买烟叶服务	—
1924年4月	长沙办事处	—	1926年4月停业
1924年4月	北平分行	—	1926年6月底停业
1924年6月	莫干山夏令办事处	后每年夏令前往服务	1938年因抗战沦陷,停办

资料来源:中国人民银行上海市分行金融研究所编:《上海商业储蓄银行史料》,上海人民出版社1990年版,第65—66页。

---

① 中国人民银行上海市分行金融研究所编:《上海商业储蓄银行史料》,上海人民出版社1990年版,第64页。

20世纪30年代初，上海商业储蓄银行总行已设有储蓄、信托、外汇、证券等专项业务部，在全国建立100多个分支机构。随着上海银行业的竞争加剧，上海商业储蓄银行逐渐将营业重心侧重于内地，积极开展内汇业务，1930年到1934年间，该行在内地增设40余处分支机构，开辟了诸多通汇点，建立了四通八达的汇兑网络。到全面抗战前夕，该行的分支机构已经分布在国内多条铁路干线周围，以上海总行为中枢，南京、汉口、徐州、郑州是四个重要的支撑点，沿长江和陇海铁路由东向西，沿津浦线和京广线由南向北设立了多个分支机构。此外，在华北与华南的沿海城市中也有分支行，并把北洋线和南洋线水陆连接起来，以便于押汇和汇兑业务的开展。①

全面抗战爆发前，中国的金融业以华资银行为核心，基本形成了一个以上海为中心，以东中部地区为主体，逐步向西部发展，辐射全国的金融网络。其地区分布情况详见下表。

1926—1937年全国中资银行（总行）地区分布统计

	1926	1927	1928	1929	1930	1931	1932	1933	1934	1935	1936	1937
上海	48	48	54	58	66	71	71	75	79	74	71	65
江苏	11	11	14	19	20	21	21	20	20	19	18	17
浙江	12	12	13	11	12	15	16	20	23	27	26	27
福建	3	3	5	6	7	7	7	8	6	5	5	5
广东	3	4	4	4	5	5	6	7	9	8	8	8
山东	15	11	8	6	5	6	7	8	7	7	7	7
河北	18	16	14	15	15	16	20	19	19	19	21	19
安徽	-	1	1	1	1	1	1	-	-	-	1	1
江西	-	1	2	2	3	3	3	4	4	4	6	5
湖北	3	-	3	2	2	3	2	3	4	5	5	5

---

① 中国人民银行上海市分行金融研究所编：《上海商业储蓄银行史料》，上海人民出版社1990年版，前言第10页。

续表

1926—1937年全国中资银行（总行）地区分布统计

	1926	1927	1928	1929	1930	1931	1932	1933	1934	1935	1936	1937
湖南	-	-	-	1	1	1	2	2	2	3	4	4
河南	2	2	3	3	2	2	2	2	2	2	2	2
山西	13	13	13	13	13	10	9	10	11	12	12	12
四川	3	4	7	8	11	12	13	16	23	26	27	25
广西	-	-	-	-	-	1	1	1	1	2	2	3
云南	1	-	1	-	1	1	2	3	2	2	2	2
贵州	-	-	-	-	1	1	1	-	-	-	-	-
西康	-	-	-	-	-	-	-	-	-	-	-	1
热河	1	-	-	-	1	1	1	-	-	-	-	-
察哈尔	-	-	1	1	1	1	1	1	1	1	1	1
绥远	1	1	1	1	1	1	1	1	1	1	1	-
陕西	-	-	-	2	2	3	3	3	3	3	3	3
甘肃	2	2	3	2	2	2	1	1	1	2	2	2
宁夏	-	-	-	-	-	1	1	1	1	1	1	1
新疆	-	-	-	-	-	1	-	1	1	2	2	2
辽宁	7	6	7	8	8	12	4	4	7	9	9	9
吉林	1	4	4	4	4	4	4	6	6	6	6	5
黑龙江	-	4	4	4	4	6	2	2	2	2	2	2

资料来源：刘克祥《1927—1937年中资银行再统计》，载《中国经济史研究》2007年第1期。

上表可见，到全面抗战爆发前夕，全国银行总行的分布地有所扩散，但大部分分布在东部沿海地区，如江苏、浙江、福建、广东、山东、河北等六省银行，占全国银行总数的60%～80%，其中六省中差不多半数银行又集中于上海。金融机构的布局原则：一是在政治中心设立分支机构，如北京、南京及各省省会；二是在交通要隘设立分支机构，如天津、青岛、宝鸡等；三是在特产区域设立分支机构，如四川自贡为著名的"盐都"，广西柳州为木材集散地；四是在工商业中心设立分支机构，如无锡、南通、郑州等。相对来说，幅员辽阔的西部地区，由于军阀割据，交通阻塞，经济落后，金融力量十分弱小。

总体而言，全面抗战爆发以前，中国金融网络的敷设基本完成，金融的触角遍布全国，银行的资金调节与商品市场上的交易活动相互联系、相互交织，一个多层次的、立体型的、条块结合的资金融通网络便建立起来了。

战火冲击——中国金融业从繁荣到萎缩

中国近代是多事之秋。1931年九一八事变东北三省沦陷，标志着中华民族开始了局部抗战，紧接着日本帝国主义加紧了侵略中国的步伐，又制造了华北事变，1937年七七事变则使中日民族矛盾达到白热化的阶段，由此中华民族经历了艰苦卓绝的全面抗战。可以说，近代中国金融业自诞生之日起就身处动荡的环境中，然而"金融为国家之命脉，百业之中坚，而人民生计之泉源也。国家无事变则已，有事则金融必先受其弊；百业无恐慌则已，有之则金融即首当其冲，而社会被其荼毒，盖其性质最娇脆，牵系最复杂。一部分发生破绽，全局皆为混乱"[①]。因而，随着战事的不断升级，中国金融机构也经历了从东北退居华北，又从华北退向华中，集中于上海，辗转于重庆的变迁历程。

1.九一八事变后中国金融机构从北向南退缩

1931年9月18日夜，日本关东军按照事前精心策划的阴谋，炸毁南满铁路柳条湖段附近铁轨，事后反诬是中国军队所为，并以此为借口向驻守沈阳北大营的中国东北军发动攻击，随即占领了沈阳。此后在短短四个月之内，东三省150多万平方公里的土地全部沦陷，这就是震惊中外的九一八事变。这一事件对北方地区的金融机构造成了不小的冲击。

日本对东北的侵略可谓蓄谋已久，早就迫不及待地想要独霸东北

---

① 胡迺璜：《述近年金融扰攘之原因》，载《银行周报》1924年第8卷第47期。

金融，横滨正金银行和朝鲜银行则是积极执行日本侵略意志的两大金融机构，充当了金融侵华的急先锋。九一八事变前，东北的金融业十分发达，东三省官银号、吉林永衡官银钱号、黑龙江省官银号及边业银行就是东北著名的"四行号"，除代理省库、发行纸币外，它们还广泛经营附属事业。此外，东北尚有辽宁省城四行号联合发行准备库，中国银行、交通银行及其他商业银行的分支机构，这些共同组建了庞大的金融网络。日本占领东北后就急于控制中国的金融机构，东北本土的"四行号"首当其冲遭到破坏。9月19日，日军占领沈阳之后，立即封锁了城内的东三省官银号和边业银行。21日，关东军抵达吉林，进城之后立即派兵切断了城内金融机构与外界的往来。日军占领齐齐哈尔之后，于11月19日封锁了黑龙江省官银号。[1]并在"四行号"的基础上，于1932年6月在长春成立了伪满洲中央银行，在沈阳等大城市设立分行，在县以上城市设立支行和办事处，总、分支机构计128处。而原有"四行号"的总、分号被合并改组后，称"满洲中央银行支行"，于1932年7月1日一律开业。[2]至此，"四行号"彻底被日伪金融机构吞并。除了本地金融机构，在东北的国家银行也未能幸免于难。九一八事变后的第二天，日军就以断绝东北军军费和冻结张学良存款为借口，派兵封锁了中国银行、交通银行沈阳分行，数天之后，哈尔滨中交两行分行均被日军控制，而中交东北其他支行如大连、吉林、长春、齐齐哈尔等支行也被关闭，后来才相继复业。在日伪的严密监视下，各银行的经营都日趋艰难，分支机构不断萎缩。

---

[1] 吉林省金融研究所编：《伪满洲中央银行史料》，吉林人民出版社1984年版，第50—58页。

[2] 黑龙江省地方志编纂委员会编：《黑龙江省志》第32卷《金融志》，黑龙江人民出版社1989年版，第160页。

1933年11月9日，伪满政府公布的《银行法》规定：非经经济部大臣许可，不得经营银行业务，银行不得兼营其他事业。[①]除重新申请执照外，日伪还强令中交两行必须脱离总行，成为在东北的独立银行，迫于日方压力中交东北分行只能通过秘密途径与关内总行取得联系。另日本侵略者还将中国人经营的银行、钱庄改组为股份制有限公司，达到全面统制金融的目的。九一八事变后，原来在东北的金融机构逐渐减少，到1932年只剩中国、交通、金城、大中、中国国货和河北省银行6家。到1934年底伪满登记时，申请开业的银行分支机构共29个，领到营业执照的只有中国、交通、金城、大中4家银行和23个分支机构。[②]中国银行总处根据东北形势与商情的变化，遂决定于1935年2月10日起将哈尔滨分行改为支行，原来所属支行、办事处一并划归沈阳分行管辖。[③]东北地区就只有一个分行了。

北京政府时期，北京－天津是当时的金融中心，大清银行和交通银行都在北京开业，大量金融业务也都集中于此，后来的中国银行、金城银行、盐业银行、中孚银行、中国实业银行、中国垦业银行、大中银行等也都将总行安设于华北。南京国民政府时期，政治中心南移，金融中心也随之南移，不少大型金融机构南迁入沪。华北金融地位虽有所下降，但仍然是重要的工商业集聚地区，对其他金融机构还有相当的吸引力，再加上九一八事变后原东北的金融机构撤退，集中在华北地区谋求发展，因而该地区金融尚有发展。然而，日本蓄意制造的华北事变，使华北金融大伤元气。

日本在东北建立伪满洲国后，就将侵略矛头直指华北。因华北地区位于中国腹地，资源丰富，所以日本将其看作"第二条生命线"，妄图把华北变成侵略中国的前沿基地。日军通过一系列的军事入侵，一步

---

① 吉林省金融研究所编：《伪满洲中央银行史料》，吉林人民出版社1984年版，第177页。
② 吉林省金融研究所编：《伪满洲中央银行史料》，吉林人民出版社1984年版，第183页。
③ 中国银行行史编辑委员会编：《中国银行行史（1912—1949）》（上），中国金融出版社1995年版，第362页。

步进犯长城各口，致使华北门户大开，直逼平津。国民政府被迫与日本签订《塘沽协定》。之后，日本又胁迫国民政府达成《秦土协定》《何梅协定》，日本势力深入华北地区，视华北为禁脔，致力于所谓的"华北特殊化"，积极推行华北五省自治运动。1935年6月，依据《何梅协定》，中国政府放弃在察哈尔和平津地区驻军，冀察平津大权拱手让与日本，伪冀东防共自治委员会成立，12月，在日本和国民政府的参与下成立了以宋哲元为委员长的冀察政务委员会。因金融是国家财政经济命脉的象征，为了破坏中国金融，在进入华北之后日本打着"平等互惠""经济提携"的旗帜，开展了对华北经济的侵略和掠夺，加速扩大其金融控制力。1935年，在日本的策动之下，汉奸殷汝耕等人在河北省东部成立"冀东自治政府"，该政权于1936年在日本的授意下成立了"冀东银行"，其资本为500万元，总行设于天津。1937年，该行开始发行"冀东币"，为了扩大冀东币的发行，日本政府特令横滨正金银行为其提供保证。冀东币的发行数量并没有确切的统计，但是截至华北伪政权建立之后，其流通数量相当庞大确是无疑，对华北地区的法币造成了巨大的冲击。在此之后，日本政府又陆续扶持成立伪察南银行与伪蒙疆银行。在全面抗战爆发前，日本的金融机构在中国境内星罗棋布，尤其是日资的横滨正金银行、朝鲜银行、台湾银行恣意妄为、滥发纸币，严重破坏了各地的金融秩序，华北地区更是首当其冲。从九一八事变至七七事变爆发的几年之中，日本在华金融势力急剧膨胀，新设金融机构46家，在日本控制之下的金融机构达77家，资本总额由34,353万日元增长到61,813万日元。[①]面对日本侵略者咄咄逼人的态势，各类金融机构纷纷采取措施积极应对。自1928年中国银行与交通银行决定将总行迁往上海，就揭开了各类金融机构向上海南迁的序幕。而日本加紧对东北以及华北地区的金融渗透，使众多商业银行也纷纷将经营重心向南移。1933年东莱银行由天津迁往上海，1935年在北方地区根基颇深同时是"北

[①] 王世豪：《日本侵华战争中的金融掠夺》，载《上海金融》1982年第10期。

四行"之一的盐业银行总行也由北平迁往上海，"北四行"中的另一家金城银行紧随其后将总行从天津迁往上海。截至1937年七七事变爆发前夕，天津仅剩下8家银行总行，而这其中算得上是全国性银行的也只有大陆银行，北平的总行也只剩3家，其余则是各银行的分支机构。

  北方各类金融机构的南迁，促进了近代上海金融中心的形成，上海的资金集散、吞吐作用进一步加强，对全国的金融辐射作用日益明显。然而，卢沟桥的一声枪响，却成了上海金融从繁荣到萎缩的转折点，上海银行家天堂的地位被扭转。战火硝烟持续蔓延，1937年9月25日，财政部密令中央银行、中国银行、交通银行、中国农民银行将设在上海的总行转移到国民政府所在地南京。11月，上海失守，日军进逼南京，国民政府旋即西迁入重庆，"四行二局"又迁至武汉，最后辗转迁入大后方，"中中交农"留在上海的各分支机构，也就只能勉强维持市面。为了稳定上海金融的局面，也为了最大限度发挥上海调剂内地金融的作用，八一三淞沪会战后，国民政府实施"应变"措施，中国金融业正式进入战时状态，而所谓"应变"措施无非是新创、停业、合并和复业四种。随着战局不断扩大，战火不断升级，上海的商业银行也成内迁大军的一员，银行经营业务颇多转向西南，与政府战时金融政策取一致之行动。[①]关于大迁徙的原因，无非在于上海和西南地区的外部环境发生了明显的变化，当时金融界人士指出："全国金融向以上海为领导，战后不仅贸易额惨落，各种押款亦无从料理，金融殊感出路困难，同时政府西移之后，贸易重心移转西南，于是西南各省之金融事业，顿觉繁盛。……各银行既感沦陷区之无业可营，港沪租借地之范围狭小，惟有将其游资散之于农村，爰于抗战之初，即有若干银行随政府内迁，在川、湘、粤、桂、滇、黔各省筹设分支行，入后纷至沓来。"[②]受战争影响，金城银行一面裁撤沿海省市机构，一面向后方扩设行处，随着国民政府的西迁在重庆设立的总经理处，成为渝总处。战火下的中南银行虽继续留在上海经营，但正常业务基本处于收缩状态，储蓄、信托业务已经萎缩。上海沦陷后，中

[①] 王海波：《八一三后我国银行业概述》，载《金融导报》1940年第2卷第3期。
[②] 中国人民银行上海市分行金融研究室编：《金城银行史料》，上海人民出版社1983年版，第684—685页。

国通商银行在上海设立分行,原有总行机构也从上海外滩迁至法租界霞飞路办公,以免遭炮火蹂躏,后又将总行由沪迁渝。1938年7月1日,上海商业储蓄银行将总行部分迁往香港办公,成立总管处,又在重庆设立"总经理驻渝办事处"。据统计,至1938年7月底,有关各省的银行数目(包括总分支行)分别为:广东81所,广西48所,湖南50所,贵州4所,云南有11所,四川则有128所。金融界公认"西南之金融中心为重庆"[①]。上海以往对其他地区的金融辐射作用已不复存在。

九一八事变揭开了日本武装侵略中国的序幕。位于日本侵略前沿的金融机构自发地由北向南内迁,保存了中国的金融力量。金融机构的内迁,对维护整个中国的经济起到了极大的作用,正是因为有了这样强大的金融后盾,从1931年至1937年全面抗战爆发前,中国的经济依然保持着向上发展的良好势头,为全面抗战提供了重要的保障。

2.战火冲击下——货币资金的转移

金融机构是货币资金的调剂枢纽,于社会百业而言,金融犹如泉眼,若泉眼堵塞,则百业凋敝。金融机构依靠大量的货币资金酌盈剂虚,但在社会动荡、战火漫延之时,交战双方进行的金融货币战,以及金融机构的业务调整和储户提取现金的行为,都会致使货币资金出现大规模的转移。

伪满洲中央银行发行的"国币"

[①] 中国人民银行上海市分行金融研究室编:《金城银行史料》,上海人民出版社1983年版,第684—685页。

九一八事变前，日本就已霸占东北金融市场。以朝鲜银行为例，朝鲜银行堪称日本侵略东北金融的领头羊，它发行的金票成为日本在东北流通的主要钞票。1928年朝鲜银行的发行额达到4000多万元，横滨正金银行的银券发行额亦达到400余万元，相比起来，中国银行和交通银行在东北发行的钞票加起来只达4000到5000万余元。[①]日本银行操控了东北金融界的实权，南满铁路沿线成为其扩张金融的枝干。然而，九一八事变后，"东北中国货币之受日金支配，则为整个之财政及政治问题，非仅金融一方面所能包括"[②]。日本利用其控制下的货币发行权，大量发行金票以图囤积中国物资，1930年金票发行总额为9000万元，1933年发行额迅速增加到22,000万元。[③]在掠夺了中国金融机构的基础上，日本建立了直接控制的伪满洲中央银行和殖民地金融体系。伪满洲中央银行成立后，其发行纸币为"国币"，取代了东北原有的中国货币。[④]根据伪满《货币法》，伪满币的制造与发行权归伪满政府，由伪满州中央银行代行使，其货币采用银本位制，纸币面额分5角、1元、5元、10元、100元5种，另有1角、5分、1分、5厘4种金属辅币，然而由于这种货币是凭借伪政权暴力强制实行的不兑现纸币，因此其实质是一种残忍的掠夺。此后，日本侵略者又以"整理"回收货币为名，颁布施行《旧货币整理办法》，规定在两年内收兑原有"四行号"发行的15种货币，其他钞票也限期收回，兑换伪满洲中央银行的货币。

　　由下表可以看出，在收兑过程中，日本侵略者强制压低收兑价格，到1935年，东北原有各种旧币几乎被收回，收兑率非常高，东北人民手中现金几乎被搜刮殆尽。1935年9月，日伪决定伪满币按照1∶1的比价依附日元，伪满币遂沦为日元附庸。这些被回收的旧币中也包括中国

---

①　刘克祥、吴太昌主编：《中国近代经济史（1927—1937）》（下），人民出版社2010年版，第1847页。
②　雷雨：《东北经济概况》，西北书局1932年版，第53页。转引自朱荫贵：《抗战爆发前的外国在华银行》，载《中国经济史研究》2004年第4期。
③　黑龙江省地方志编纂委员会编：《黑龙江省志》第32卷《金融志》，黑龙江人民出版社1989年版，第82页。
④　黑龙江省金融志编委会编：《黑龙江金融历史编年（1890—1985年）》，黑龙江人民出版社1989年版，第70页。

银行、交通银行发行的哈大洋票。1932年，伪满政府财政部强制要求中国、交通银行每年回收五分之一旧票，按伪满币1元合1.25元哈大洋票兑换，限期五年回收完毕。到1937年时，中国银行旧币折合伪满币收回3,575,854.86元，交通银行旧币折合伪满币回收7,968,067.44元，回收率高达96%和97%。[①]实际上，这意味着对东北人民的搜刮和国民政府的敲诈。显然，处于日本金融势力笼罩下的东北金融业发展情势不容乐观，必须针对业务状况调整发展策略。以东北中国银行为例，伪政府限制中行机构扩展，强制清理中行发行货币。在此情况下，东北中国银行开展了和伪政府的金融斗争，一方面暗中转汇各地支援东北义勇军的捐

伪满币收兑东北地区主要旧币兑换率表

银行及其币名	旧币俗称	1元伪满币对旧币的兑换率
东三省兑换券	现大洋券	1元
边业银行兑换券	现大洋券	1元
辽宁四行联合发行准备库兑换券	现大洋券	1元
东三省官银号汇兑券	奉天票	50元
公济平钱号铜元票	奉天票	60元
东三省官银号哈尔滨大洋券	哈大洋票	1.25元
吉林永衡官银钱号哈尔滨大洋票	哈大洋票	1.25元
黑龙江省官银号哈尔滨大洋票	哈大洋票	1.25元
边业银行哈尔滨大洋票	哈大洋票	1.25元
吉林永衡官银钱号官贴	吉林官贴	500吊
吉林永衡官银钱号小洋票	吉林小洋票	50元
吉林永衡官银钱号大洋票	吉林大洋票	1.3元
黑龙江省官银号官贴	黑龙江官贴	1680吊
黑龙江省官银号四厘债券	4厘债券	14元
黑龙江省官银号	江省大洋券	1.4元

资料来源：姚会元《日本对华金融掠夺研究（1931—1945）》，武汉出版社2008年版，第100页。

[①] 黑龙江省地方志编纂委员会编：《黑龙江省志》第32卷《金融志》，黑龙江人民出版社1989年版，第61—62页。

款,另一方面扩大寄存上海中国银行的货币资金。1936年1月依据满铁经济调查会的报告,中国银行总行对哈尔滨分行做了深入分析,提出自哈尔滨分行开业以来,办理业务有所发展,但九一八事变后其业务集中于南方和英美的汇兑,东北的放款业务较为保守,市面上的巨额游资则以汇兑的方式大量寄存上海分行。在哈尔滨中行与上海中国银行的交换余额账上,有10余种货币,合现大洋750万元,而上海中行在哈尔滨中行账上交换余额仅3种货币,合现大洋只18万元。[①]针对该报告,该行采取的意见是保持哈尔滨中行六成的发行现金准备,寄存上海的资金需换成伪满发行的公债或调存满洲,停止办理在满机关的存款。从中可知,哈尔滨中行将原在东北的大量资金内移,寄存在上海中国银行,这不失为中国银行与侵略者进行金融斗争的一种方式,同样是东北地区货币内移的一个缩影。

东北中国银行的存款业务

	东北地区中行存款额(万元)	东北地区关内银行存款额(万元)	伪满中央银行存款额(万元)	中行存款额占关内行%	中行存款额相当伪满行%
1919	1800	–	–	–	–
1920	2587	–	–	–	–
1921	1934	–	–	–	–
1934	2105	5285	10,137	40	20.77
1937	788	2 018	26,558	39	2.97

资料来源:中国银行行史编辑委员会编《中国银行行史(1912—1949年)》(上),中国金融出版社1995年版,第366页。

日本触角深入华北后,其金融势力也随之扎根,除原有的日资银行外,日本侵略者极力拼凑伪银行,发行伪币。伪冀东银行,发行5角、1元、10元3种伪冀东币,还定造1角、2角镍币和5分、1分的铜币作为辅币,该行发行货币的流通数量相当庞大。伪察南银行成立之初,由于新币未印出,曾由伪满洲中央银行无偿提供带有"满洲中央银行"字样的

---

① 中国银行行史编辑委员会编:《中国银行行史(1912—1949年)》(上),中国金融出版社1995年版,第364—365页。

原"东三省官银号"纸币，再加盖"察南银行"字样发行代用，这种货币俗称"双加盖票"，在中国纸币史上极为罕见，前后多达500万元。[①] 伪察南银行还身兼二职，它既是伪银行又是日伪贩毒的特设机关，"大量在华北各地用伪币收购的鸦片运至上海倾销；由此所得的法币为数至巨"[②]。伪蒙疆银行发行的"蒙疆券"与日元等价，广泛流通于绥远、察哈尔及晋化一带。以此类伪银行为媒介，日本与中国开展了一场货币阵地战，通过发行各类庞杂的伪币，并以整理旧币为名，回收旧币，致使伪币充斥华北各地区，占领了该地区的流通市场，日本也就控制了伪币流通区域的经济命脉，这使得中国的货币主权受损，并使中国货币逐渐被排挤出华北地区。

伪蒙疆银行发行的"蒙疆券"

为破坏中国金融，削弱中国"对日作战财力"，日本开展的经济掠夺中尤以走私、套购危害最重。1933年，由于美国大肆收购白银，白银价格高涨，走私既可以牟取暴利又可以扰乱中国财政，日本在中国的白银走私急剧增加。通常，日鲜浪人用外国钞票在华北城市购物时，谎称中国钞票"不能兑现"拒收找现，或是将中国钞票以多换少，制造贬值假象，从而使手持中国钞票的人争相汇兑现银。另外，他们也用中国的银行发行的货币兑换现银，或用日本在华银行发行的货币购买中国货币，再去购兑现银，然后再将手中的银圆，偷运出关，卖给专门收购银圆的日本机构。如此一来，各大城市每日都需兑换巨额白银，据河北省

---

① 张弛：《河北货币图志》，河北人民出版社1997年版，第565页。
② 刘耀燊：《中日经济战》，新建设出版社1941年版，第33页。

主席于学忠呈报，"以日计十五六万元，如以月计，约有四百余万元之巨数流出国外"。1935年4—5月，仅天津中央、中国、交通等行兑出的白银就达1,682,103元，北平自1935年6月6日至29日仅交通银行一家就兑出了1,629,600元，库存银圆达到了最低点。据山海关报告，1935年春，每天从这里密送出关的白银约15~16万元，其中平津两市各居2/5。在秦皇岛，仅1935年4月、5月，海关缉拿的走私白银就达177,900元。当时满铁估算，1934年10月到1935年8月，冀东走私白银约为3000万两。[①]然而，这些走私活动得到了日军的武力庇护，中国海关相继破获几起走私银圆的事件，日本驻军不但不收敛，反而向中国提出赔偿的蛮横要求。1935年9月，日本海军又提出中国海关巡逻艇不得在"非战区"沿海三海里之内行驶，致使长城附近以及芦台至秦皇岛一带的缉私任务根本无法执行。巨额白银走私在中国引起了一系列的连锁反应，白银外流，银根紧张，以白银为准备金发行的纸币贬值，紧随而来的是物价飞涨，工商凋敝，财政赤字，国困家贫，民不聊生。

1935年，中国法币改革已成定局，日本又积极在华北策划实施所谓"自主币制"。1935年12月10日，驻屯军制定《华北自主币制实行计划纲领方案》，提出在华北建立新的金融中枢，使之与华中、华南金融相分离，建立"华北公库"为唯一通货发行机关并驱除华北的法币。1936年1月，日本陆军省拟定了《华北币制改革指导要领》，指出当前应以河北、察哈尔两省为对象，把以中国新币制为基准的"一种日金汇兑本位"作为本位货币。然而这只是名义上与法币保持联系，将其纳入日元体系才是根本目的。这些活动足以看出日本居心不良，企图扰乱华北的币制统一，实际上这是一场没有硝烟的货币战争。华北金融陷入危机中，大型金融机构南迁入沪，北京、天津演变为地区性的经济中心，再加上日本蓄意制造的白银外流和币制改革下的现银集中，原藏华北的货币资金出现了大规模的转移，如1935年12月北京中央银行通过铁路南运

[①] 居之芬、张利民主编：《日本在华北经济统制掠夺史》，天津古籍出版社1997年版，第39页。

现银250万元，在北京的中国、交通两行也逐次南运现银。

自九一八事变以来，东北和华北地区的金融都因战争中断了正常的发展进程，金融机构经历了从北向南的退缩，货币资金也经历了自北向南、自内向外的转移，在区域金融遭到破坏的情况下，货币资金集汇上海使之成为全国货币的"心脏"所在。然而，覆巢之下安有完卵，上海本是货币资金的集中地，如若战争爆发，上海陷入危机，对全国的危害也就不言而喻。

七七事变当天，蒋介石密电当时在上海的宋子文："上海各银行现银与钞票，从速先移运杭州与南京，准备向南昌、长沙集中，务望五日内运完。"[①]当时财政部部长兼中央银行总裁孔祥熙正在出访欧洲还未回国，国内财政金融界处于群龙无首的阶段。7月17日，蒋介石在庐山谈话会上说道："卢沟桥事变的推演，是关系中国国家的整个的问题。"而上海本是供应钞票的枢纽，贮藏银圆和钞票最多，一旦上海被战火殃及交通受阻，现金的转运接应必成困难。然而，银行钞票从印制、发行、运输到入库有一套程序，要考虑如何布局，要确定哪个城市为重点发行枢纽，按照实际情况划分发库和业库。蒋介石电令"限五日内完成"虽是雷厉风行，但现银南运、钞票内移，自不失为准备"应战"的金融安全考虑。在孔祥熙未回国之前，蒋介石命宋子文密切关注上海金融的重大变动，宋子文临危受命，责任重大。当时财政部次长徐堪奉蒋介石之命到上海办公，负责处理紧急事务。宋子文接到蒋介石密电之后，迅速与徐堪及"中中交农"银行有关负责人商议如何完成这一艰巨任务。因时间紧急，宋子文知道现银集中香港运往美国出售较为方便，故现洋（银圆）除从汉口移至洛阳近2000万元外，主要是从上海南运香港，达4000多万元，其余各地四行库存并无多大变动。钞票方面，则是平津、济南减少一些，主要从上海运出4.6亿多元移存南昌（1.3亿多元）、长沙（2.2亿多元）、杭州（1.1亿多元）。7月28日，宋子文

---

① 上海市档案馆编：《上海档案史料研究》第2辑，上海三联书店2007年版，第21页。

密电呈报蒋介石，本来是金融中心的上海库存5.6亿元，现在变成南昌贮存约3.1亿元，长沙贮存约2.4亿元，杭州贮存约1.2亿元。[①]当然，这实属匆忙之举，因而许多印制但未发行的钞票也算在其中，国民政府另决定所有由外国印钞公司承印的新钞一律停止直接运输上海，运输途经香港时直接在港卸存。在战云密布、战火即燃之前现洋南运，钞票内移，为抗战初期的军事提供了最需要的货币支持，从金融角度体现了政府"应战"的决定，及在另一个战场上的备战。

"四行"南运银圆、内移钞票情况表（1937年7月） 单位：万元

	现洋（银圆）			钞票		
	7月9日数	7月28日数	增减数（+-）	7月9日数	7月28日数	增减数（+-）
北平天津	4503	4511	+8	14,869	8896	-5973
济南	2458	2461	+3	7374	1649	-5725
西安	1220	1235	+15	2053	1681	-372
洛阳	1026	3117	+2091	544	1269	+725
郑州	518	438	-80	1918	3342	+1424
汉口	2041	118	-1923	2885	4819	+1934
长沙	2533	2535	+2	1578	24,230	+22,652
南昌	3772	3863	+91	17,799	30,860	+13,061
上海	4887	550	-4337	55,714	9709	-46,005
香港	6030	12,234	+6204	46,753	48,132	+1379
杭州	72	78	+6	584	11,831	+11,247
四川	2380	2038	-342	856	1587	+731
福建	78	11	-67	1111	843	-268
合计	31,518	33,189	+1671	154,038	148,848	-5190

资料来源：《宋子文致蒋中正电》附件，卓遵宏《抗战初期沪市金融的维护》，见上海市档案馆编《上海档案史料研究》第2辑，上海三联书店2007年版，第22、24页。

金融是灵敏的，战争阴云笼罩全国，尤其是北平、天津相继失陷，人心恐慌，储户纷纷向各地银行挤兑提现，资金逃避追逐外汇，银行、钱庄存款骤减，呆账、坏账剧增，市面银根紧缩，工商业资金凝滞周转不灵。八一三淞沪会战后，上海市面更加紧张，为防止金融动荡，国民政府财政部批准上海银行业暂行停业两天，与上海金融关系密切的各埠银行业

---

① 洪葭管：《中国金融通史》第4卷，中国金融出版社2008年版，第316—317页。

也一律休业两日。①8月15日，财政部次长徐堪与中国银行董事长宋子文，紧急召集上海银钱界领袖人物，筹商安定金融办法，制定《非常时期安定金融办法》，限制提存款额，维护银行、钱庄不致因存户无限制提存而搁浅、倒闭。当时全国银行的存款总额已逾45亿元，上海为20亿元左右，如若让存户全部提取现钞，即使把全国14亿余元货币发行量全部抵用，也应付不了上海一个地区。②但是，对于上海银钱业来说这依然是一个猛烈的打击。上海一地储户众多，即使是每一星期提取一次，以小见大，提存风潮依然是来势汹汹。例如，到11月上旬仅上海地区金城银行被提存款即在2000万元以上③，占上海分行全部存款的25%。到1937年底，上海商业储蓄银行总行和各分支行被提存款高达7200万元，存款总额由战前的20,194万元减为的12,921万元，减少了40%。④管中窥豹，上海即是金融机构的密集地，提存风潮造成的资金外流，其影响可见一斑。

全面抗日战争爆发以前，上海无疑是全国的金融中心，在此基础上，上海发展为远东国际中心，当时远东没有哪一个城市的金融地位可以与之媲美，"东方明珠"就是对上海最大的赞美。但是，中国全面抗日战争的枪声已经打响，战火已燃烧到上海。战时上海的金融中心地位也受到挑战，金融机构中枢不断迁出上海，货币、资金大量外流，上海的金融力量遭到严重削弱。上海金融中心的繁华和前景也随之"葬身火海"，这是战火冲击下中国金融业从繁荣走向萎缩的缩影。而迁入大后方的金融机构，为后方注入了经济活力，重庆开始崛起成为战时中国的金融中心。

---

① 《财政部为颁行非常时期安定金融办法致各方函》（1937年8月13日），见中国第二历史档案馆编：《中华民国史档案资料汇编》第5辑第2编《财政经济（四）》，江苏古籍出版社1997年版，第439—440页。
② 洪葭管编著：《金融话旧》，中国金融出版社1991年版，第158页。
③ 中国人民银行上海市分行金融研究室编：《金城银行史料》，上海人民出版社1983年版，第561页。
④ 洪葭管编著：《金融话旧》，中国金融出版社1991年版，第159页。

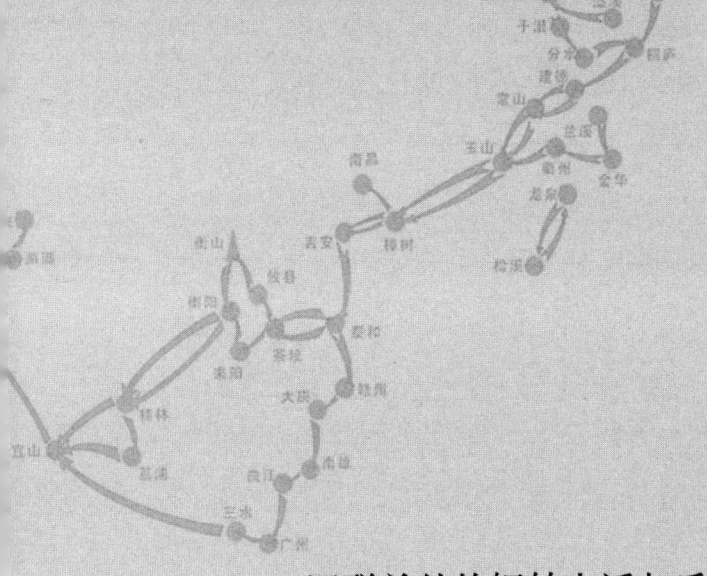

第二章
四联总处的辗转内迁与后方金融中枢的建立

全面抗战爆发后,宋子文本着整顿金融、服务抗战的信念,积极筹设四行联合办事处(简称四联总处)。上海、南京沦陷后,四联总处西迁汉口,不久又因战事的影响,由汉口迁至重庆。随着四联总处的第一次改组,蒋介石成为四联总处理事会主席,并以此为契机从组织上加强了金融垄断的核心地位,最终将军权与经济大权集于一身。

整顿金融,服务抗战——宋子文与四联总处的成立

四联总处第二次改组之后,孔祥熙开始了对其实际控制,一方面巩固了中央银行的地位,另一方面实现了对国家银行的专业化分工,使四联总处真正成为掌控大后方的经济枢纽。因此,宋蒋孔三人见证了四联总处建立、发展、集权的全过程。四联总处是战时统制金融的重要手段,实现了国民政府建立"金融总枢机构"的夙愿,使得国民政府达到了宏观、统一管理金融的目的。

1937年7月7日,以卢沟桥事变为标志的日本全面侵华战争席卷而来,给各行各业造成了极大的灾难。中国的生产力遭到了极大的破坏,财政收支严重失衡。仅实行两年之久的法币制度,亦因日本的经济侵略受到了严重挑战。"存户纷纷向银行挤兑提存,资金逃避追逐外汇,银行存款骤减,呆账剧增,市面筹码奇缺,工商周转不灵……"[①]国民政府认识到这种混乱的经济状况持续发展下去,将无法与日军进行持久抗战,将从根本上动摇国民党的统治地位。"七分经济,三分军事"的呼声迭起,朝野上下一致认为,为了应付突然事变,安定金融,稳定经济,需要设立一

宋子文

---

① 重庆市档案馆、重庆市人民银行金融研究所合编:《四联总处史料》(上),档案出版社1993年版,第2页。

个处理战时金融事宜、事权高度集中、具有权威的战时金融总枢机构。

当时的财政部部长兼中央银行总裁孔祥熙正在欧洲出访，无暇顾及建立战时金融总枢机构一事。因此，选出一个既能处理战时金融问题，又能领导庞大的金融管理机构的人，成为迫在眉睫的事情，而这个人就是宋子文。

宋子文是鼎鼎有名的宋氏家族的长子，是宋庆龄的弟弟，宋美龄的哥哥。1894年12月4日，宋子文出生在上海同仁医院。幼年的宋子文，在家庭教师指导下接受启蒙教育。几年后，他进入上海圣约翰大学就读，并于1912年毕业。随后，他赴美留学，在美国哈佛大学主修经济学三年，获硕士学位，继入哥伦比亚大学继续攻读经济学，获博士学位，同时在纽约花旗银行见习，时间长达两年。在这里，宋子文接触、了解和熟悉了现代西方银行机构的运作机制和对社会的重大影响。他是中国第一代哈佛学子，被称为"国民政府著名的理财家"。

1928年，宋子文担任南京国民政府财政部部长后，不仅争取关税自主、发行巨额公债、进行税制改革，以增加政府财政收入，而且力图建立一个其直接控制的金融机构，即中央银行。6—7月，宋子文主持召开了全国经济会议和全国财政会议，这两次会议为制定财政金融货币等方面的全面规划，提出了相关方案。随后，宋子文就开始筹建中央银行。为此，他还主持制定了《中央银行章程》，并由南京国民政府正式颁布。1928年11月1日，中央银行在上海正式成立，总行行址设在上海外滩15号，也就是华俄道胜银行的旧址。当时国民政府建都于南京，国民党中央党部亦在南京，而宋子文为何要将中央银行设立于上海呢？其一，出于国民政府对江浙财团的重视。这个政权的建立借助于江浙财团的支持，这个政权的巩固亦需仰仗江浙财团的扶助。其二，上海是中国的金融中心，控制了上海金融界，等于控制了聚敛财力的最大来源。

中央银行形式上分设总裁、理事会、监事会。事实上，宋子文自兼总裁和理事会主席二职，掌握着对中央银行的实际控制权，并委派他圣约翰和哈佛大学的同学陈行为副总裁。与此同时，宋子文为得到上海金融资本家的支持，借机将上海银行界、商界的一些知名人士任命为中央银行的董事，其中包括银行家钱永铭、叶琢堂、陈光甫和钱业家王宝崙及工业家荣宗敬、周宗良等人。中央银行的董事会成员将上海金融界主要的上层人物都包括在内了，并使银行家与上海所有的商业银行连接在一起。此举进一步拉近了宋子文与上海金融家的关系。此时成立的中央银行与之前国民政府设立于广州、汉口的中央银行并没有连续性。因此，中央银行成立时，其资力比较薄弱，组织比较松散，业务也较为简单，各方面都不及中国银行和交通银行。宋子文为了垄断全国金融，通过不断向中国银行和交通银行增资，使两行中的官股过半，实现了对中国银行和交通银行的控制，这也为后来四行联合办事总处的建立做了铺垫。

此外，宋子文与上海金融家及工业资本家有较为深厚的关系。宋子文为取得上海资本家的支持，反对对上海资本家使用强制手段，而是采取了与上海金融界和工商界合作的政策。财政上，他竭力给上海金融家很优惠的购买条件，力图开辟一个真正的公债市场；政治上，宋子文成立各种委员会和召集各种会谈等办法与资本家协商，把资本家的领袖人物拉到政治舞台以支持自己的地位。

1933年，蒋介石在宋子文出国期间使用经费超出了他的财政支出预算，而且把这笔钱都用在了"剿共"的军事行动上，宋子文回国后非常生气，与蒋介石发生了激烈的争吵。宋子文坚持中央银行不得滥发纸币，不得随意向国民政府垫款，而以蒋介石为代表的军方却任意增加开支，双方冲突不可避免。1933年4月，宋子文不得不辞去中央银行总裁的职位，由孔祥熙继任。9月24日，蒋介石说：宋子文"对国防经费与军费旧欠，皆置之不理，其祸国殃民害公误私之罪，余在牯岭时，曾面斥之，彼竟不悟，而借行政院副院长兼财政部长之地位，与我为难！呜呼！可叹孰甚！"①由此可见，蒋宋之间的矛盾与冲突已经到了不可调和的地步了。10月，宋子文又不得不辞去行政院副院长和财政部部长的职位，这两个职位又是由孔祥熙继任。当宋子文辞职的消息得到证实后，上海的主要商业团体致电南京国民政府表示强烈反对。可见，宋子文对上海资本家的重要性。然而，他们的反对并没有成功阻挡宋子文辞职，他的辞职对上海资本家来说，是一次重大的打击。宋子文虽然没有了中央银行总裁及财政部部长的头衔，但是他有对经济金融态势的洞察力、解决各种复杂金融问题的经验及对上海金融家的号召力。因此，当全面抗战爆发，而孔祥熙出国在外的情况下，急需一个能镇住战时金融市场，整顿挤兑与外汇的紊乱并能与上海金融业紧密沟通，能带领金融业渡过难关的人，然而，当时的财政部次长等都无法堪此重任。于是，宋子文便成了组建金融总枢机构及帮助渡过金融难关的最佳人选。

1937年，蒋介石指示财政部次长徐堪组织临时性金融管理机构金融委员会，命其出面请时任中国银行董事长宋子文为委员长，并亲自决定了委员会组成人员名单，总领全国金融决策。无奈国民党内派系倾轧，利害相争，"殊明令发表后而阻碍重重，以致该委员会迟迟未能建立"②。

全面抗战爆发后，沿海地区很快陷入敌手，国家财政收入受到严重打击。宋子文面对全国金融、经济恐慌的严峻形势，认为必须尽快从平时经济转入战时经济，统一全国的经济力量，建立战时经济体制，以适应战争对人力、物力、财力的巨大需求。为此，他推出三项重要措施：

一是发行救国公债。基于全国人民积极支持抗战的热情，宋子文决定发行救国公债，总额5亿元，年息4厘，于1937年9月1日以十足票面向社会公开发行，规定自1941年起分30年还本付息，由财政部从国库拨款充作基金，债权人为广大民众，而非以往的承购商银行。与此同时，宋

---

① 黄自进、潘光哲编：《蒋中正总统五记——困勉记》（上），台北2011年版，第394页。
② 重庆市档案馆、重庆市人民银行金融研究所合编：《四联总处史料》（上），档案出版社1993年版，第2页。

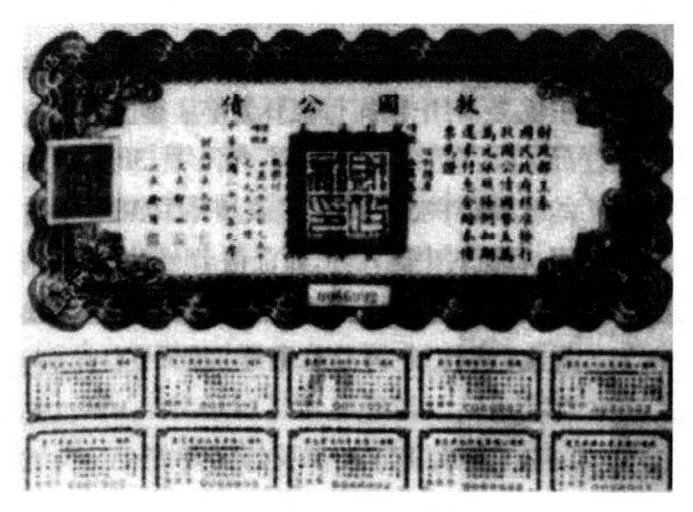

1937年救国公债

子文还到处宣传"有钱出钱,有力出力",并出面组织"劝募委员会"公开劝募,现金及有价物品都可以应募。正是在爱国主义的影响和国民政府的宣传引导下,救国公债的发行十分顺畅,在一定程度上弥补了财政赤字,增加了抗战所需的军费。

二是集中外汇,加强控制。七七事变后,宋子文建议国民政府与外国银行进行交涉,签订君子协定,采取限制提存的办法,避免大量提取存款,而减少外汇的购买力,保持外币汇率稳定。这使得财政困难有所缓解。

三是筹设四联总处。孔祥熙在国外期间,蒋介石本有意让宋子文出面组建一个权力高度集中、具有权威性的战时金融总枢机构,而宋子文面对全国金融、经济恐慌的严峻形势,认为有必要尽快建立战时经济体制。于是宋子文应邀以中国银行董事长及中央银行常务理事的身份,利用其与上海金融资本家的友好关系,联合交通银行、中国农民银行,于1937年7月27日,在上海合组联合贴放委员会,由宋子文临时在沪主持,各行均派两人为委员,共同办理同业贴现和放款。宋子文和徐堪也多次在上海商讨稳定货币和金融市场的举措。8月9日,正式在上海成立中央银行、中国银行、交通银行、中国农民银行四行联合贴放委员会,下设办事处简称四联社,制定《贴放委员会办理同业贴放办法》及办事细则,由四行代表轮流担任主席,审批发放长期贷款,以解决在沪企业内迁费用，办理贴现、放款，救济银钱、工商各业。经审定通过的贴放款额，由"中中交农"四行大体按照35%、35%、20%和10%的比例承担，放款的利息则就放款期间的平均利率计算。自成立至11月18日中国军队撤出上海时止，合计贴现和放款2255万元，未归还金额1670万元。同时中央银行、中国银行、交通银行对银行业联合准备委员会提供1000万元额度的透支①，帮助上海金融界平稳渡过金融动荡。

1937年八一三事变爆发，江浙地区失去了往日的繁华，成为烽火连天的战场，全国的金融中心——上海受到了日军炮火的攻击和摧残。如何面对战时金融的特殊情况，对国民政府来说还很陌生，战争一打响，首先要考虑的是千千万万存户纷纷到银行提取存款的问题。战争前夕，全国银行存款已经达到45亿元，即使提取其中的三分之一，也相当于四行发行的钞票总额15.1亿元。在市场经济的信用制度下，银行作为债务人必须遵守规则，付给债权人存户现金，然而银行发出去的贷款却不一定能够收回。面对这样的紧迫险象，金融业要应付自如，求得金融市场的稳定发展，就必须及时制定出相应的措施。上海是当时全国的金融中心，其金融业发展更是全国的佼佼者。上海金融家也不失为有才能谋略的群体，他们向财政部建议"限制提存，以稳定金融"的办法，并与负责财政金融的政府官员宋子文、徐堪共同商定：8月13日、14日停业两天，15日颁布财政部制定的《非常时期安定金融办法》，16日开门营业，从那天起各银行、钱庄开始执行这一安定金融的办法。该办法共七条，主要内容是：（一）自8月16日起，银行、钱庄各种活期存款，如须向原存银行、钱庄支取者，每户只能照其存款余额，每星期提取5%，但每存户每星期至多以提取法币150元为限。（二）自8月16日起，凡以法币交付银行、钱庄，续存或开立新户者，得随时照数支取法币，不加限制。（三）定期存款未到期者，不得通融提取，到期后，如不欲转定期者，须转作活期存款，但以原银行、钱庄为限，并照本办法第一条规定办理。（四）定期存款未到期前，如存户

---

① 洪葭管：《中国金融通史》第4卷，中国金融出版社2008年版，第385页。

商经银行、钱庄同意承做抵押者,每存户至多以法币1000元为限,其在2000元以内之存额,得以对折作押,但以一次为限。(五)工厂、公司、商店及机关之存款,如发付工资或与军事有关须用法币者,得另行商办。(六)同业或客户汇款,一律以法币收付之。(七)本办法于军事结束时停止。①这一安定金融办法的实施,在一定程度上保证了银行、钱庄不会因为存户不断提取存款而无法应付,造成倒闭的局面。然而,此办法所规定的只有单位发工资和与军事有关需要的才能提取现金,这对工商企业业务上的资金周转和税款的缴纳便产生了限制,形成困难。鉴于这一情况,在《非常时期安定金融办法》制定之后,为便利工商业资金、货物的流转,又颁布了在上海实施安定金融办法的四条补充办法。这四条补充办法是:(一)银钱同业所出本票,一律加盖"同业汇划"戳记。此项票据只准在上海同业汇划(即转账),不付法币及转购外汇。(二)存户所开银钱同业本年8月12日以前所出本票与支票,亦视为同业汇划票据。(三)银行、钱庄各种活期存款,除遵照部定办法支付法币外,其在商业部往来,因商业上之需要,所有余额得以同业汇划付给之。(四)凡有续存或新开存户者,银行、钱庄应注明法币或汇划,取时仍分别以法币或汇划支付之。②由此,之前制定的七条安定金融办法再加上后来的四条补充办法,便形成了一套完整的《非常时期安定金融办法》,既在一定程度上限制了提存,又保障了工商业资金周转的需要。

与此同时,国民政府一方面因为战事的迫切需要,加强国家行局的联系和协调,集聚金融力量应付危局;一方面想要利用战争这一特殊情况加强对金融业的管理,乘机扩大金融垄断势力,便在8月16日,由财政部致函中、中、交、农四家银行,以"厚集金融力量,合力负担非常时期各项任务"为名,要求就设有分支行的重要都市各设联合办事处。在这样的号召下,上海四行联合办事处便在法租界先行设立,该四家银

---

① 中国第二历史档案馆、中国人民银行江苏省分行、江苏省金融志编委会合编:《中华民国金融法规档案资料选编》,档案出版社1989年版,第627页。
② 《安定金融补充办法》,载《金融周报》1937年第4卷第7—8期。

行迁至法租界，由四行各派代表共同探讨和督促各行联合办理的事务。四行联合办事处成立之初，仅由四行各派代表一人参加，每次集会，先冀遇事取得联络。①因财政部部长孔祥熙尚在国外，宋子文便总管该机构，并派亲信霍宝树任秘书。

为了集中全国力量应对日益复杂的局势，使战时金融能融成一片，四总行随即命令国内各重要城市四行中有两行支行者，应立即筹设联合办事分处，并规定其任务是：（一）维持当地金融，责成分处负责，随时请示总处办理；（二）汇总当地各方请示，毋庸各别请示；（三）将当地市面情形逐日电报一次；（四）凡请示四总行之件，均由上海中央行收转；（五）分处成立后，每日上午八点必须集议一次。据相关数据统计，各地四行先后组成联合分处达52处。随着日军的侵略日益深入，东部、中部地区逐渐落入敌手，为了"抗战建国"，国民政府提出了建立大后方的方略。四联总处成立后，积极配合这一战略转移，"为谋内地金融农矿工商业各业资金流通起见"，制定了《四行内地联合贴放办法》，先后在武汉、重庆、长沙等15地设立联合贴放委员会。②我国战时的金融机构至此规模初具，这些城市四行的联合贴放由原来仅对银行、钱庄的贴现和放款逐渐扩大为对工商业的贷款。

重庆作为后方重镇，对财政部的命令给予了积极的响应。由于抗战爆发时，交通银行还没有在重庆建立分行，中央、中国、中国农民三行在重庆协商，由中国银行经理徐维明、中国农民银行经理冯英齐集在中央银行开会，议决组建三行联合办事处重庆分处，8月20日正式成立，中国银行经理徐维明、中国农民银行经理冯英为分处代表，中央银行经理潘益民在公出期间，由刁培然副经理为代表。三联办事处成立之际，正值重庆金融空前恐慌之时，四川省财政厅厅长刘航琛便建议仿照上海贴放委员会设立办法，组设同样的贴放委员会，办理同业及工商放款事

---

① 重庆市档案馆、重庆市人民银行金融研究所合编：《四联总处史料》（上），档案出版社1993年版，第61页。

② 重庆市档案馆、重庆市人民银行金融研究所合编：《四联总处史料》（上），档案出版社1993年版，第4、118—119页。

宜，用以活泼市面。由于重庆与上海情况不同，重庆贴放委员会的贴放办法与上海相比，有所不同。8月26日，该会推定徐广迟、潘益民、冯英、王士燮、王君韧、金雪滕、刁培然、顾敦甫、孙祖瑞为委员，并推徐广迟、潘益民、冯英三经理为常委，并拟具贴放手续及押品审核处分办法，呈核施行。8月28日，正式成立重庆市贴放委员会，开始办理贴放事宜，放款中最重要者为重庆市10家银行及21家钱庄承借的救济金融借款（500万元），其后贴放范围逐渐推广，至9月间，总额达千余万元，市面获此挹注，银根乃弛。①

此后，鉴于重庆贴放委员会卓有成效，成都、万县也因市面需要，拟请设立同样的贴放委员会。经重庆贴放委员会呈奉总行决定办法八项：（一）成都不另设贴放会。（二）成都三行经加入重庆会为委员。（三）成都三行代为审核申请书，审核后寄渝复核，寄成都办理放款。（四）押品由成都三行保管。（五）推定中央蓉行为代理收付款项银行。（六）三行贴放比例照重庆三行办理，利息随渝市增减。（七）成都放款由成都三行担负。（八）贴放原则由重庆贴放委员会抄送备用，万县贴放事宜，亦按成都市办法，均不另行设会。至此，重庆贴放委员会又做成都、万县两地贴放，业务逐渐扩增。1938年1月，交通银行重庆分行成立，按规定被列入重庆贴放委员，加推李钟楚为常委、沈青山为委员。四行按35%、35%、20%、10%的比例分摊承做放款，基础更臻巩固。而会中事务，除原调四行营业主任曹撑宇、刘敷五、严榆邨、杨粲勋为襄助人员外，复于四行增调事务员6人，同时关于放款之限度、利率、期限以及押品之范围、保管、处分诸端，亦均先后呈奉四联总处核定办法，俾资遵循。②

在西北地区，西安四行也立即开会商讨成立联合办事处。1937年8月，在西安中央银行之内设立联合办事处。当时该处曾拟订《西安

---

① 重庆市档案馆、重庆市人民银行金融研究所合编：《四联总处史料》（上），档案出版社1993年版，第120—122页。
② 重庆市档案馆、重庆市人民银行金融研究所合编：《四联总处史料》（上），档案出版社1993年版，第122页。

市非常时期安定金融补充办法》，由陕西省政府发布实施。1940年元月，改组为四行联合办事处西安分处，以后又相继设立汉中、宝鸡、安康支处。[①]

1937年11月中旬，上海淞沪会战败局已定，日军涌进上海，仅公共租界和法租界未被占领，成为"孤岛"。"中中交农"四行总部随即迁往南京，此后日军又围攻此地，四行总部又不得不再次动身继续西迁，暂时在汉口成立四行联合办事处总处。在此期间四联总处的工作因不断内迁及宋子文赴港而一度停顿。而此时，孔祥熙恰由伦敦回国，便立即在汉口以中央银行理事会主席兼总裁名义担任四联总处主任，并恢复四联总处工作，而上海的四联总处则改为分处。孔祥熙的这一举动激发了孔宋之间的矛盾。

1938年，武汉会战一触即发。该战役从6月一直打到10月，战场遍及安徽、河南、江西、湖北四省广大地区，大大消耗了日军的有生力量，打破了其速战速决的计划，是抗日战争战略防御阶段规模最大、时间最长、歼敌最多的一次战役。此后，中国抗日战争进入战略相持阶段。面对武汉的紧张局势，四联总处又由汉口迁至重庆。为谋加强组织及增进工作效能，四联总处于1939年3月间添设政策、业务、考核、事务四组，分掌四行之计划，贴放发行之调拨，及收兑金银之考核，以及运输工程各项事宜之计划。[②]不过，这时的四联总处，实际上属于业务联系性质，没有一定的组织和办法，比较松散。

从1937年8月至1939年9月的这两年多时间，可以说是四联总处的第一阶段，也正是国民政府将其从平时经济转变为战时经济的过渡时期。在这一时期中，有关财政、金融、经济方面的重大决策，以及这些决策的实施，主要是由国民政府军委会、财政部、军委会三调整会（即工矿调整委员会、农产调整委员会、贸易调整委员会）和稍后组建的经

[①] 杨希天主编，陕西省地方志编纂委员会编：《陕西省志》第36卷《金融志》，陕西人民出版社1994年版，第24页。
[②] 重庆市档案馆、重庆市人民银行金融研究所合编：《四联总处史料》（上），档案出版社1993年版，第54页。

济部设计和执行的,四联总处则主要是集中利用国家银行的资力予以配合和协助。成立初期的四联总处,还不是一个金融、经济领域里的决策机构,仅由四行代表共同研讨及指导联合应办业务之责,其范围较狭小,其性质尤偏于联络方面。它的主要任务是联络国家银行,协调各行动作,配合政府贯彻实施《非常时期安定金融办法》,并对外汇实行初步管制,稳定金融市场。同时集中利用国家银行资力,举办联合贴放业务,融通资金,扶持生产,支持工矿企业内迁。但随着四联总处机构组织的不断成熟,其在战时国民政府统制经济中的重要地位日益凸显。

从中央银行的创办,对中国银行及交通银行的改组,到抗战初期四联总处的组成,无不有宋子文的汗马功劳。为了保持金融的稳定,为抗战做好经济准备,宋子文在全面抗战爆发后,就意识到建立战时金融体制的重要性。他采取了争取关税自主、改革盐税统税、成立中央银行、建立国家预算、发行巨额公债、组建四联总处等措施来整顿金融,积极服务抗战。尤其是四联总处的成立,为日后国民政府在大后方敷设强有力的金融网,实现构建全面服务抗战的国民经济体系打下了坚实的经济基础。

"两个权力"不会轻易放手——蒋介石担任四联总处主席

蒋介石是中国近现代史上的一个重要人物，他对中国近现代史的进程产生了极为重要的影响。他是个权力欲极强的人，南京国民政府建立之后，已经掌握军权的蒋介石，即欲将国民经济大权掌握在自己手中。全面抗战爆发后，蒋介石通过对四联总处的控制，更是将国家财政金融大权独揽于手中，将近代以来的统制经济发展到了一个新的高度。

关于统制经济的思想早在19世纪30年代就已经在西方各国蔓延并传入中国，当

蒋介石

时国民政府的高参罗敦伟的《中国统制经济论》就是最具有代表性的研究著作，且其统制经济思想很多秉承于孙中山的三民主义，对当时经济政策的制定产生了一定的影响。而统制经济的本质就是高度集中的国家权力介入社会经济的运作体系，国家对经济制度施行主导与管制。在统制经济的思想基础之上，统制金融的思想也逐渐发展起来。"统制金融是管理货币和管理银行的总称"[1]，主要目的就是配合统制经济政策，以政府为主导，对货币银行制度实施控制性的安排与推进，从而实

---

[1] 梁子范：《欧美统制金融的理论和方策》，载《新经济》1941年第6卷第6期。

现垄断金融资源的目标。经济学家马寅初当时就指出，金融是统制经济中比较容易实行统制管理的事项，金融统制的重心就在于中央银行制度的完成。①这样的思想对孙中山和蒋介石都产生了重要的影响，民国时期不少经济学家都认为孙中山的《建国方略——物质建设》中"确含有统制经济与计划经济的性质和意味"②。蒋介石对这一统制思想也有所继承。

早在1933年至1935年间，蒋介石就开始关注经济与金融，酝酿统制经济及统制金融的方案。1933年3月20日，蒋介石提出："今日对倭一面交涉之方针，已失其效，惟有抵抗之一面而已，与其坐而待亡，不如抵抗而亡，以留中华民族光荣历史最后之一页；……要知今世之战争，非仅军事武力之战争，而乃举全国之经济、教育、交通、外交、内政全部政治之战争，即所谓全国总动员是也；而军事之战斗，不过其中之小部耳。故今日欲言抵抗到底，百折不回，则非举全国国民之心力，汇集于一点不可！又应统一全国之内政、财政、兵力，听命于中央，然后方能言彻底之抵抗。"③在这里，蒋介石充分认识到统一全国经济与财政对抗战的重要性。在1935年，蒋介石到四川组织围剿红军时，进而又萌发了统制金融的思想。他给孔祥熙发的一份密电中提到，国家社会都濒临破产，其症结就在金融币制与发行不能统一，其中中国银行、交通银行历来吸收国脉民膏，置国家社会于不顾。当前国家陷于险境，只有使二行绝对听命于中央，彻底合作才是国家民族唯一的出路。从中可以看出，蒋介石企图控制中国、交通银行。同年4月，蒋介石提出成立中国、中央、交通银行的联合机关的想法，并向三行增加官股，使南京国民政府占中国银行的资本达到50%，占交通银行的资本达60%。

蒋介石的统制经济思想很快见诸实际行动。1935年，在蒋介石的授

---

① 马寅初：《统制经济问题》，载《时事月报》1934年第10卷第2期。
② 陈学溥：《三民主义的统制经济和计划经济的研究》，载《三民主义月刊》1935年第6卷第4期。
③ 黄自进、潘光哲编：《蒋中正总统五记——困勉记》（上），台北2011年版，第376页。

意之下，豫鄂皖赣四省农民银行改组成为中国农民银行，他自己担任中国农民银行理事长。1936年，蒋介石规定中国农民银行同其他三行一样具有货币发行权，他对经济大权的控制逐步加深。

四联总处成立后，蒋介石更想借此加紧对经济大权的掌控。1939年，为了稳固大后方经济，推动"抗战建国"方针的施行，实现对经济大权的掌控，蒋介石通过对四联总处进行改组，赋予其管制金融经济的权力，并担任了四联总处理事会主席，孔祥熙、宋子文、钱新之等担任常务理事。四联总处经过改组，成为蒋介石直接控制金融经济的管制机构，从此蒋介石开始了加强对大后方金融垄断的历程。

国民政府刚到大后方，由于前线战事吃紧及大后方长期较为落后的原因，国民政府的控制区还处于一种不稳定的状态。四川、西康、云南、贵州、广西、西藏、新疆、甘肃、陕西、宁夏等西南西北省份受到战火波及较小，环境相对稳定，但也是长期处于全国经济发展的落后地带。全面抗战爆发前，中国70%以上的制造业、重工业集中于东部沿江沿海地区，但随着这些地区的沦陷，整个国民经济不可避免地陷入萎缩，而面对旷日持久的战争和持续增高的军费开支，整个国民经济的供需矛盾日益凸显，不夸张地说，在这一时期，国民政府不但在战场上节节失利，在经济上也陷入了泥潭。因此要在工业基础薄弱的大后方建设一个持久抗战的基地，加强长期抗战的基础，充实国家财力，成为摆在蒋介石和国民政府面前的一个棘手问题。

1939年1月，在国民党中央执行委员会上，改国防最高会议为国防最高委员会，统一党政军权，作为战时最高决策机关，由蒋介石担任委员长，在战时党政军的一切事务可以不经过平时的程序，直接施行，至此，战时的最高军事指挥权被蒋介石所控制。但是，蒋介石同样看到，经济金融的决策权并不在党政军的权力之中，于是蒋介石加紧谋划金融的管制方案。加强金融管制，从另一方面来说，也是当时特殊背景所决定的。自全面抗战爆发以来，国民政府财政赤字日益严重，仅1939年6月，财政赤字已经达到30亿元之巨，"财政情形及国民负担能力，实已竭蹶万分"①。除此之外，当时"中中交农"四行的经营依然处于各自为政的松散状态，四联总处更多的时候只是发挥了联络作用，业务范围非常狭窄，一旦失去对四行的控制，国家财政将更是困难重重。

有鉴于此，蒋介石加快了对金融管制的脚步。1939年9月8日，国民政府国防最高委员会核定《战时健全中央金融机构办法》十条，在蒋介石的授意下，对四联总处进行了第一次改组。②之所以选在这个时候改组，也是诸多因素综合考量的结果。

第一，1939年的国内外形势更趋严峻，武汉、广州沦陷，战争进入相持阶段后，日本侵略者除了在军事上保持强大压力和在政治上加紧诱降外，主要企图利用金融经济上的手段来搞垮国民政府，并切断了中国的海上交通运输，发动货币战，强烈地冲击了法币体系。国民政府认识到，其生存越来越取决于国统区的金融经济能否支撑下去，经济特别是金融的作用绝不低于前线军队的对日作战，所以蒋介石继续加紧金融管制的步伐。

四联总处旧址

第二，1939年国民政府刚从华北、华东一路撤退到西南西北大后方，还没来得及喘口气，立马就把建立和完善战时金融经济体制摆上重要议事日程。在设计这个体制之初，国民政府就已经把金融放在了一个很重要的地位。1939年8月，财政部次长徐堪由香港到重庆后，"草拟巩固金融办法草案，加强本总处（即四联总处）组织"，"呈奉委座亲加核正"③，因此，改组四联总处正是蒋介石建立"金融总枢机构"计

---

① 洪葭管主编：《中央银行史料（1928.11—1949.5）》，中国金融出版社2005年版，第442页。
② 四联总处从1937年8月成立至1948年10月撤销，前后共经历了3次改组。
③ 伍野春、阮荣：《蒋介石与四联总处》，载《民国档案》2001年第4期。

划的重要步骤。

第三，四联总处在组织机构与业务范围的变化，也为改组做了一定程度的准备。四联总处从汉口迁往重庆之后，业务机构除原有的贴放等组外，添设政策、业务、考核、事务四组，并改组设立四联总处重庆分处，使其成为四联总处之下权力最大的一个分支机构。四联总处在改组以前的业务工作，除最初开展的贴放工作外，已逐渐开始办理收兑金银、推行储蓄、调拨钞券、统筹四行业务等项工作。

第四，是孔宋之间斗争的妥协。蒋介石以中国农民银行理事长身份自兼四联总处理事会主席，徐堪以财政部次长兼任秘书，以图缓和二者之间的矛盾。

其实孔祥熙与宋子文之间的矛盾由来已久。虽然宋子文是孔祥熙的小舅子，但这两个人因为权力、地位等明争暗斗了许多年。孔祥熙有一次谈到宋子文，曾说"西安事变时，我们主张他陪蒋夫人去西安，是想借危难中缨冠往救，来恢复他同蒋的感情，总算做到。不料今天会落井下石地联合外人倒我"。可见他们亲戚间你争我夺的实况。1933年，宋子文辞去财政部部长一职之后，任中国银行董事长，利用中国银行的关系，联合交通银行，与中央银行对立，并和商业银行通过业务关系连成一气，稳执金融界牛耳，与财政部若即若离，随时随地计划取代孔祥熙。币制改革前，英国李滋罗斯来华时，宋子文通过汇丰银行的关系与李滋罗斯取得较好的联系，英国甚至有"币制借款非宋任财长不谈"的表示。[①]而西安事变后，孔祥熙以调停西安事变有功当上了行政院院长，而对于和平解决西安事变的第一功臣宋子文，却没有得到实质上的好处。可见宋子文与孔祥熙之间矛盾之尖锐。

四联总处在上海初建时，由中央银行常务理事宋子文主持。孔祥熙得知后，立即命孔令侃出面，在上海组建财政部驻沪办事处和宋子文唱对台戏。1937年10月，当孔祥熙回国后，即要夺四联办事处的权，

---

① 寿充一编：《孔祥熙其人其事》，中国文史出版社1987年版，第7、9页。

后因战事愈紧，夺权一事暂搁。11月，因整个华东战局失利，"中中交农"四行纷纷内迁，四行联合办事处工作一度停顿。迁到武汉后，11月25日，孔祥熙召集四行代表在汉口组成四行联合办事处总处，上海改设分处，对外宣称为总处，其他各地则称分处，并由自己担任四联总处主任。然而，宋子文则自1937年11月离开上海赴香港，不到武汉来参加四联总处的一切活动，也不派人到武汉和孔祥熙接洽。孔祥熙当了四联总处主任不久，就发现这"四联"实际上就是"一联"。到1939年底，宋子文一直留在香港，始终不来内地。这两年多的时间正是中国人民抗日斗争最为艰苦的日子，也是孔宋之间政治斗争最为激烈的时期。

在这段时间，宋子文还于1938年5月24日，经由汉口飞往广州，此时他的身份是全国经济委员会常委，召集余汉谋、吴铁城、曾养甫等广东省官员共同商讨稳定广东金融秩序、增加税收收入、确保财政收支平衡等措施。而此时正值日军大规模轰炸广州的时刻。宋子文在稳定战时财政金融方面所做的重大贡献，获得抗日救亡人士的广泛称赞，不少外国驻华使节也对其极为欣赏。"英国大使卡尔就于1938年4月、7月两度向蒋介石建议，由宋子文取代孔祥熙出任财政部长，全面负责谋取外国援助和国内战时财政金融上的方针政策。"[①]蒋介石因为一些政治因素，并没有采纳卡尔大使的建议，但是心中对宋子文在维持战时财政金融方面所采取的办法尤为赞赏。1939年7月和12月，蒋介石曾两度致电宋子文，希望他能从香港来到重庆，与孔祥熙共同商议金融问题和四联总处的方针计划。但是，宋子文对于蒋介石的邀请也以各种理由推诿，处处挟持中国、交通两行与中央银行作对。随着战局变动，1938年四联总处自汉口迁至重庆，原来重庆联合办事处分处归并到四联渝分处。四联总处从1938年8月至1939年9月在重庆共举行139次会议。四联总处西迁重庆时，仅有中央银行总行机关一批重要干部跟随总裁孔祥熙来到了重庆，少数留在香港，但中国、交通、

---

① 王松：《宋子文大传》，团结出版社2011年版，第147页。

中国农民三行重要人员都在香港逗留，不愿到重庆，把总行亦搁在香港，出席四行会议的都是总处处长或重庆分行的副经理，不仅事办不通，会也开得不成样子。四联总处在召集商定重大金融政策时，中国银行也只是由汉口分行经理出席，遇事不能做主；交通银行董事长胡笔江也留在香港，派总经理唐寿民代表；中国农民银行派常董周佩箴参加。这些人物只是表面上应付四联总处，并没有实权，解决不了实际的问题。因为宋子文消极抵制，四联总处实际上也只是三联，由汉口到重庆，中国银行始终阳奉阴违，态度消极。[1]

　　面对此种情形，蒋介石最终难以忍受，对于宋子文迟迟不到重庆十分气恼，1939年8月7日，指责宋子文的跋扈："彼等之动机，究竟为何？不如意之事，莫此为甚！呜呼！羽毛渐丰，遂形尾大不掉之象，岂我民族衰败，不可救药，不可以人为，已有劫数乎？"8月26日，蒋介石再次考虑金融事业，对孔宋均感不满意，说："孔祥熙舆论太恶，宋子文尚未到渝，令人焦灼！"综合各方因素考虑，蒋介石决定整顿四联总处，"此事欲实施职权，健全金融，非余亲任主席不可！"[2]于是，1939年9月公布《战时健全中央机构办法纲要》，规定财政部授权四联总处指挥四行，又规定总行没有迁渝的定期迁渝。因此中国银行、交通银行、中国农民银行三总行不得不迁渝，重要负责人也不得不从香港来重庆。但四行矛盾依然存在，各为本行谋利益，尤其是中国、交通两行对于四联总处决议，每多推诿不办，使四联总处主任孔祥熙一筹莫展。为了调和孔宋之间的矛盾，蒋介石免去了孔祥熙行政院院长等职位，命其任副院长，自己亲任行政院院长及四联总处理事会主席，孔祥熙、宋子文、钱新之为常务理事。这一举措使孔宋之间的矛盾得到了很大程度的缓和。

　　1939年10月，在蒋介石的授意之下四联总处进行了第一次改组。

---

[1] 寿充一编：《孔祥熙其人其事》，中国文史出版社1987年版，第9、55页。
[2] 黄自进、潘光哲编：《蒋中正总统五记——困勉记》（下），台北2011年版，第673—674、676页。

经过改组，理事会成为四联总处的最高执行机构，其任务为决定政策、指示方针、考核工作。理事会系由中央银行总裁、副总裁，中国银行董事长总经理，交通银行董事长总经理，中国农民银行理事长总经理，财政部、经济部代表组成。设主席1人，总揽一切事务；常务理事3人，襄助主席，执行一切事务。在理事之中，由主席指定若干人，分组战时金融及战时经济两委员会。战时金融委员会之下，分设发行、贴放、汇兑、特种储蓄、收兑金银、农业金融6处，战时经济委员会之下，分设特种投资、物资、平市3处。各处还设有审核或设计委员会，遇有重要事项，均由各委员会先行商议拟定办法，陈报理事会核定施行。总处另设秘书处，主管一切日常事务，分设文书、统计、稽核等科。秘书处设秘书长、副秘书长各一人，同时另设视察及专员若干人，承主席之命，视察四行之业务，考核其工作，以及计划各项方针等。至于其他重要都市，则视需要之情形，由理事会核定设立分处或支处，执行总处饬办及各地四行联合办理事项。①经过蒋介石这次推动四联总处改组，确立了其在国民政府战时最高金融决策机构的权力和地位。

1939年10月2日，经由理事会主席蒋介石主持的四联总处第一次会议讨论通过，以孔祥熙、宋子文、钱新之、翁文灏、张嘉璈、徐堪、唐寿民、叶琢堂为战时经济委员会委员；以孔祥熙、宋子文、钱永铭、徐堪、陈行、唐寿民、贝祖诒为战时金融委员会委员。10月3日，孔祥熙代理主持四联总处第二次会议，拟定了战时金融委员会各处处长及个别战时经济委员会下的处长，并报请四联总处理事会主席蒋介石批准。除此之外，这次会议还通过了《中央、中国、交通、农民四银行联合办事总处组织章程》，规定了四联总处的职权是：（一）全国金融网之设计分布事项；（二）四行券料之调剂事项；（三）资金之集中与运用事项；（四）四行发行准备之审核事项；（五）受托小额币券之发行与领用事项；（六）四行联合贴放事项；（七）内地及口岸汇款之审核

---

① 重庆市档案馆、重庆市人民银行金融研究所合编：《四联总处史料》（上），档案出版社1993年版，第55—56页。

事项；（八）外汇申请之审核事项；（九）战时特种生产事业之联合投资事项；（十）战时物资之调剂事项；（十一）收兑生金银之管理事项；（十二）推行特种储蓄事项；（十三）其他四行联合应办事项；（十四）四行预算决算之复核事项。①

■ 四联总处机构图②

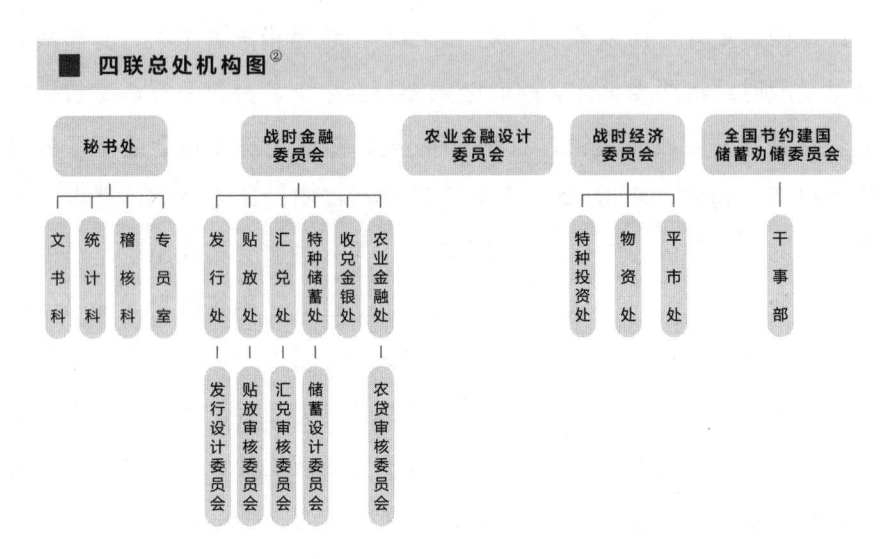

秘书处	战时金融委员会	农业金融设计委员会	战时经济委员会	全国节约建国储蓄劝储委员会
文书科 / 统计科 / 稽核科 / 专员室	发行处 / 贴放处 / 汇兑处 / 特种储蓄处 / 收兑金银处	农业金融处	特种投资处 / 物资处 / 平市处	干事部
	发行设计委员会 / 贴放审核委员会 / 汇兑审核委员会 / 储蓄设计委员会	农贷审核委员会		

尽管看上去这些职能还是以金融为主，但是改组之后的四联总处已经从一个简单的联合办事机构转变为了金融经济管制机构。这些既是工作内容，也包含了国民政府对战时金融运行的规划，即旨在金融与经济并重，不仅支持我国的战时金融，更是为了防止敌伪的经济侵略。同样，这些工作任务也显现出改组后的四联总处金融垄断的统治力，也是蒋介石希望通过金融垄断进一步达到经济垄断的一个重要组成部分。

在与国家行局的关系上，1939年9月，国防最高委员会通过《战时金融机构加强办法》，决定在抗战期内，由财政部授权四联总处管理四行，并负有筹划金融政策，指导实施方针及管理实行的任务，这一规定改变了四联总处的地位与性质。其一，该办法赋予了四联总处管理、督导和考核四行业务的权力，但它又不是四行的上级行；其二，财政部授权四联总处理事会在非常时期对四行"可为便宜之措施"，还能全盘处

---

①② 重庆市档案馆、重庆市人民银行金融研究所合编：《四联总处史料》（上），档案出版社1993年版，第69—71页。

理战时金融、经济工作，但四联总处又不等于主管财政金融的财政部；其三，人事安排上理事会主席是蒋介石，而作为常务理事之一的孔祥熙则是行政院院长兼财政部部长和中央银行总裁三位一体，地位非常特殊。这时四联总处虽然名义上还是四行的联合办事机构，但是性质上已经发生了变化，从一个单纯的银行之间联合办理业务的机构，转变成为隶属于国民政府的最高金融决策机构。1940年，中央信托局与邮政储金汇业局也相继加入。民国时期的"四行二局"金融体系完全被四联总处所掌控，凡是"四行二局"关于大后方金融网的建设、资金的集中与运用、币券的发行与领用、收兑金银等重大事项都要经过四联总处的批准审核。因此，蒋介石将四联总处喻为"经济作战之大本营"。

蒋介石经过多年努力，最终在抗战的大背景之下，通过改组四联总处，赋予其金融管制的权力，并由自己直接控制，实现了掌控四行管制金融的夙愿。蒋介石为了防止大权旁落，亲自嘱咐徐堪，只要有关四联总处的大事件都要随时向他请示，其他的日常事项可以交给孔祥熙或者常务理事处理。这样，蒋介石进一步明确划分了他与孔祥熙之间的权力。

蒋介石还直接控制了四联总处的人事权。早在设立中央、中国、交通总管理处时蒋介石就提出让孔祥熙全权负责，到了1937年成立金融委员会时，他又"亲定委员会名单……以宋董事长为委员长"[1]。1939年四联总处改组时的两个纲要也是蒋介石亲自核定的，四联总处的《章程》规定"四联总处理事会设主席一人，总揽一切事务，常务理事三人，襄助主席执行一切事务……设秘书长、副秘书长各一人，由主席任用之"。[2]在秘书长的人选上，蒋介石也颇费了一番心思，1939年，蒋介石开始考虑第一任秘书长的人选，最初考虑让吴国桢担任，但后来吴国桢担任了重庆市长，事务繁杂。此后，蒋介石又考虑由席德懋和徐柏园出任秘书长，但是，蒋介石之后又认为秘书长必须

---

[1] 重庆市档案馆、重庆市人民银行金融研究所合编：《四联总处史料》（上），档案出版社1993年版，第66页。
[2] 重庆市档案馆、重庆市人民银行金融研究所合编：《四联总处史料》（上），档案出版社1993年版，第70、71页。

是一位既懂得金融又懂得财政，资历比较老的人才能够充任，最重要的是这人要在孔宋的人脉网络之内且不偏重任何一方，还要对蒋介石忠心耿耿。因此，在权衡利弊之后，选择了徐堪担任第一任秘书长。徐堪（1888—1969），四川省三台县人，早年加入同盟会，参加过保路运动。南京国民政府建立后，历任上海交易所监理官、金融管理局副局长、财政部钱币司司长及公债司司长、财政部常务次长等职，曾经辅佐过孔祥熙，还参与了战前法币方案的策划。此外，1935年至1938年间，徐堪与宋子文也来往密切，因此，在蒋介石看来他是最合适的人选。徐堪之后继任秘书长的刘攻芸、顾翊群、徐柏园都是蒋介石以手令形式任命的。1939年10月，蒋介石还提议让非理事会成员的席德懋担任战时金融委员会委员，与《章程》中规定四联总处金融与战时经济两个委员会委员必须是理事会成员的规定相违背，足见蒋介石在四联总处中的权力之大。

　　四联总处的最高决策机构是理事会，其成员除了蒋介石和三位常务理事之外，另有中央银行的陈行、张嘉璈，中国银行的宋汉章、贝祖诒，交通银行的唐寿民，中国农民银行的叶琢堂，都是四行的总经理或副总经理，还有财政部代表徐堪，经济部代表翁文灏，集中了当时财政金融方面的重要人物，主要负责审核当时重大的金融放款业务，与四联总处初创时的人员构成大不一样，可见，这一时期四联总处的重要地位日益突出。从1937年至1947年十年间，理事会每周二下午四时举行常会，后来蒋介石将常会改成每两周一次，蒋介石一般参加月初的常会，并且在此期间他还多次组织过临时会议，亲自指示孔祥熙每月要定期汇报四联总处的工作，"（一）两星期（或一个月）来最重要兴办事务及其进展之报告；（二）各部门待办主要事件在请示中或待请示决定之报告；（三）最近手令特交办理事件之报告"[①]；等，这些内容都需要向蒋介石汇报。蒋介石通过这些理事会制定战时

[①] 洪葭管编著：《中央银行史料（1928.11—1949.5）》，中国金融出版社2005年版，第813页。

经济政策，指示战时经济方针并考核各个部门的绩效。除了总处的工作业务之外，四联总处在全国还设有大量分支机构，这些分支机构的主要任务就是审核当地行局的放贷、汇款及各种金融业务。据四联总处统计，1940年1月有分处15个，支处17个；1942年变为4个直辖处，12个分处，28个支处；1943年分处12个，支处34个。分支处的数量基本处于一个平稳上升趋势，而蒋介石也通过这些分支处对各地的金融机构进行控制。

　　改组之后的四联总处迅速发挥了巨大作用，最为突出的就是推动了西部地区的开发和建设。在改组之后的前三年，四联总处从配合经济计划、发展战时经济出发，一方面调整贷款方针与办法，整顿贷款业务，另一方面扩大贷款范围，增加贷款对象，拓宽贷款区域。以当时的农贷为例，若以1937年作为基期，农贷指数为100，1939年则为262，1940年为510，1941年为1331。从借款来源这方面来看，农贷的对象也较前期有了一定的扩增，高利贷由1938年的73%下降到1942年的41%，而银行、合作社、合作金库的贷款比例从1938年的27%上升到1942年的59%。[①]由此不难看出，随着四联总处对大后方金融的统筹，农民的贷款压力逐渐减小。在贴放贷款方面主要是工矿业的贷款，据统计，自四联总处成立以来贴放贷款数额不下450亿元，而其中工矿业的贷款约有533,780余万元。从工矿生产能力来说，若以1938年作为基期生产指数为100，到了1943年则为375.64，而西部地区工业资本额1946年抗战胜利之后较战前1936年增长了151%。战时通货膨胀严重，一般的商业银行与金融机构都不愿意对工矿企业进行贷款，因此，在四联总处统筹下，对工矿业的贷款，无疑是支持战时工矿业发展的主要力量。此外，改组后的四联总处进一步整合了中国金融业。南京国民政府成立之后，虽然中国金融业逐步走上了现代化的道路，但在全面抗战爆发前许多问题依然暴露出金融体制中的诸多问题，例

---

　　① 重庆市档案馆、重庆市人民银行金融研究所合编：《四联总处史料》（上），档案出版社1993年版，第29—30页。

如虽然已经确立了法币制度，但发行依然没有统一，中央银行并没有成为一个真正意义上的中央银行。金融机构的空间分布也极度不均衡，很多业务也不能合理开展，这些弊端的存在显然不利于金融经济政策的推行。四联总处成立之后，指示各重要城市筹设联合办事分处，1939年改组之后，四联总处又积极筹设全国金融网，在其努力之下，西南西北金融网的建设工作得到迅速的发展，在一定程度上改变了战前金融机构空间分布极不均衡的状态，对于当时各类行业融通资金、发展后方生产起到了一定的积极作用。

蒋介石通过担任四联总处理事会主席一职，实现了对四行金融力量的全部掌控，建立起了"蒋介石—手令—财政部—四行局及各库"和"蒋介石—手令—四联总处—四行局及各库"两个控制体系，将财政大权与金融大权牢牢地掌握在自己手中。据统计，四联总处改组后的第一年，蒋介石针对秘书长、副秘书长的手令就达25件，其中1940年2月至10月就有19件，其不仅经常亲自过问四联总处的工作，而且四联总处的会议也经常在蒋介石的官邸举行。他在给四联总处会议的手令中说："今后抗战之成败，全在于经济与金融之成效如何；而四行今后之职责，不仅在金融，而整个经济之方针计划，亦要由四行为惟一之经济基础也。"①

蒋介石的一生跌宕起伏，从黄埔军校校长到中华民国总统，从一个普通军人走到了近代中国权力的巅峰，其一生所担任的职务也是不计其数。据统计，蒋介石担任职务最多时曾经同时担任27个职务。他的一生曾经三次下野，可是，终其一生，蒋介石最为看重并一直没有放弃过的职位就是军事委员会的委员长和四联总处理事会的主席。可见除了军事指挥权之外，蒋介石认为最为重要的就是金融权力。在蒋介石主导之下的四联总处，对内协调了国家行局之间的关系，提高了中央银行的地位，对外扶植了一大批与政权有密切来往的享有特权的国家垄断资本主

---

① 洪葭管编著：《中央银行史料（1928.11—1949.5）》，中国金融出版社2005年版，第792—793页。

义企业，实现了金融与经济的高度垄断。四联总处使蒋介石达到了宏观掌控经济金融的目的，另一方面也是其战时统制经济的一个重要手段，使得中国近代的经济金融体系在统制经济的背景之下更加巩固。

掌控大后方经济的枢纽——孔祥熙与四联总处

孔祥熙，字庸之，出生于山西省太谷县的一个亦商亦儒的家庭。1901年秋，孔祥熙作为直隶通州潞河学院资送的毕业生赴美国，先后就读于欧柏林大学和耶鲁大学。在欧柏林大学，孔祥熙先学理化后学社会哲学，1905年，孔祥熙在欧柏林大学毕业，取得学士学位。但他不满足自己所学的理化和社会科学，考入著名的耶鲁大学研究院，继续攻读他选择的矿物专业，1907年，毕业获硕士学位后回国。随后追随孙中山，加入中华革命党。1914年，在

孔祥熙

日本横滨与当时担任孙中山英文秘书的宋子文的大姐宋霭龄结为夫妇，并育有四个儿女。1927年，蒋介石在南京另立国民政府后，孔祥熙站在蒋介石一边，并极力劝说时任武汉国民政府财政部部长的宋子文到南京投靠蒋介石，还和宋霭龄一起促成了蒋介石与宋美龄的婚事。从此，孔祥熙一生的命运便和蒋介石紧密联系在一起，其先后担任国民政府工商部部长、实业部部长、中央银行总裁、财政部部长、行政院院长等职。抗战期间，他在担任四联总处理事会副主席之后，协调四联总处的各项工作，使四联总处真正成为大后方的经济枢纽。

孔祥熙的经济思想中较多的内容都与中国传统经济思想和经济制度

有密切的关系，这与他自身的家庭背景有很大的关系。孔祥熙从小就接受过多年的中国传统文化教育，即使在进入美国教会学校读书之余，他的父亲孔繁慈依然要求他补习儒家经典，这使得孔祥熙在幼年时期就打下了扎实的国学基础，为他成年之后以中国传统经济思想为基础，提出自身的经济思想提供了必要的条件。例如抗战时期，他主张的田赋征实政策，来源于中国历代田赋征实的制度。他担任财政部部长期间所主张的开源节流的理财方针、三种"理财的观念"和"国计民生"准则都源于中国传统的理财思想。他对中国传统经济思想和经济制度有着一种高度赞赏的心理，因此，他在阐述自己的经济思想时，总是会援引中国古代名臣所实行的经济政策或经济制度作为其理论依据。例如战国时期商鞅的"废井田，开阡陌"；西汉孔仅、桑弘羊的"盐铁专卖"；唐代第五琦、刘晏的理财措施；北宋范祥的"行钞法"；等等。而另一方面，在美国留学七年的孔祥熙同样也受到西方近现代经济理论和经济制度的影响，使他对西方近现代物质文明和经济制度产生了切身的体验和理性的思考。在担任政府要员期间，每当要制定重大经济政策时，孔祥熙都能虚心征求西方经济专家和顾问的意见，其中就包括美国经济顾问甘末儿、杨格、罗哈脱，美国在华经济学教授卜凯、路易斯，英国经济顾问李滋罗斯、罗杰斯，德国经济顾问克璞、诺儿、罗森布以及法国经济顾问楼诺，等。孔祥熙在担任财政部部长的十余年中，就多次采纳了美国经济专家杨格关于债务整理、币制改革、中央银行制度改革等方面的建议，甚至孔祥熙的财政部工作报告都是以杨格的稿子为蓝本"大加修改"。[①]这都充分说明西方经济思想对孔祥熙产生了重要的影响。这些经济思想成为他日后在整顿财政，整理金融方面提供了重要的支持。

全面抗战爆发之初，因为孔祥熙当时在伦敦，因此由宋子文以中央银行常务理事的名义处理中央银行事务，并在上海成立了最初的四联总处。孔祥熙回国之后，在汉口主持四联总处并恢复工作，以中央银行理

[①] [美]杨格：《1927至1937年中国财政经济情况》，陈泽宪、陈霞飞译，中国社会科学出版社1981年版，第90页。

事会主席兼总裁的名义担任四联总处主任，但是宋子文处处与他作对，不积极与四联总处合作。孔对宋无可奈何，只得向蒋介石建议，请其以中国农民银行理事长身份自兼总处主席，徐堪以财政部次长兼任秘书，以图纠正这个现象。但是经过这番和宋子文的纠缠，使得孔祥熙意识到必须通过四联总处的名义，扶植中央银行，并加强其独一无二的领导地位，以控制中国、交通两行。

太平洋战争爆发之后，国际形势变得日益严峻，日军完全占领了上海、香港，并南下攻占了越南和缅甸，切断了滇缅交通，这样一来中国除了西北方向有一条甘新公路通往苏联外，只有依靠著名的驼峰航线[①]接受援华物资。大后方经济因此陷入严重困难之中，物资匮乏，通货膨胀严重，国民政府的金融体系也逐渐暴露出了机构设置重叠、行政效率较低等问题，尤其是财政部与四联总处两个机关在各项金融事务的处理上不易明确划分职责，往来业务也颇费周折。1942年5月，蒋介石主持召开了四联总处临时理事会，对四联总处的章程加以修改，得到国防最高委员会批准之后，于9月1日正式公布了《修正四联总处组织章程》，并开始了四联总处的第二次改组。

此次改组，首先就是为了增强金融力量，将中央信托局与邮政储金汇业局加入四联总处，但是各行局的事务依然各自分别负责。其次理事会增设副主席，取消常务理事，并加入交通、粮食两部部长担任理事。其实在第二次改组之前，蒋介石就曾召见过四联总处秘书长，说："公忙不及兼理总处事务时，由孔常务理事代理。"[②]于是，改组后的四联总处理事会增设副主席一职，时任行政院院长的孔祥熙以本总处理事会常务理事的身份担任理事会副主席。至此，蒋介石与四联总处的"蜜月期"也结束了，直到抗战结束，蒋介石较少出席并主持四联总处的理事

---

① 1942年开辟的盟国援助中国的一条空中航道，西起印度阿萨姆邦，向东横跨喜马拉雅山脉、高黎贡山、横断山、萨尔温江、怒江、澜沧江、金沙江、丽江白沙机场，进入云贵高原和四川省。航线全长800多千米，地势海拔均在4500~5500米上下，最高海拔达7000米，山峰起伏连绵，犹如骆驼的峰背，故而得名"驼峰航线"。从1942年5月至1945年9月，共有约65万吨物资通过驼峰航线运送到中国，为抗战胜利做出了巨大贡献。

② 重庆市档案馆、重庆市人民银行金融研究所合编：《四联总处史料》（上），档案出版社1993年版，第86页。

会议，逐渐改为遥控指挥四联总处的工作。孔祥熙正是在这个时候走上了掌控四联总处的历史舞台。

改组后的四联总处机构设置也较之前发生了变化：之前的平市处与经济部平价购销处及后筹设之物资局职能重复；原定物资处与财政部贸易委员会的职能重复；汇兑处原掌管外汇审核工作，已移交外汇管理委员会主办，现仅负责国内军政大宗汇款之审核与摊汇；特种储蓄处除了推行特种储蓄外，也在推行普通储蓄的业务。且四联总处各处多系委员会性质，负审核或设计之责，其日常事务多由秘书处稽核科或指定之专员洽办。因此改组之后四联总处的机构设置也做出了调整：撤销平市处、物资处、收兑金银处；将汇兑处改称国内汇兑处，特种储蓄处改称储蓄处；其他如发行处、贴放处、特种投资处、农业金融处均仍旧。①这样，改组后的四联总处机构组织如下：

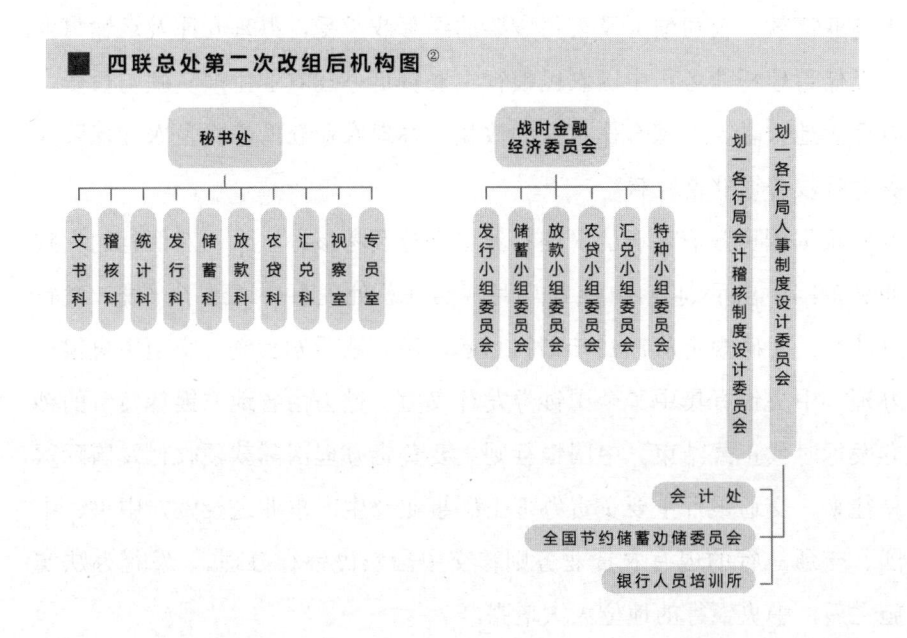

四联总处第二次改组后机构图②

秘书处：文书科、稽核科、统计科、发行科、储蓄科、放款科、农贷科、汇兑科、视察室、专员室

战时金融经济委员会：发行小组委员会、储蓄小组委员会、放款小组委员会、农贷小组委员会、汇兑小组委员会、特种小组委员会

划一各行局会计稽核制度设计委员会：会计处、全国节约储蓄劝储委员会、银行人员培训所

划一各行局人事制度设计委员会

如上图所示，第二次改组之后的四联总处，相较于第一次，部门有所精简，其职能逐渐转变为督导国家行局、商业行庄以及金融市场。而

---

①② 重庆市档案馆、重庆市人民银行金融研究所合编：《四联总处史料》（上），档案出版社1993年版，第86—90页。

这其中孔祥熙在这次改组中最为满意的一点，就是四联总处帮助中央银行真正具备了"银行的银行"的重要职能。实现了孔祥熙长久以来提高中央银行地位的夙愿。

1942年春，四联总处对于统一发行权和调整四行业务的问题已经基本研究完毕，在四联总处第二次改组期间，3月份，四联总处颁布了《加强统制四行》的手令，对四行进行专业化分工，对四大国家银行的业务进行了划分。其中，中央银行主要负责集中钞券发行，统筹外汇收付，代理国库，汇解军政款项，政府机关以预算作抵或特准之贷款，调剂金融市场；中国银行主要负责受中央银行委托经理政府国外款项之收付，发展并扶助国际贸易，办理有关国际贸易事业的贷款与投资，受中央银行委托经办进出口外汇侨汇业务，办理国内商业贷款以及储蓄信托业务；交通银行主要负责办理工矿交通及生产事业贷款投资，办理国内工商业汇款，公司债务及公司股票的经募或承受，办理仓库及运输事业以及储蓄信托业务；中国农民银行主要负责办理农业生产贷款与投资，办理土地金融，办理合作事业的放款，办理农业仓库信托及农业保险业务并吸收普通储蓄存款。

根据国民政府颁布的《四行业务划分及考核办法》，对四行的大致业务范围做出了划分，1942年5月，四联总处理事会通过了《统一发行办法》，明确规定从1942年7月1日起，所有法币发行统一交由中央银行办理。中央银行集中了全国钞券发行权力，过去由省地方银行负责的钞券发行时代正式结束。中国银行则主要负责办理国际款项收付及国际贸易往来，交通银行主要负责办理工矿事业及生产事业之投资，中央、中国、交通三行的现有农贷业务则移交中国农民银行办理。[①]发行办法实施之后，中央银行的地位大大增强。

随着发行权的集中，孔祥熙的通货膨胀政策更是得到了贯彻。早在1939年，孔祥熙就在国民党五届五中全会上谈道："为适应社会筹码需

---

① 重庆市档案馆、重庆市人民银行金融研究所合编：《四联总处史料》（上），档案出版社1993年版，第563页。

要，并协济国、地两方库款周转起见，对于法币、辅币及地方钞券之发行酌为合理之增加。"[①]由于战时军费支出庞大，加上东部沿海富庶省份的陷落，国民政府的财政捉襟见肘，难以为继，身为财政部部长的孔祥熙使出浑身解数，通过增税、发行债券、举借外债等方式依然难以弥补财政的巨大赤字。1939年开始，孔祥熙对增发货币的态度逐渐转变，但是由于当时中央银行未统一发行权，因此增发货币政策的实施有所限制。1942年中央银行统一货币发行权，使得增发货币变得更加便利，无奈之下，孔祥熙将增加发行作为了当时解决财政危机的重要办法。若以1937年6月作为基期，法币发行指数为1，那到了1942年12月法币的发行指数已经达到了24.4。[②]随着发行量的增多，民怨四起，孔祥熙极力为自己开脱，把通货膨胀归结为物资的匮乏和民众的心理作用。虽然通货膨胀使得当时大后方的人民生活日益困顿，但是在战争背景下，孔祥熙作为财政部部长，为了支持抗战，保证军费供应，通过增发货币缓解财政危机也是不得已而为之。

四联总处经过此次改组，在金融领域，尤其是督导国家行局、商业行庄以及金融市场方面发挥了重要的作用。当然，同样应该看到，随着四行专业化、中央银行职能的加强和财政部对四联总处工作的羁绊，相较于第一次改组之后的高度金融集权，这一时期的四联总处在国统区金融经济领域的地位有所下降，四联总处的角色更多地变成了监督与统筹。为了配合大后方金融网的敷设，四联总处也积极筹建分支处。1940年，四联总处为调整并加强各地分支处之机构起见，订定改组各地四联分支处办法，规定业务重要区域，设立分处，次要区域，改设支处。并将各地原有的贴放分会，归并于各该地的分支处，以便于统一。据统计，分处计有重庆、成都、上海、香港、杭州、宜昌、福州、贵阳、桂林、长沙、西安、衡阳、南昌、昆明、兰州等15处。支处计有内江、自流井、叙府、嘉定、泸州、万县、北碚、宁波、吉安、泉州、永安、梧

[①] 吴菊英：《国民党五届五中全会财政部财政报告》，载《民国档案》1986年第2期。
[②] 吴冈编：《旧中国通货膨胀史料》，上海人民出版社1958年版，第92—94页。

州、零陵、常德、南郑、柳州、西宁等17处。2月1日，韶关直辖支处成立。后因适应各地需要，又增设宁夏、雅安2支处，天水一直辖支处。各分支处之下，原定设文书、业务、会计、调查四组，后来因扩展本年度农贷、积极推进储蓄业务，批准各分支处根据实际需要，添设农贷、储蓄两组，以利进行。[①]到四联总处第二次改组时，其在全国设立分支处达46处，其中分处12、支处34。

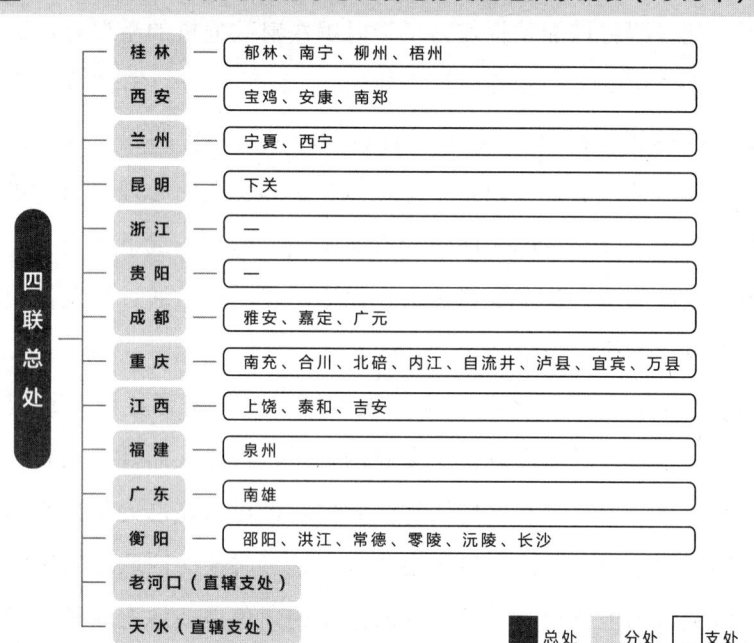

"中中交农"四行联合办事总处各地分支处组织系统表（1943年）

四联总处	分处	支处
	桂林	郁林、南宁、柳州、梧州
	西安	宝鸡、安康、南郑
	兰州	宁夏、西宁
	昆明	下关
	浙江	—
	贵阳	—
	成都	雅安、嘉定、广元
	重庆	南充、合川、北碚、内江、自流井、泸县、宜宾、万县
	江西	上饶、泰和、吉安
	福建	泉州
	广东	南雄
	衡阳	邵阳、洪江、常德、零陵、沅陵、长沙
老河口（直辖支处）		
天水（直辖支处）		

注：（一）浙江分出驻龙泉　江西分处驻赣县　福建分处驻永安
（二）广东分处示由韶关支处校准改组
资料来源：重庆市档案馆、重庆市人民银行金融研究所合编《四联总处史料》（上），档案出版社1993年版，第133页。

从上图中可看出，四联总处从第二次改组到1943年分支处多设在国统区各政治经济中心城镇、重要的工商经济区和外资通商口岸。四联总处迁到重庆后，其工作范围逐渐扩大。其中最为重要的是四联总处重庆分处，是四联总处之下权力最大的一个分支机构。通过分支处的设置及

[①] 重庆市档案馆、重庆市人民银行金融研究所合编：《四联总处史料》（上），档案出版社1993年版，第127页。

活动，四联总处得以将其控制金融的触角伸向整个国统区。

太平洋战争爆发前，四联总处敷设金融网的重心在西南地区。截至1941年，西南地区金融机构已有137处，分布在西南的88个地区。1943年增加到257处。到1945年，"四行二局"的分支机构遍布西南地区，多达2281处。①1942年，日军占领缅甸，进入滇西，威胁到西南地区的安全。国民政府便将注意力转向西北，并于1942年9月5日拟定《筹设西北金融网原则》，促进了西北金融网的敷设。

除了配合大后方金融网的敷设，孔祥熙在担任四联总处副主席期间，还积极制定、推行金融经济计划。在全面抗战爆发前，我国大部分工业多集中于沿海地区，战争发生以后，随着这些富饶之地的丧失，国民经济受到重创，整个国家经济陷入危机之中。国民政府处在经济基础十分薄弱的大后方，面对战前经济建设放任自流的状况以及严重的财政危机，国民政府必须采取措施改变现状。

因此，第二次改组后的四联总处，主要围绕以下几个方面，展开相关工作，制定金融经济政策：加紧与国家总动员会议及其他机关的联系，加紧吸收社会游资，办理国防及民生必需品生产事业的投资放款，以减少通货膨胀的推行，增加生产，配合国民政府平价政策的推行，协助财政部切实考核各地银行、钱庄的业务，并检查其账目，以杜绝各地银钱业兼营商业、助长囤积等不良风气，达到严格管理金融的目的；继续打击敌伪金融经济，随时同财政部商谈各种必要措施，以协助政府对敌经济作战；实行专业化后，随时调剂各行局的资金，以期合理运用；加强钞券印运的力量，并畅通汇款，以便统筹供应军政及其他方面的需要；等等。

确立一个强大的国家银行系统，一直以来是孔祥熙在关于银行体系方面所持有的一项基本思想。他担任财政部部长之后，竭力完善以"中中交农"为主干的国家银行体系。1941年，他说道："战前银行之政

---

① 周天豹、凌承学主编：《抗日战争时期西南经济发展概述》，西南师范大学出版社1988年版，第111—112页。

策，在造成健全之金融机构……当时为健全此项机构起见，爰即充实中央、中国、交通三行资本，并将豫鄂赣皖四省农民银行改组为中国农民银行，增加官股……然亦有上项措施，我国金融机构，业已确立基础，使抗战以后金融得以稳定，而调度资金，亦得运用自如。"①除了健全金融机构，孔祥熙还主张应该增进国家银行的职能，从1934年至1935年，他先后提请扩充中央、中国、交通三行的资本，使得三行实力大增，为后来战时国家银行担负起维持金融的重任打下了重要基础。四联总处第二次改组之后，孔祥熙逐渐控制了四联总处的实际领导权，将这一思想继续贯彻。

在督导国家行局方面，孔祥熙利用其财政部的身份，1943年3月，由财政部钱币司做出决定，除了中央银行之外的"三行二局"应依法向中央银行缴存准备金，但遭到了"三行二局"的抵制。后来孔祥熙没有办法，经由四联总处与财政部商议，暂缓办理集中存款准备，并规定"三行二局"的头寸一律存入中央银行，不得存入其他行庄。即使是这样委婉的政策依然受到"三行二局"的抵制，最后不得不由蒋介石亲自出马，严令"中、交、农三行及中信、邮汇两局所有头寸，概应存入中央银行，绝对不准再有存入商业银行情事。否则，不论有无舞弊情事，概以违令论罪②"。这才将三行的头寸存入中央银行，到了1944年底，"三行二局"存入中央银行的资金达到516,268.2万元，占"三行二局"头寸资金的三分之二，这对增强孔祥熙所控制的中央银行实力，加强中央银行对"三行二局"的控制力具有一定的作用。尽管如此，也应该看到"三行二局"依然有大量资金游离于中央银行的控制之外，存放在其他商业行庄中的资金数量依然巨大。为了统一"四行二局"的建设，四联总处设立划一各行局会计稽核制度设计委员会，制定了《暂行各行局统一会计制度》《暂行各行局稽核通则》。在银行业务方面，

---

① 孔祥熙：《三十年来我国之财政》，载《财政评论》1941年第5卷第2期。
② 《四联总处第246次理事会议日程》，转引自黄立人：《四联总处的产生、发展和衰亡》，载《中国经济史研究》1992年第2期。

四联总处设立银行实务研究会，根据银行的业务内容下设"存款""贴放""汇款""信托""管理""储蓄""外汇""仓库""出纳"等9个实务研究小组，共研究各种银行实务方案16个。为监督各行局的执行情况，四联总处指派各处各科科长、专员、稽核与财政部的代表到各地进行考察，编具考察报告，呈交总处。四联总处的一系列措施，规范了国家行局的业务与制度，极大地方便了国民政府对国家行局的控制。

对大后方经济情况的调查与研究，也是第二次改组之后四联总处的重要工作。由于第二次改组之后，四联总处的部分权力下放，因此有更多的时间致力于大后方的经济金融调查、研究。其中最重要的调查就是关于物价的调查，早期对物价主要是调查每月5日、25日的物价情况，随着物价波动剧烈，逐渐改为一星期调查一次，在调查的基础上对价格的涨落进行分析、研究，市场利率、各地汇款、汇水等内容也是调查的对象。除了经常性的调查研究工作之外，孔祥熙在蒋介石的授意或财政部的需要之下，还会指示四联总处进行一些专题性的调查，例如：对农贷现状及其效果的调查研究；太平洋战争爆发后各地金融经济波动情况的调查研究；沦陷区法币内流以及大后方战略物资外流情况的调查研究；等等。这些调查研究成果，经过整理在内部发行或公开出版，成为研究大后方经济、金融的重要材料。

四联总处是国民政府总领战时金融、经济的重要的中枢决策机构。四联总处自1937年8月成立到1948年10月结束，共经历十余年的历史。在1939年以后四联总处进行了三次改组。从其成立到1939年9月第一次改组是四联总处的第一阶段，是国民政府转变经济战略的过渡时期，也是我国经济格局变动的时期，这一时期四联总处由宋子文号召成立，但是各项工作的展开磕磕绊绊，实际上最多只是一个联络性质的机构，并没有发挥太大作用。从第一次改组到1942年9月第二次改组，可以说是四联总处的第二阶段，也是其权势的全盛时期，这一时期蒋介石亲自担任四联总处理事会主席，利用四联总处将国民政府的金融垄断推向了一个新的高度。从第二次改组到1945年12月的第三次改组，是四联总处的第三阶段，也是蒋介石与四联总处逐步分离的时期，孔祥熙则以行政院院长的名义兼任了四联总处理事会副主席，领导四联总处的各项事宜，孔祥熙在这一时期通过对四行职能的划分，促进了国家银行专业化体制的形成，使四联总处真正成为大后方的经济枢纽。从第三次改组到1948年10月，是四联总处的第四个阶段，是其逐渐走向衰败的时期。

四联总处作为战时金融统制机构，是抗日战争的产物。国民政府在民族存亡的生死关头为了保存金融业的实力，实现金融业的空间转移，设立四联总处这一特殊的组织形式也是特殊背景下采取的非常措施。抗战的胜利给战火不断的中国近代史打上了一个感叹号的同时，也逐步给四联总处打上了句号。四联总处曾在金融、经济领域的重要地位已一去不复返，但是在战时发挥的作用却渗透到了中国经济的各个方面。

第三章
国家行局的内迁与大后方国家金融垄断地位的确立

　　1927年南京国民政府建立后，通过建立中央银行与中国农民银行，改组中国银行与交通银行，到全面抗战爆发前，国民政府以"中中交农"四大国家银行为核心，以邮政储金汇业局以及中央信托局为双翼，逐渐形成控制和支配中国金融业的主导力量。随着抗战的爆发，为保存金融实力，"四行二局"在战火下开始了西迁之路。无情的战争不仅摧毁了和平的家园，更使经济、金融遭受重创，国民政府一面组织行局撤退，一面施行战时金融政策，力图维持社会稳定、保证人民生活水平。

一路向西——"四行二局"的内迁

尽管条件十分艰难,但国家行局在迁往大后方后并未停下疲惫的脚步,他们协力积极扩张,在大后方重构金融网络,为重振国民政府的经济添上浓墨重彩的一笔。因此,国家行局的西迁,不仅是一部伤痕累累的迁移血泪史,更是国民政府浴火重生的新篇章。

1905年,近代中国最早的国家银行户部银行在北京成立,1908年更名为大清银行。紧接着,第二个国家银行交通银行成立。民国建立后,大清银行宣告清理,1912年中国银行成立,它与交通银行同时行使国家银行的职权,然而,在当时的银行业中仍不占优势。

南京国民政府建立后,先后成立中央银行和中国农民银行,并对中国银行和交通银行进行了改组。凭借国家政权的超经济力量与货币、信用和外汇政策的经济力量,到1935年,基本形成了以中央银行、中国银行、交通银行、中国农民银行为中心的国家银行体系。到全面抗战爆发前,国家四行已经成为全国银行业的核心,成为控制和支配中国金融业的主导力量。但是,其分支机构主要集中于东中部地区,在广大的西部地区十分薄弱。

到全面抗日战争爆发前,中国已形成多种公私金融并存的金融局面。形成了以上海为中心,向中国东部及中部地区辐射的金融网络。随着战事的发展,中国沿海、沿江等东中部地区逐步沦为战区,原有的金融网遭到破坏。为了保存经济力量,国民政府不得不组织经济、金融组织以及相关人员进行西迁。作为国民政府金融核心的"中中交农"四大国家银行，也踏入了浩大的西迁行程。随着战事的急剧发展，部分银行先是把总行迁往南京，其后又移设汉口，直到国民政府政治中心迁移到重庆后，又将总行移设重庆，才基本安定下来。之所以说西迁的行程是浩大的，是因为西迁的不仅仅是四行的总部，还包括其各分支行处。据统计，先后内撤者达200余处。[①]在战事的影响下，进行西迁金融机构的包括"中中交农"四大国家银行，也包括从上海迁往重庆的邮政储金汇业局与中央信托局。战火之下"四行二局"的西迁之路，充满着艰辛。西迁的成功，也为后方经济建设，为国统区的经济、金融的发展做出了重大贡献。

为了给战争提供保障，国民政府明确规定：在战区以内，"中中交农"银行的分支行，应随军队坚持到最后，始能撤退。特别是在战区司令部所在地的四行，若未设分支行，应添设分支行，照常服务，以利战区金融。[②]八一三淞沪会战之后，国民政府财政部立即发出有关"中中交农"四行移设首都所在地南京的密令，并命令实施"应变"之措施，中国金融业正式进入战时状态。[③]考虑到迁徙工程的浩大和金融业的安全，8月16日，中央、中国、交通、农民四银行迁至法租界，继续营业。11月上海失守，国民政府旋即迁往重庆。随着国内形势的突变，在国民政府的号召下，银行业不得不考虑放弃盘踞将近半个世纪的口岸都市，开始向内地艰难迁移。1937年11月20日，作为政府金融机构的"中中交农"四行开始西迁，上海的"中中交农"四行改称分行，办理汇兑买卖。1939年8月22日，国民政府财政部令"中中交农"四总行在香港的机构迁渝办公。[④]"中中交农"四行在南京及在江苏、浙江、安徽、江西、湖北等省内的分支处机构，有的并入各自的总行，有的撤销。

---

① 重庆市档案馆、重庆市人民银行金融研究所合编：《四联总处史料》（上），档案出版社1993年版，第194页。
② 孔祥熙：《第二次地方金融会议演词》，载《财政评论》1939年第1卷第4期。
③ 王红曼：《伏线千里——抗战时期金融机构大迁移》，商务印书馆2015年版，第112页。
④ 田茂德、吴瑞雨整理：《抗日战争时期四川金融大事记（初稿）》，载《西南金融》1985年第11期。

1.中央银行

中央银行被称为"发行的银行""国家的银行""银行的银行"。1928年11月1日，中央银行在上海黄浦滩路华俄道胜银行旧址宣告成立。其内部组织，除总裁、副总裁外，由监事会和理事会主持一切，且另设业务、发行两局。其业务包括发行、铸币、经理国库、承募内外债、金银外汇的买卖、办理票据交换、办理重贴现及调剂金融市场等。自中央银行1928年成立到1945年7月，宋子文、孔祥熙先后担任其总裁。

淞沪会战爆发后，全国经济陷入混乱，各地金融机构被迫实行转移。中央银行总部历经周折，辗转之地从上海到南京，后再迁移到汉口。不久武汉战事即将爆发，中央银行不得不于1938年1月迁移至重庆。与此同时，各地分支行也纷纷开始内迁。中央银行南京分行、汉口分行、济南分行、青岛分行于战后陆续迁渝，也有部分分行迁至甘肃、西安等省市。

中央银行南京分行于1928年11月15日也就在中央银行成立的两周后开业，是总行的第一家分行。该行以发行钞券、代理国库收支、经理公债、管理外汇为主要职能。1937年全面抗战爆发，该行先将账册、文券运往汉口，11月27日奉命撤退。员工除资遣或留守外，大部分人员先迁汉口，继迁重庆。其原有的业务，在撤至汉口时，即将存款移交汉口分行。经理李嘉隆奉命在汉口设立撤退行联合办事处，该办事处后迁重庆。因南京分行原代理中央信托局业务，在国外订购军需，多用黄金支付，故李嘉隆在汉口又受命监理四行收兑金银工作，并由南京分行人员兼办。撤退行联合办事处业务上只办理清理及移转账项，1942年1月，在重庆清理就绪，将账册移交总行业务局接管，该处与收兑金银处同时结束。1945年8月15日，日本投降，南京分行奉命先于各行复业。同月25日，财政部指派李嘉隆为中央银行南京区复业特派员，他率领原该行人员10余人，于9月8日抵达南京。13日，财政部驻京沪区财政金融特派员办公处，命令该分行接收伪中央储备银行总行及朝鲜银行等。9月15

日该分行正式复业。①

中央银行汉口分行成立于1929年4月25日，各机关团体均参加，行址在特二区一德街8号，经理王逸轩、副经理舒志观，下设文书、会计、营业、国库、外汇、出纳等课，各课设主任一人。接收中国银行经办的海关收税处。七七事变后，政府机关纷纷迁来汉口，该行业务增加。1937年7月，武汉撤退，于汉口法租界满沙街设置留守处，后改为三等分行。太平洋战争爆发，该行被日本侵略军强占，抗战胜利后才收回。抗战时该行大部分人员迁往重庆，在都邮街国货商场二楼办公，继续办理汉行未尽事项。1945年10月22日，该行在横滨正金银行旧址复业。②

1941年12月8日，敌人发动太平洋战争，上海租界被占，香港沦陷，中央银行上海分行及总行留沪之一部分财产暨驻九龙之广州分行的财产，均陷于敌人势力范围中。至于北平、天津、鼓浪屿、汉口等地分行情形如何，亦无消息。该行为了避免上列各沦陷区行处被敌人胁迫签发票据起见，当即宣告各该分行一律停业。③

2.中国银行

1912年2月5日，中国银行在上海汉口路3号召开成立大会，正式开业。8月1日，中国银行总行在北京大清银行旧址成立。初期，中国银行机构在总行（或称总处）之下分为四级：分行、分号、兑换所和汇兑所。到1918年，中国银行共设立分行21个，主要集中于中国的东中部地区。其中在西部地区设立分行3处，设立分号61处，设立汇兑所72处。④1928年10月26日，国民政府公布《中国银行条例》，明确中国银行经国民政府特许为国际汇兑银行。1930年前后，中国银行仿照英、美银行办法，进一步扩展

---

① 南京金融志编纂委员会、中国人民银行南京分行编：《民国时期南京官办银行——南京金融志资料专辑（一）》，南京金融志编辑室1992年，第2—3页。
② 湖北省志·金融志编纂委员会编纂：《湖北省金融志》（上卷），湖北省志·金融志编纂委员会1985年，第137页。
③ 洪葭管主编：《中央银行史料（1928.11—1949.5）》，中国金融出版社2005年版，第418页。
④ 周葆銮著：《中华银行史》第1编，商务印书馆1923年版，第90—92、94—98、100—106页。

营业机构。

1937年7月7日，全面抗战爆发。8月13日，日军进攻上海。财政部于9月25日密令"中中交农"四行总行移设于国民政府所在地南京。中国银行随即对外发布公告，总管理处遵守命令迁往南京，并在南京分行挂了总管理处的牌子，还增添了办公处，但实际上并没有在那里办公。此后，由于环境的变化以

中国银行上海分行大楼

及在海外设行办理登记手续，需要填报总行所在地等原因，中国银行对总处所在地曾有几次决议，即1937年11月由上海迁汉口，1938年10月迁广州，同年11月迁昆明，但都是名义上的，并没有真正移设。八一三淞沪会战爆发后，中国银行响应财政部密令，对于敌人的不断进攻，为尽力保全银行安全起见，中国银行总管理处由上海汉口路50号迁至上海分行霞飞路办事处楼上办公。后得到财政部许可，另在汉口、香港设立临时机关。其一，在汉口设置总管理处驻汉办事处（总驻汉处），管理全体分支行处业务、账务及事务；其二，在香港设置总管理处驻港办事处（总驻港处），办理有关全行外汇及发行集中事项；其三，储蓄部随同总驻汉处一并移设汉口，国际部及信托部随同总驻港处一并移设香港。1937年11月，总驻港处在香港成立，地点在香港德辅道中6号广东银行大楼二楼，董事长宋子文、总经理宋汉章、副总经理贝祖诒等人员以及总处大部分处室均移香港，成为当时中国银行的实际指挥中心。至于总驻汉处并未成立，但总管理处的部分处室如总账室曾经一度移设汉口，储蓄部也曾迁往汉口，但是都为时不长。1937年12月，储蓄部迁香港。1938年1月，总账室迁重庆，1939年3月1日，移往昆明，称为驻滇总账室，同年12月5日，又移设重庆。

中国银行总管理处转移到香港，实为一种权宜之计，但其意义非同小可，不仅可以利用香港便利的交通以联系上海等地与敌人进行金融上的斗争，也有利于吸收来自欧美的侨汇充实资本，还能配合物资的进口，对增加抗日力量是十分有利的。为了安全考虑，总处对保密工作十分重视，规定由总处发出的文件须加封在香港分行的信件中，由香港分行中转，以避免泄露总处所在地点，并规定各分支行处不得在对外的公告或广告中刊登总处所在地。

1939年9月，欧洲战事全面爆发，德国对英、法等国宣战。同时，国民政府颁布《战时健全中央金融机构办法纲要》，规定中央、中国、交通、农民四行总行未移设国民政府所在地者，应在最近期内移设。中行总处奉命由香港内迁重庆办公。此时重庆空袭频繁，加上银行人员众多，账册等资料须妥善安置。在调集第一批人员迁渝办公的同时，在重庆郊区的石桥铺、枣子岚垭、牛角沱、丁家寨、玉灵洞等处租建办公及职工宿舍用房，开凿防空洞、保管库，以策安全，然后分批组织内迁。中国银行总管理处响应号召，除部分高层人员留港外，大部分人员由港迁渝办公。由于战火不断，交通阻塞，内移人员带着银行的重要文件以及账册等物资历经了无数的艰难与波折，辗转赴渝。1941年12月8日，太平洋战争爆发，不久香港沦陷，留港人员陷敌，不得不又一次紧急撤退，中途经澳门、广州湾、深圳等地，才回到重庆。但所幸的是重要的文件、账册等已运入内地，不至于落入敌人之手。①

中国银行南京分行成立于1914年1月3日。1937年全面抗日战争爆发，至11月下旬，形势突变。27日，南京分行会同中央、交通、农民三行派员随带库存及重要箱件撤退至武汉。1938年1月，复由汉转港至沪，后在法租界马斯南路52号设立联合通讯办事处，接洽全辖债权债务事宜。②

---

① 中国银行行史编辑委员会编：《中国银行行史（1912—1949年）》（下），中国金融出版社1995年版，第405—406页。
② 南京金融志编纂委员会、中国人民银行南京分行编：《民国时期南京官办银行——南京金融志资料专辑（一）》，南京金融志资料室1992年版，第53—54页。

3.交通银行

交通银行是晚清时期设立的第二家国家银行，为中国早期官商合办新式银行之一。光绪三十三年（1907年），由梁士诒提议，邮传部尚书陈璧以募债赎回京汉铁路，方便经营邮传部轮、路、电、邮四政，自办国际汇兑，辅助统一币制为由，奏请朝廷筹设交通银行。①光绪三十四年二月初二（1908年3月4日），北京行开业，意味着交通银行的正式成立。李经楚与周克昌分别为第一任总理和协理。此后，在天津、上海、汉口、广州四地分行成功开办的形势下，国内各地分支机构以及海外分支机构的设立提上日程。据统计，自光绪三十四年（1908年）至宣统三年（1911年），交通银行先后开张的营业机关共有21处。②

交通银行总行管理处旧址

全面抗战爆发前，交通银行的分支机构已遍布国内经济比较发达的地区。沿海地区自东北、华北沿海延伸至华南沿海，形成营业线最长的海岸系营业区；长江以北，则遍布于以徐州、泰州、高邮、淮安为代表的地区，形成环状网络最广的江北系营业区；依托京沪线路，对江南地区的城市和农村进行较广泛的网点分布，形成江南系营业区；浙江地区的工商业和金融业素来发达，遂以钱塘江等交通要道为依托，形成浙江系营业区；沿长江溯流而上，至中游的湖北地区，依次布置营业网点，形成长江系营

---

① 《交通银行史》编委会编著：《交通银行史》第1卷，商务印书馆2015年版，第15—16页。
② 《交通银行史》编委会编著：《交通银行史》第1卷，商务印书馆2015年版，第22页。

业区，并有进一步将网点向长江上游扩张的计划；西北系营业区则以陇海线为依托，在铁路沿线地区设置网点，东起海州，西达郑州，并努力向内地深入推进。①这六大营业区，以总行为主体，负责全国营业方针的制定，下设有汉口、天津、厦门、长春、青岛、杭县、香港七分行，分行下设有支行，支行下又开设办事处、临时办事处，形成周密完善的网络体系。

1937年7月7日，日军大举侵华。交通银行不仅社会地位较高，更是国民政府金融体系的重要组成部分，难免成为侵略者的眼中钉。鉴于此，7月31日，交通银行总行发出指令，要求各行各处应采取措施应对当前局势，除了要保证资金安全外，还要妥善保存各种账册、票据。8月13日，淞沪会战正式开始，交通银行的重要营业区上海陷入混战之中，给交通银行带来巨大灾难，交通银行不得不迅速采取措施以应对局势。除了将总行地点由上海外滩搬迁至霞飞路外，还对相关机构进行了调整，"将本总行改组为总管理处，简称总处，仍分业务、发行、储信三部，事务、稽核两处，并同时成立上海一等分行，所有总管理处处理一切行务之手续，为求事实上之便利"②。

交通银行所发行的拾圆钞票

1937年12月，按照四联总处要求交行总处暂驻汉口最终西迁重庆的决议，总处将办事机构分驻汉、港、渝三地，以便进退周旋，随时联络策应。面对日军疯狂的进攻，总处被迫再次进行战略转移。开始从汉口撤出，兵分两路。一路前往重庆，一路撤到香港，至此，两个总处并存局面形成。直至太平洋战争爆发后，香港沦陷，人员大部分

---

① 《交通银行史》编委会编著：《交通银行史》第3卷，商务印书馆2015年版，第19页。
② 《组织变更》（1937年9月21日），交通银行博物馆馆藏档案资料，Y18。

迁渝。在转移的过程中，首属钞票和印钞模版最为重要。四联总处也发出指示，要求设法运回印钞模版，实在困难的话就地销毁，并要求人员和文件要尽量内迁。由于时间紧迫、情况紧急，加上交通阻断，原计划将印钞模版带回重庆的想法落空，因此不得不狠心将其用铁锤砸毁，以免落入敌人手中，后患无穷。除此之外，交行行员顶着轰炸与战火将钞票切角，绝不留给敌人一分一毫。但是，由于敌人的进攻突然，根本来不及准备，使得大量未带走的卷宗、账册以及来不及切角的钞票落入了敌军之手。至此，总管理处驻港、沪的办事机构全部被日军占领，所有部门只得移往重庆。直至抗战胜利，这一格局未再发生变化。[①]重心亦由港转渝。

交通银行南京分行成立于1914年，以办理工矿交通及其生产事业的贷款与投资公司债券股票的经募或承受为主要业务。一般业务范围包括存款、放款、汇兑、储蓄、信托及代理国库等项。始名为浦行，行址在下关，后迁中正街（中山南路），改为交通银行南京分行。[②]抗战期间，交通银行南京分行于1937年11月23日西撤，先在汉口办理付款，1938年6月迁往重庆，11月迁昆明，1939年并入云南分行。[③]

随着战事的发展，短短数月，国土已大片沦丧，大多交行的分支机构已陷于敌人的魔爪。面对敌军进攻，在总处拟定统一的撤退方案前，已有一些分支机构采取办法进行自身调整或是先行撤退，这种情况的出现大多集中于战争爆发较早的地区。为了安定人心，避免混乱，并为此后的撤退提供借鉴，总处发布《战区行处迁移状况报告条例》，全方位了解转移情况。而《撤退行处整理办法》的颁布，更是对交行下属分支机构撤退中各项工作的有秩序开展起了重要作用，为支行有效撤退及安顿提供了重要保障。

自1937年7月7日起至1939年7月20日止，交通银行各分支行处皆进

---

① 《交通银行史》编委会编著：《交通银行史》第3卷，商务印书馆2015年版，第8页。
② 南京市档案馆编：《南京市档案馆指南》，中国档案出版社1998年版，第144页。
③ 南京市人民政府研究室编：《南京经济史》（上），中国农业科技出版社1996年版，第385页。

行了裁撤。其中1937年10月因战事关系暂行裁撤的有临清办事处、泰安办事处以及邢台临时办事处、朝阳临时办事处。1939年因业务清简裁撤的办事处有周巷办事处、庵东临时办事处，其次还有上海提兰桥支行、马尾办事处、宣城办事处及淮安办事处等40多个分支行、办事处，都于撤退后归账。[①]1937年7月7日起至1939年7月20日止，约有39个交通银行支行、办事处撤退，撤退地点有天津、青岛、香港、上海、重庆及贵阳等。[②]此外，自1937年7月7日起至1939年7月20日止，交通银行增设的行处有重庆分行、成都支行、昆明分行、贵阳支行、自流井办事处、内江办事处、万县办事处、李子坝办事处、雅安办事处、绵阳办事处、乐山办事处、都匀办事处、安顺办事处、遵义办事处等30多个分支行、办事处、通讯处。[③]

　　交通银行的内迁过程，是一部伤痕累累的血泪史。行产及各营业网点的白银、法币不仅遭到日本军队的抢夺、损毁，更是受到日伪控制下的伪银行及伪国民政府的掠夺。除此之外，在总行及分支机构的撤退转移中，交行领导及员工们所表现出的英勇无畏、不怕牺牲和空前团结的精神值得赞扬和歌颂。

　　1938年8月24日，交行董事长胡笔江及机上20余人乘坐的"桂林号"遭日军袭击坠毁。胡笔江成为抗战时期为国捐躯的金融家。在生死考验前，张店办事处职员陈洞夫作为普通员工，冒着生命危险竭力保护行产；无锡分行办事员刘绥之、发行部经理刘宗成，为交行的内迁献出了宝贵的生命。诸如此类的故事还有很多，他们无论职位高低，均为交行做出了巨大的贡献，他们值得被历史铭记。交通银行南京分行，于1937年11月撤退至汉口，继续办理业务。后分两路，一部分由广州经香港至上海，一部分迁往重庆。次年11月，由重庆迁至昆明，后并入交通银行云南分行。

---

　　① 交通银行总行、中国第二历史档案馆合编：《交通银行史料》第1卷，中国金融出版社1995年版，第139—141页。
　　② 交通银行总行、中国第二历史档案馆合编：《交通银行史料》第1卷，中国金融出版社1995年版，第137—139页。
　　③ 交通银行总行、中国第二历史档案馆合编：《交通银行史料》第1卷，中国金融出版社1995年版，第136—137页。

4.中国农民银行

中国农民银行，其前身为1933年成立的豫鄂皖赣四省农民银行，此后为统筹、调剂其他各省农村金融，特于1935年4月将四省农民银行扩大改组为中国农民银行，总行设于汉口。相较于其他几家国家银行，中国农民银行成立较晚，资本较为薄弱，分支机构也稍显逊色。

1937年4月，中国农民银行总行由汉口迁至上海。7月，全面抗战爆发，总行又由沪迁回汉口。由于日本侵略的不断扩大，1938年6月，武汉会战开始，随着战局的恶化，武汉随时有着失守的危险。1938年8月，中国农民银行总行迁往重庆化龙桥，后又于同年9月改为中国农民银行总管理处。

中国农民银行天水新厦落成全体同人合影

中国农民银行南京分行成立于1935年2月，为专营农业金融机构，经营存汇、储蓄、农贷、土地、金融及信托保险等业务。1937年全面抗战爆发后，11月27日随四行办事处一道迁往汉口，次年6月移交中国农民银行汉口分行，业务结束，后期迁往重庆。1946年10月于南京复业。

5.中央信托局

中央信托局于1935年10月在上海成立，是南京国民政府的国家信托机构。由于中央银行兴办各种金融业务，难免业务繁多且手续繁杂。故在中央银行之下，特组织成立一信托事业独立机关，承办一切信托局所做业务，办理各种信托及保险。"中央信托局奉国民政府令准中央银行设立，拨足资本国币一千万元，于民国二十四年十月一日成立，开始营业。"[1]全面抗战爆发后，中央信托局由上海迁到南京，继而迁往汉口，但仍于上海、香港设置办事处，1938年8月总局迁重庆。抗战胜利后，总局于1945年10月迁回上海圆明园路8号。

中央信托局在上海成立后，即在中央银行南京分行内设代理处，对外称中央信托局南京分局。一套班子，两块牌子，由李嘉隆兼经理。内部组织由局长、副局长、购料处、信托处、储蓄处、会计处以及中央储蓄会组成，业务包括储蓄业务、采办事务、信托事务、保险事务以及保管事务。张嘉璈任局长，张度、刘攻芸任副局长。全面抗战开始，因受战局影响，该分局一再迁移，先随央行南京分行西迁汉口，继迁重庆，至1938年，业务并入重庆。抗战胜利后，南京分局于1945年10月在中山东路105号复业。[2]

6.邮政储金汇业局

1930年3月15日，邮政储金汇业总局于上海成立，直隶于交通部。后改为邮政储金汇业局，直隶于邮政总局。下辖上海、汉口、南京三分局。全面抗战爆发后，邮政储金业务遭受挫折，1937年12月上海沦陷后，邮政储金汇业局部分搬迁至香港办公，1940年4月1日正式迁渝，开始在重庆、贵阳、昆明、桂林、西安、兰州、成都、韶关、衡阳、福

---

[1] 中国银行总管理处经济研究室编：《全国银行年鉴（1936年）》，中国银行总管理处经济研究室1936年版，第14页。
[2] 南京金融志编纂委员会、中国人民银行南京分行编：《中央信托局南京分局》，见《民国时期南京官办银行——南京金融志资料专辑（一）》，南京金融志资料室1992年，第222页。

州、永安、天水、宝鸡等地设立分局约30处，并在其下设立办事处40余处，专办储汇业务。其间，虽因战事几经变迁，但截至1945年8月，国统区办理邮政储金的邮局及邮汇局所已有2000余处，几乎是战前全国储金机构的3倍以上，而各区局所经办人手的充实也远非战前所可比拟。[1] 此外，1940年4月，邮政储金汇业局由上海迁重庆。第二年7月撤销成都办事处，成立西川储金汇业分局。1944年，西川储金汇业分局改组为成都储汇分局。同年11月，先后设内江、泸州、万县储汇分局。其后，在省内设办事处、直辖所17处，由附近分局管理。1946年3月，邮政储金汇业局迁南京，同时，一些办事处、所相继撤销。[2]

南京邮政储金汇业局

邮政储金汇业局南京分局成立于1931年4月，全面抗战爆发后，开始迁移，经武汉汉口至重庆，改称邮政储金汇业局南京分局驻渝办事处，次年1月，改组为邮政储金汇业局重庆分局。1940年1月设成都办事处，由重庆分局直辖。

---

[1] 徐琳：《试论抗战时期的邮政储金汇业局》，载《社科纵横》2007年第11期。
[2] 朱飞编著：《四川广记》第1卷，天地出版社2008年版，第248页。

无奈抉择——战时金融政策及通货膨胀

全面抗日战争时期,国统区曾发生十分严重的通货膨胀,对当时的社会经济发展以及人民生活都造成了巨大的影响,也影响着国民政府施理政。战时通货膨胀有一个发生、发展的过程,战时国民政府金融政策的实施也是一个渐进的历程。

在世界历史上,一个地区的战争往往会引起当地甚至更大地域范围的经济波动,抗日战争时期的中国也没能够避免经济波动的发生。从经济学的角度来看,通货膨胀发生主要有两个原因:一是产品的供不应求,也就是物品缺乏,使得产品的价格被抬高;二是市场上流通的货币总量大于经济对货币的需求,使得货币的购买力下降。全面抗战时期通货膨胀发生的具体原因非常复杂,在战争大背景之下产品的供不应求是很重要的原因,但最主要的原因在于,国民政府为了弥补财政赤字而过量发行法币,使得市场上流通的法币数量远远高于经济对货币的需求。尤其是1939年以后,国民政府为增加财政收入而发行的各类公债再也没有什么销路,转而疯狂地发行法币,这一举动对1939年后的恶性通货膨胀影响很大。

1934—1935年,当时实行银本位制的中国由于白银的大量外流而发生了严重的金融危机。由于市场上流通的货币很欠缺,国内通货严重紧缩,物价暴跌,许多商家都停止营业,工厂也停止开工,政府财政收入也就大大减少。到1935年底,国民政府进行了法币改革,明令以中国、中央、交通银行(后来又加上中国农民银行)发行的钞票为法币,规定一切完粮纳税及公私款项的支付都用法币,国民须将手里持有的银

第三章 国家行局的内迁与大后方国家金融垄断地位的确立

中央银行发行的法币

两、银币换成法币使用。法币政策实行后，国民政府随即就印发了大量法币，使得市场上流通的货币日益充足，物价开始缓慢上涨。对于当时来说，通货的上涨是十分有利的，许多工厂得以复工，商店得以开业，中国由此摆脱了1934—1935年的金融危机，国民政府也因法币政策的实行加强了金融垄断的能力，这对抗战时期的金融稳定是十分重要的。但是，国民政府也因此掌握了随意发行法币的权力，这使国民政府实行通货膨胀政策成为可能。尽管国民政府一再强调"政府对于通货膨胀，决意避免"[①]，但在事实上，迫于平衡财政收支的压力，法币从它诞生之日起就成为弥补财政赤字的方便的工具。

1.暴风雨的前夜——全面抗战初期的物价上涨（1937—1938年底）

中国在全面抗战开始之后，恶性通货膨胀并没有马上到来。在全面抗战的前两年里，中国物价水平虽然有明显的上涨趋势，但经济还没有发生巨大的变动，还处于正常的发展势头中。但随着战争的继续，大片中国领土逐步丢失，日军的攻势给国统区的产品补给造成越来越严重的危机，加上国民政府推行的财政经济政策的影响，恶性通货膨胀的隐患也在这个相对平静的时期慢慢地酝酿着。

在全面抗战之初，富饶的中国东部地区相继落入敌人手里。进入战

---

① 中国人民银行总行参事室编：《中华民国货币史资料（1924—1949）》第2辑，上海人民出版社1991年版，第180页。

争相持阶段以后，日军依然不时冲击国民政府控制的交通要塞，更对国统区实行无差别轰炸，对国统区内的军事设施、社会生产和人民安全造成极大威胁。大片领土不是成为沦陷区，就是被日军切割包围，一方面使国民政府失去了重要的税源，给国民政府造成极大的财政压力，另一方面，华北、华东、华南等中国工业生产的集中区域沦陷，造成大后方工业品供应大量减少。此外，东部地区的沦陷，也使得大后方的海外贸易和进口业受到很大的影响，国民政府大量的海关关税收入化为乌有，中国重要的海外补给路线也相继被阻绝，外援物资很难通过海路进入中国。

在财政收入大大减少的同时，国民政府又必须投入大量的资金进行大后方的社会经济建设，再加上庞大的军费开支，这一切都使得国民政府的财政赤字空前庞大。除此之外，日军还有针对性地切断内地的重要交通线，更加造成国统区产品供应紧张的局面。与此同时，从战争开始以来，成千上万的人为了寻求安身之地来到了大后方，他们的到来，在很大程度上增加了大后方消费品的需求量，也造成一定的供应负担。这一切，都将大后方的消费市场尤其是工业品市场推向供不应求的不利局面。但糟糕的是，国民政府似乎没有对战争可能带来的恶劣的经济形势进行足够的估量和重视，因此，就战争初期国民政府施行的财政经济政策来看，其决策在很大程度上显得被动且缺乏足够的预见性和前瞻性。

在全面抗战之初，面临巨大的财政赤字问题，国民政府计划用发行债券和增发货币的传统手段来解决。战争开始后，国民政府希望借助民众的爱国热情，以内债的形式通过向人民借钱以期渡过财政难关。因此，1937年底国民政府发行了5亿元公债，这个时候正是淞沪会战进行之际，战初的国民抗战热情高涨，于是纷纷认购公债，尽管民众热情很高，但由于国民的贫困，加上公债的利率太低，救国公债的实际销售额并不理想，仅为发行总额的44%。① 第二年，国民政府又发行了14.5亿元

---

① 王磊：《抗战时期国民政府内债研究》，载《中国经济史研究》1993年第4期。

公债，由公众认购的部分就更少了，才1840万元。①此后，国民政府仍有各类形式的公债发行，但收效并不理想。所幸的是，这个时期国民政府还有一些外汇储备，可以弥补一定的财政赤字。但随着国民政府外汇储备的一天天消耗，公债的销路又难以打开，便不得不增发法币以供一时之需。早在1937年11月，中央银行业务局局长席德懋就建议偷偷增发法币，"不若空发法币五万万至十万万，只要保守绝端秘密，对外否认，渠深信前途一切当全无动摇"②。1938年后，国民政府的法币发行有所增加。但由于全面抗战刚开始不久，在各方面因素的共同作用下，大后方的经济形势总体上是趋好的，恶性通货膨胀并没有发生。1937年至1938年的中国通货膨胀指数可由下表反映：

1937—1938年中国通货膨胀指数（所有各指数都以1937年1至6月为基期）

	政府赤字	钞票发行	批发物价（全部中国后方）	进口物品价格（重庆）	外汇汇率：一美元等于法币（上海）
1937年6月	100	100	102	91	100
12月	148	116	109	147	100
1938年6月	208	123	127	227	158
12月	239	164	155	389	187

资料来源：张公权《中国通货膨胀史（1937—1949年）》，杨志信摘译，文史资料出版社1986年版，第10页。

由上表可见，在这个时期，尽管法币发行在增加，但速度较为和缓。从发行指数来看，1938年12月的指数与七七事变前的1937年6月比较，只增加了64%。1938年末，国统区的批发物价水平也才比1937年增加50%多。由此反映的是，这一时期国统区的物价虽有上涨，但上涨幅度是比较和缓的，并没有形成恶性的通货膨胀。造成这种结果的原因是多方面的。

第一，全面抗日战争初期的人民群众，对国民政府发行的法币给予了

---

① 张公权：《中国通货膨胀史（1937—1949年）》，杨志信摘译，文史资料出版社1986年版，第4页。
② 中国人民银行总行参事室编：《中华民国货币史资料（1924—1949年）》第2辑，上海人民出版社1991年版，第284—285页。

很大的信任，还通过认购公债等方式来支持政府。第二，国民政府还没有把滥发法币的通货膨胀政策作为国策，这个时期法币发行的数量还处于对经济有激发作用的良性范围内。第三，在全面抗日战争即将爆发之际，国民政府已经着手由东向西调运物资，同时民间也有意识地向西部地区转移物资，这使全面抗战初期国统区的物资是相对充足的。第四，国民政府组织的庞大的工厂西迁运动，使大量设备和人员迁往后方，为国统区储存了工业产品的生产能力。国民政府还对后方企业给予贷款等支持，促使其开工营业，因此，在全面抗日战争初期，因沦陷区扩大使国统区造成的工业品供给的缺乏是紧急的，但不是致命的。第五，中国历来是农业大国，虽然近代以来中国工业得到了一定程度的发展，但中国尤其是大后方地区农业占主要地位的局面仍然没有改变，而全面抗战之初又恰值后方农业丰收，农产品供应十分充足，工业品缺乏的冲击并没有带来不可收拾的后果。

2.危机的出现——恶性通货膨胀的肇始（1939—1941年底）

如前面提到的，在全面抗战开始的头两年，由于种种原因的共同作用，国统区内并没有出现严重的通货膨胀现象，在一定时期内经济发展势头甚至呈现出令人看好的局面。但是，随着战争的继续和战场的扩大，加上国民政府的货币发行量与日俱增，国统区的物价上涨开始加速，通货膨胀冒出了苗头，蓄势待发。

法币发行量的增多是这一时期物价上涨的主要原因。1939年后，由于国家银行对经济建设的信贷扩张和弥补财政赤字的财政垫款增加，国民政府的法币发行达到一个新的速度。为了维持后方的经济，国民政府不得不投入大量资金进行工商业建设和基础设施建设。在全面抗战之初，国民政府为了厚植后方经济力量组织的工厂西迁，对资金的需求十分巨大，而后方企业要恢复生产，更是需要大量的资金支持，各类企业对贷款的需求量十分巨大。在国民政府的支持下，各类银行尤其是国家银行对公私企业的贷款量开始上涨，银行对私信贷开启了急剧的扩张之路。尤其是1939年9月四联总处在重庆第一次改组后,中央银行的权力加强,以其为首的国家银行确立了金融垄断地位。在国家银行的操作下,对后方企业尤其是官营企业的信贷支持力度上升。全面抗战时期银行信贷的扩张、银行存款额的关系详见下表:

1937—1945年各种信贷增加额与存款增加额关系表

	私方信贷增加额	对政府垫款额	各种信贷增加额	所有银行存款增加额	存款增加额占信贷增加额%
1937—1938	—	1195	—	—	—
1938	357	854	1211	847	70
1939	1092	2310	3402	1905	56
1940	408	3834	4242	1777	41.8
1941	1475	9443	10,918	5979	54.7
1942	5813	20,081	25,894	9146	35.3
1943	11,356	40,857	52,213	12,784	24.5
1944	17,665	140,090	157,755	69,614	44.1
1945	132,046	1,043,257	1,175,303	432,543	36.8

资料来源:张公权《中国通货膨胀史 (1937—1949年)》,杨志信摘译文史资料出版社1986年版,第117页。

由上表可知,1939至1941年,各种信贷总额基本上逐年成倍增加,而同一时期银行存款额的增加速度远远低于信贷的增加速度。此外,由于政府财政收支严重不平衡,国民政府的财政赤字也越来越大。自1939年起,银行对政府垫款也开始猛增。

银行信贷的扩张、对政府垫款的大量增加,也就加大了银行对法币的需求。在收入无法增加的情况下,国民政府被迫用增加法币发行量的方式来筹措货币。1939年9月,国民政府五届五中全会公布了《巩固金融办法纲要》,打破了制定法币政策时所做的现金准备六成、保证金准备四成的法币发行准备制度,规定除了金银和外汇外,短期商业票据、货物栈单、生产事业之投资三项,也可以作为法币准备金。[1]这一决定实际上为法币的发行解除了准备金约束,使国民政府可以滥发法币,

---

[1] 《巩固金融办法纲要》,载《中央银行月报》1939年第8卷第9期。

是国民政府执行通货膨胀政策之滥觞。此外，会议还肯定了孔祥熙增发法币、推行通货膨胀的政策。大量法币的发行，虽然一时解决了国民政府的财政困难，却加速了整体物价的上涨，刺激了恶性通货膨胀的发生。随着法币的贬值，公众对于法币的信任也一步步下降，相比于全面抗战之初公众支持法币政策，甚至将法币作为财富保存，此时公众更倾向于购买实物。全面抗战时期的财政赤字、货币发行量与银行对政府垫款详见下表：

全面抗战时期的财政赤字、货币发行量与银行对政府垫款表（单位：亿元）

	货币投放		财政赤字
	货币发行	对政府垫款	
1937	16.4	3.41	5.6
1938	23.1	8.54	14.92
1939	42.9	23.1	20.57
1940	78.7	38.34	39.63
1941	151	94.43	86.93
1942	344	200.81	188.81
1943	754	408.57	384.13
1944	1895	1400.90	1331.86
1945	10,319	10,432.57	11,066.98

资料来源：周春主编：《中国抗日战争时期物价史》，四川大学出版社1998年版，第251页。

由上表可见，国民政府的财政赤字飞速上涨，与之相伴的是，法币的发行量和银行对政府的垫款增长速度也十分惊人。法币大量流入市场，逐渐远超了市场对货币的需求，这也就加速了法币的贬值速度。

除了货币发行量的增加对通货膨胀的带动外，这一时期国统区的经济形势也将物价引向高涨的境地。从1939年起，国统区农业连年歉收。就产量而言，1940年比1939年下降了10个百分点，1941年又下降13个百分点。[①]连续几年的农业歉收，使粮食供应不足越来越严重，这不但造成

---

① [美]费正清等编：《剑桥中华民国史（1912—1949年）》（下），中国社会科学出版社1993年版，第669页。

粮价上涨，还大大引发了后方群众的恐慌心理，囤积居奇现象也增多，导致粮价逐渐恶性上涨。尽管国民政府多次颁布法令限制粮价，但收效甚微。

工业品的缺乏也使得在后方的新兴城市（全面抗战时期，大量工厂和人员流入后方，在很大程度上带动了后方城市的兴起和发展）物价波动剧烈。全面抗战时期，后方物资的主要来源有：一、全面抗战前囤积的物资；二、后方工厂生产的产品；三、经国民政府掌握的交通干线自国外进口的物资；四、经沦陷区私自运输至国统区的物资。随着全面抗战的继续，战争初期运往后方的物资大多已经消耗。中国西部地区工业发展本就落后，工业品生产能力非常低下，虽然全面抗战开始后许多工厂、工人迁往后方，国民政府也为他们开工提供了很大的支持，但这些工厂多以生产军需品为主，生活用品的产量相比于后方庞大的需求量，简直是九牛一毛。并且，由于原料的缺乏和来自国民政府的支持力度的减弱等许多原因，"大约在1940年，工业繁荣事实上已经终结"[①]。内部供应不足的同时，物资进口又很难打开局面。淞沪会战之后，日本凭借强大的海军实力封锁了上海至华北沿海的口岸，9月份，又宣布封锁中国全部口岸，宣布除了第三国的租借地及青岛外（日本还没有做好与英美等大国开战的准备，因此不敢贸然封锁其在华租借地），严禁中国公私船舶在中国海域航行。在这样的情况下，海外物资只能通过租借地（如上海租界等）转口运输等渠道运进后方。为了满足军事运输需求以及争取向后方运输物资，国民政府兴修了一系列交通干线，尤其是湘桂铁路和滇缅公路的修建，使得海外物资得以大量进入国统区。[②]但是，日军为了对中国实行经济封锁，对后方交通设施进行频繁轰炸，并极力管控货物运输，还于1939年底攻占南宁，切断了湘桂铁路与香港的联系，阻绝了国民政府重要的交通路线。

[①] [美]费正清等编：《剑桥中华民国史（1912—1949年）》下，中国社会科学出版社1993年版，第677页。

[②] 湘桂铁路始筑于1937年，从湖南衡阳至广西桂林，全长375千米，1938年9月28日衡阳—桂林段全线通车，历时不到一年，使得香港地区、越南的物资能够由此运往内地。滇缅公路于1938年开始修建，与缅甸的中央铁路连接，从中国云南昆明直接贯通缅甸原来的首都仰光，8月底全线通车，该路段80%都是崇山峻岭，还要经过云南边境地区的瘴气区，且战时物资技术条件都异常匮乏，在如此短时间内完成可以说是筑路史上的一个奇迹。日军占领越南后，滇越铁路中断，滇缅公路就成为中国与国际世界联系的唯一运输通道，大量物资进入中国大后方，对中国抗战意义重大。

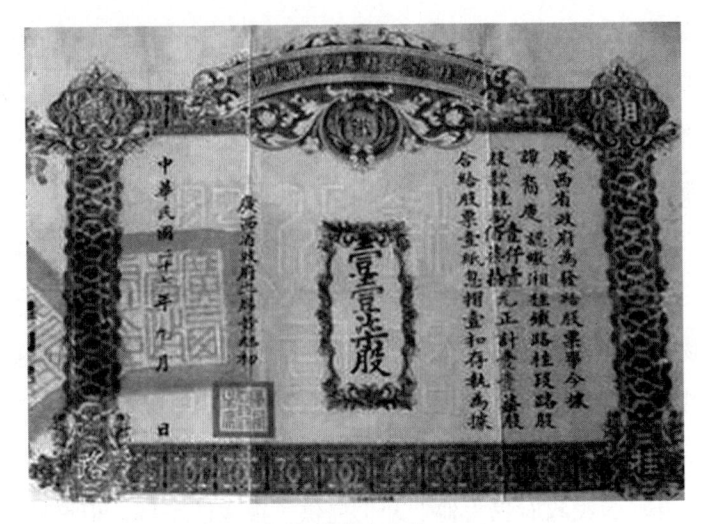

湘桂铁路股票

用于征购粮食的粮食库券

日军还胁迫英国一度关闭滇缅公路（英国控制着滇缅路的缅甸部分），使得外运物资大大减少。这些因素都导致后方经济供不应求的局面愈发严峻，从而促使通货膨胀逐步演变。

在这一时期，尽管国统区物价有了大幅度上升，但由于国民政府的一些财政金融政策收到成效，恶性通货膨胀的爆发得到一定程度的遏制。

首先，国民政府进行了税制改革，尤其是田赋征实的实施，对政府财政十分有利。1940—1941年国民政府在全国陆续实行了田赋改征实物（在此之前田赋征收的是货币，此制度实行后田赋改为征收实物，即粮食）。这个政策从1941年开始全面执行，使国民政府因此避免在市场上争购军队、公务所需的粮食。1941年征收所得的粮食，折合成法币约为27亿元，相当于当年政府总支出的27%。①田赋征实配合粮食征购、征借和县级公粮的征收等,使得国民政府购买粮食部分的支出大大减少,也使国民政府少发行了大量法币,从而有利于减轻通货膨胀形势的进一步恶化。

其次,国民政府努力争取了国外援助。全面抗日战争之初(1937—1939)英美等主要资本主义国家向日本采取妥协政策,并未向国民政府给予足够的支持,只有苏联提供了重要的军事和物资援助。直到1939年欧战爆发后,以美国为首的资本主义国家才开始进行较大规模的对华援助,到1941年初,美国共对华提供了4次总额1.2亿美元的贷款(其中一部分用于购买美国商品运往中国),英国也曾提供为数不大的物资支持。

最后,在英美支持下的外汇政策也对法币的稳定起了很大作用。法币实行的是汇兑本位制,换句话说,就是法币的价值要以外汇汇率来衡量,这就使外汇汇率对法币价值的影响很大,也要求在正常情况下,政府不得干涉人民买卖外汇的自由。在全面抗战之前,国民政府共有在英国的2500万英镑和在美国的1.2亿美元法币外汇准备金,这使得国民政府有足够的外汇储备以供人民换取,保证了"无限制买卖外汇"的实施基础。但是,随着国民政府法币发行量的大大增加,加上民间资金外逃换取外汇,以及日本为破坏国民政府的外汇政策而进行的恶意套取,使得外汇日趋供不应求,外汇黑市也兴盛起来。1938年开始,国民政府不得不放弃无限制买卖外汇政策,开始限制外汇支出,但形势并没有明显好转。1939年3月,由中英合作的中英平准基金委员会成立,企图以总资1000万英镑挂牌价来无限制地供应外汇,但结果很快归于失败。1941年4月,国民政府又筹措各方资金共1.1亿美元成立了中美英平准基金委员会,由于黑市汇率的波动严重影响到官价,这次明确规定了以不固定汇率购买外汇,并且强制规定只对从美元或英镑使用区运货到中国的商人兑换外汇,这虽限制了人民兑换外汇,但也限制了日伪的恶意套取,也促进了英、美商品的进口,在一定程度上对中国经济是有利的。

---

① 张公权:《中国通货膨胀史(1937—1949年)》,杨志信摘译,文史资料出版社1986年版,第20页。

3.脱缰之马——通货膨胀的失控（1942—1945年）

1941年末的珍珠港事件是中国抗日战争乃至二战的重要节点，美日开战，不仅对中国抗战具有重要的军事意义，而且在经济上对中国影响很大。美日开战后，日本就占据了上海租界，中国与海路相通的最后一个据点不复存在了，使得从上海运输海外商品和沿海产品的渠道被切断。这时，滇缅公路就成了外国援华最主要的通道。为了阻断中国抗战的国际支援，孤立、包围中国，日军先于1942年3月攻占缅甸，又于5月进攻云南，使得滇缅公路被切断。中国接受外援的通道便只剩西北公路和艰难的驼峰航线了。上海的完全沦陷和滇缅公路的被切断，对中国经济影响十分重大，使得中国1942年的进口额比1941年下降了大约一半。此后中国的进口量虽然有一些恢复，但颓势已成，1944年的进口量比1941年低达78%左右，为1937年总进口量的6%。①进口额的快速下降，使

正在飞跃驼峰航线的飞机

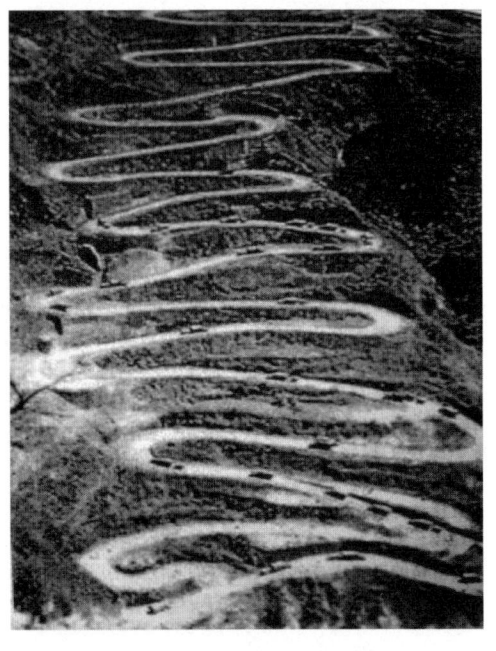

滇缅公路中的"二十四道拐"

---

① 张公权：《中国通货膨胀史（1937—1949年）》，文史资料出版社1986年版，第27页。

得本就拮据的中国市场供应量更加困难,也引起人们对国内经济的担心并丧失了对法币的信心,从而加速了国统区物价的上涨。

由于滇缅公路被切断,中国市场上的工业品只能自我解决。但是到了1943年,由于原料、设备和熟练人员的奇缺,一些工厂已经不能开工了。到了1944年,工业生产尤其是消费品的生产量大大下降,消费品生产指数下降了9%,一些重要的消费品产量比如面粉下降了19%,肥皂下降了33%,皮革下降了20%。物资的缺乏,不仅造成市场上供不应求的形势更加恶化,更加重了民众的危机感,使得货物囤积和黑市贸易现象难以遏制。

在国际和国内产品供应下降的同时,国民政府财政赤字继续扩大的老问题也愈演愈烈。在国内经济萧条、增加财政收入无望的情况下,为了维持抗战局面,国民政府一次次扩大法币的发行数量。然而战争一直持续,抗战的投入也就像无底洞一样无法满足,使法币发行像一匹脱缰之马,再也无法控制了。萧条的市场再也容纳不了突飞猛涨的法币量的增加,国统区的通货膨胀也就随着法币的增多一次次恶化,并愈演愈烈。1942—1945年中国通货膨胀情况详见下表:

■ **1942—1945年中国通货膨胀指数**(基期1941年12月=100)

	政府赤字	钞票发行	整个中国后方批发物价	重庆进口物价	外汇汇率（一美元等于法币数)
1941年12月	100	100	100	100	100
1942年6月	155	165	173	198	100
12月	217	227	290	353	100
1943年6月	316	330	613	460	311
12月	442	499	1056	765	444
1944年6月	1094	813	2078	1855	1014
12月	1532	1255	3220	2940	3010
1945年6月	9123	2635	9550	8610	9000
12月	12,772	6834	10,075	6380	6455

资料来源:张公权《中国通货膨胀史(1937—1949年)》,杨志信摘译,文史资料出版社1986年版。

面对这样一个难以控制的局面，国民政府也继续努力控制局势，企图减轻通货膨胀的恶性影响，但已经是杯水车薪，限价成为最直接的物价管控手段。国民政府的限价行动，早在1938年底就开始实施了。1942年10月，在第三届国民参政会第一次会议上，通过了一个比较完备的物价管制方案——《加强管制物价方案》，蒋介石在会议上做加强管制物价方案的报告时，还特别强调管制物价的重要性，并对《加强管制物价方案》进行解释，可见蒋介石对物价的重视。[1]此后，国民政府加强了限价力度，并决定采取强行措施。为了保证实施，国民政府缩小限价物品的种类和地域范围，规定只对米、盐、油、棉花、棉纱、布匹、燃料、纸张等八种基本消费品实行限价，区域则只限于后方主要城市。规定每个大城市都要根据当地市场价格对限价物品订定合理的价格，必须严查黑市，政府可以没收超过限价出售的商品，甚至还规定将对严重违反者处以无期徒刑甚至死刑。但是，各地制定的限价大都低于市场自发形成的价格，在供需条件不变的情况下，被限价的物品很快就被卖完，这又不可避免地造成商品供应的缺乏。甚至连陪都重庆，都发生多次粮荒。[2]由于产品的缺乏，各地为了保护辖区内物品不外流，便实行地方保护主义，限制物品外销。这实际上严重阻滞了国统区的贸易，以至于国民政府又不得不对这种行为严令禁止。产品供应量提不上去，限价政策对抑制通货膨胀所起的作用实际上是微乎其微的。

政府平价购销是国民政府调控物价的另一个重要的措施。平价购销是在遵循供求规律的大前提下对物价水平进行影响，而不是以行政手段强制约束市场。早在1939年末，国民政府就公布了《日用必需品平价购销办法》，并在经济部下设平价购销处，以经济手段调节市场。平价购销主要针对日用品和出口品，它根据需要而进行行动，对调节地方市场曾起了一定的作用。

---

[1] 四川联合大学经济研究所、中国第二历史档案馆编：《中国抗日战争时期物价史料汇编》，四川大学出版社1998年版，第82—89页。
[2] 张公权：《中国通货膨胀史（1937—1949年）》，杨志信摘译，文史资料出版社1986年版，第224页。

在财政上，国民政府也继续做出努力，希望减轻财政赤字。1941年开始实行的田赋征实的效果是很明显的，国民政府由此掌握了大量的粮食，不仅可以供应军需，还能用手里的粮食来调剂粮食市价。更重要的是，国民政府因此减轻了巨大的购粮支出。为了进一步减轻财政支出，国民政府还于1943年用粮食征借政策取代了粮食征购（因粮食征购依然会花掉政府一定数量的法币，而通过征借支付的是粮食库券而不是法币），从而一定程度上减轻了国民政府的法币支出。国民政府还进行了一系列的税制改革，使得税收收入有所增加。此外，对部分物品的统购统销和专卖制度，既使得这些事关重大的物资掌握在政府手中，有利于统制经济的推行，另一方面也对国民政府缓解财政压力有一定的作用。

1942—1945年国民政府专卖收入及其与税收收入比较情况（单位：百万元）

年度	盐专卖	糖专卖	烟类专卖	火柴专卖	其他专卖*	合计	占税收的百分比
1942	1180	–	–	–	177	1357	48.5%
1943	1823	359	880	95	–	3157	25.8%
1944	1089	470	1707	238	–	3504	11.4%
1945	1781	7	393	89	–	2270**	–

注：* 糖、烟、酒三项专卖的总数，该年国库收支表未予分列。
　　** 本年2月起废止专卖，恢复征税。本数字只包括1月份收入及补缴上年度余数，故不能以与该年度税收比较。
资料来源：杨荫溥《民国财政史》，中国财政经济出版社1985年版，第127页。

虽然国民政府的部分作为有所成效，但相比于轰轰烈烈的通货膨胀浪潮，它的作用是微乎其微的。从整体上看，国民政府遏制通货膨胀的行动是失败的。但是，如果把情况放到全面抗日战争这一具体的历史背景当中，我们也能理解国民政府的种种难处，毕竟在全面抗战时期，对日军作战是首要的，战争不能停，收入增不了，军费等支出又不能减，国民政府只能以滥发法币来维持自己的局面。从抗战的角度来说，我们应该对国民政府的种种努力予以足够肯定的。

4.通货膨胀对人民生活的影响

我们知道,全面抗战时期的通货膨胀可以分为三个阶段:第一阶段是卢沟桥事变至1938年底,这个时期国统区的经济还处于较为正常的水平,物价有所上涨但恶性通货膨胀还没有形成;第二阶段是1939年到1941年底,这一时期国民政府的法币发行逐年增多,通货膨胀已经有了逐渐恶化的势头;第三阶段是1942年到1945年底,由于外援的阻绝和法币发行的失控,国统区的通货膨胀达到了前所未有的水平,形成恶性通货膨胀。

战时通货膨胀的发生,仅从现象上来说,是由两方面原因造成的:第一,由于日本的阻挠和国统区内物资的匮乏,使国统区内产品逐渐供不应求,也就促使了物价的步步上升;第二,法币发行量逐年增加,使市场上流通的货币数量逐步超出市场的容纳能力,也就使法币逐年贬值,物价逐年上升(全面抗战时期法币发行与物价上涨关系详见下表)。

■ 全面抗战时期法币发行与物价指数的关系表

年月	法币发行指数	重庆基要商品批发物价指数	年月	法币发行指数	重庆基要商品批发物价指数
1937年6月	1.00	1.00	1941年12月	10.71	28.48
1937年12月	1.16	0.98	1942年6月	17.65	41.62
1938年6月	1.23	1.03	1942年12月	24.40	57.41
1938年12月	1.64	1.04	1943年6月	35.38	112.50
1939年6月	1.91	1.20	1941年12月	53.46	200.33
1939年12月	3.04	1.77	1944年6月	87.07	544.70
1940年6月	4.30	3.36	1944年12月	134.36	548.60
1940年8月	4.72	4.94	1945年6月	282.04	1553.00
1940年12月	5.58	10.94	1945年8月	394.84	1795.00
1941年6月	7.59	17.26			

资料来源:叶世昌、潘连贵《中国古近代金融史》,复旦大学出版社2001年版,第333页。

从表面看来,通货膨胀只是一个物价上涨和货币贬值的问题,但实质上却是商业关系掩盖下国民政府进行的一种隐蔽性的掠夺。在财政赤字越来越严重的情况下，国民政府通过滥发法币，将财政负担无形地转移到民众头上。

通货膨胀的蔓延，给国统区整个经济局势造成了不可估量的影响，物价上涨并不是局限于单一品类，而是在整个经济领域蔓延开来。就生产来说，普通物价的上涨使工业生产资料、运输成本、工人工资等都受到影响，为此工厂不得不提高产品价格以获取利润，如此反复形成了恶性循环。这样的结果是最终大量工厂停产，产品供应更加减少。这种影响对农业也是一样的效果。

与物价上涨的速度相比，同期大部分民众的收入上涨水平却远远落后。并且，不同行业的从业者的收入更加不均衡。总体来说，产品生产行业都受到了极大的影响，对于生产业从事者来说，收入的上涨速度远远低于通货膨胀的速度，因此，他们的生活水平是明显下降的。而相反的是，从事投机活动和证券业的人的收益却大幅上升，这就使得投机更加盛行，使得一些人发了战争横财。

相比于大发战争横财的投机商人、部分金融从业者和贪污腐败的官员，工薪阶层和下层工农的实际收入水平惨得可怜。

■ 1937—1943年中国实际薪金和工资指数（1937年=100）

年份	重庆公务员	重庆教师	重庆一般服务人员	一般工人	重庆工业工人	四川农业劳动者
1937	100	100	100	100	100	100
1938	77	87	93	143	124	111
1939	49	64	64	181	95	122
1940	21	32	29	147	76	63
1941	16	27	21	91	78	82
1942	11	19	10	83	75	75
1943	10	17	57	74	69	58

资料来源：张公权《中国通货膨胀史（1937—1949年）》，文史资料出版社1986年，第43页。

由上表可以看出，一般公务人员、教师、工农业者的工资指数基本上都大幅下降，尤其是公务员，1943年的工资指数仅为1937年的10%。工资指数的下降，直接影响这类人的生活水平。全面抗战时期，公务员、教师、教授、工农业者的生活水平明显下降，以至于当时大后方流行一些俗语："教授，教授，越教越瘦""薪水，薪水，不能买薪买水"①。

抗战时期的下层人民

据统计，1937年至1944年3月，陪都重庆的生活费用指数上涨了272倍，人民生活十分困苦。②由于原料的缺乏，食品的质与量都受到影响，当时的《新民报》曾以一条"物价容易把人抛，薄了烧饼，瘦了油条"的花边新闻来讽刺重庆的物价上涨和食品量的缩水。物价上涨，工资低廉，就连许多知名的教授也感到生活拮据。著名的文学家老舍先生也颇有感触："从二十九年（1940年）起，大家开始感觉到生活的压迫。四川的东西不再便宜了，而是一涨就涨一倍地天天

---

① 苏智良等编著：《去大后方——中国抗战内迁实录》，上海人民出版社2005年版，第422页。

② 周春主编：《中国抗日战争时期物价史》，四川大学出版社1998年版，第180页。

往上涨。我只好经常穿着斯文扫地的衣服了。我的香烟由使馆降为小大英，降为刀牌，降为船牌，再降为四川土产的卷烟——也可美其名曰雪茄。别的日用品及饮食也都随着香烟而降格。"①在西南联大任教的闻一多也生活拮据，他的工资不足以应付全家生活，生活得很艰难，"饭碗里半月不见一个肉星，每天吃的是豆渣和白菜，偶尔买块豆腐，就算改善生活"。生活实在没着，他甚至把皮衣和他心爱的书籍卖掉了。他还在河里捞过鱼虾、田螺，在野外捉过蚂蚱、田鸡作为食物。为了挣些外快，闻一多刻起了图章，还跟许多教授一样卖文售字。②知名学者尚且如此，更何况普通教师了。而那些从事工农业的普通工人和农民，生活更是贫困不堪。

---

① 施康强编：《征程与归程》，中央编译出版社2001年版，第284页。
② 闻黎明：《闻一多》，群言出版社2012年版，第205—208页。

为了垄断——国家行局的扩张

到1935年，国民政府基本上建立了以"中中交农"四行为核心的国家银行体系。战前的国家银行主要集中在以上海为中心的东中部地区，西部地区虽然政府也想派设分支机构，但由于西部地区大小军阀长期割据，中央势力很难进入，再加上西部交通闭塞、经济落后，因此国家银行在西部设立很少。

■ 1937年全面抗战爆发前国家银行基本情况统计表

银行名称	总行所在地	设立年度	实收资本（元）	分支行处数	行员数
中央银行	上海	1928年	100,000,000	45	1813
中国银行	上海	1912年	40,000,000	208	3505
交通银行	上海	1907年	20,000,000	117	2318
中国农民银行	上海	1933年	7,500,000	121	1559
合计	4		167,500,000	491	9195

资料来源：民国丛书续编编辑委员会编《全国银行年鉴（1937年）》，上海书店出版社2012年版，第24页整理。

■ 1937年全面抗战爆发前国家银行在西部地区分支行处统计表

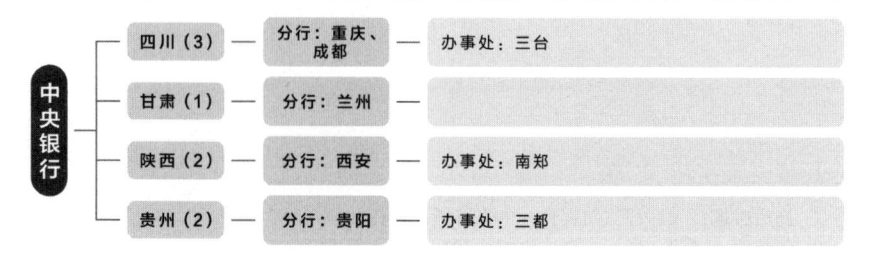

中央银行
- 四川（3）— 分行：重庆、成都 — 办事处：三台
- 甘肃（1）— 分行：兰州
- 陕西（2）— 分行：西安 — 办事处：南郑
- 贵州（2）— 分行：贵阳 — 办事处：三都

续表

1937年全面抗战爆发前国家银行在西部地区分支行处统计表

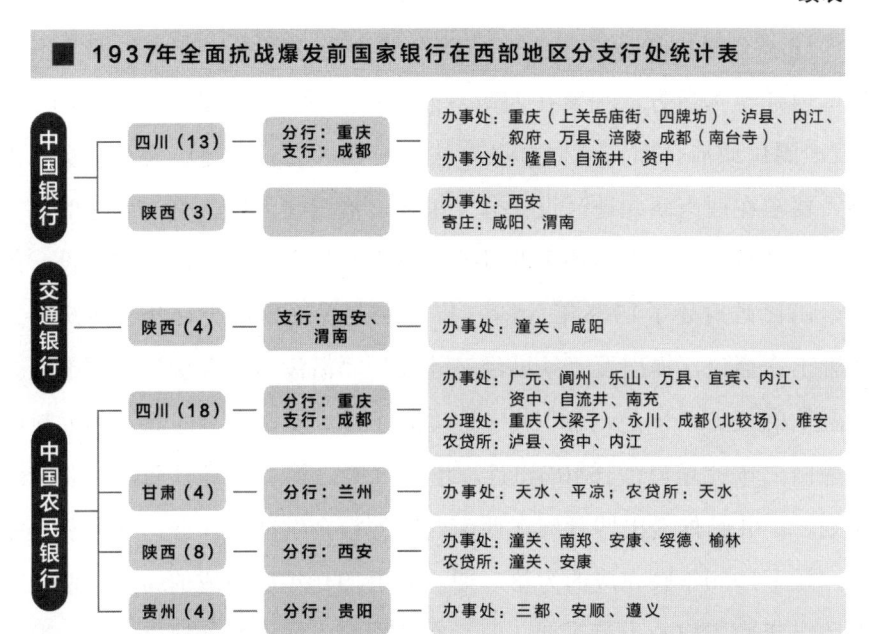

中国银行
- 四川（13）— 分行：重庆；支行：成都
  - 办事处：重庆（上关岳庙街、四牌坊）、泸县、内江、叙府、万县、涪陵、成都（南台寺）
  - 办事分处：隆昌、自流井、资中
- 陕西（3）
  - 办事处：西安
  - 寄庄：咸阳、渭南

交通银行
- 陕西（4）— 支行：西安、渭南
  - 办事处：潼关、咸阳

中国农民银行
- 四川（18）— 分行：重庆；支行：成都
  - 办事处：广元、阆州、乐山、万县、宜宾、内江、资中、自流井、南充
  - 分理处：重庆（大梁子）、永川、成都（北较场）、雅安
  - 农贷所：泸县、资中、内江
- 甘肃（4）— 分行：兰州
  - 办事处：天水、平凉；农贷所：天水
- 陕西（8）— 分行：西安
  - 办事处：潼关、南郑、安康、绥德、榆林
  - 农贷所：潼关、安康
- 贵州（4）— 分行：贵阳
  - 办事处：三都、安顺、遵义

资料来源：民国丛书续编编辑委员会编《全国银行年鉴（1937年）》，上海书店出版社2012年版，第76、81、89、95页。

上两表可见，在全面抗战爆发前，中央银行与中国农民银行设立的分支机构主要集中在西南的四川、贵州与西北的陕西、甘肃四省。中国银行只在四川、陕西两省有分支机构，交通银行在西部地区则更少，仅在陕西一省建有支行与办事处。这些机构在整个国家银行的分支机构中所占比重很小，比较而言，中国农民银行在西部四省的分支处最多，有34个，占全国121个的28.10%；其次是中央银行，在西部四省的分支行处有8个，占全国45个的17.78%；中国银行在西部四川、陕西两省的分支行处为16个，占全国208个的7.7%；交通银行最少，在陕西一省有分支处仅4个，占全国117个的3.4%。四行在西部八省共计62个，占四行在全国491行处的12.63%。西南的云南、广西，西北的宁夏、青海四省在全面抗战爆发前都没有一家国家银行设立分支机构。至于青海省，虽然蒋介石在1936年11月和1937年6月两次电令中国农民银行总行，速设青海支行，以加强皮毛和黄金收购，1936年中国农民银行也派员到青海筹设，但因西安事变爆发而中止。事实上直到全面抗战爆发前，国家银行未能在青海设立分支机构。

随着全面抗战爆发，上海、武汉的沦陷，"中中交农"四大银行相继内迁至大后方，加紧在西南、西北地区增设分支机构。1939年9月8日，国民政府公布《巩固金融办法纲要》，进一步提出为适应实际需要，要求在西南西北地区设立分支机构，规定在人口、交通发达的地方至少筹设有一行，于地势重要且业务特别发达之地，可以多家并设。此外，国民政府还于1938年、1939年分别在武汉和重庆召开了两次地方金融工作会议，提出要"扶助经济建设""活泼地方金融""调剂地方金融"的任务。于是，1938年8月，拟订《筹设西南、西北及邻近战区金融网二年计划》，1940年3月，增订《第二第三期筹设西南西北金融计划》；并具体提出四行应在西南西北筹设金融网的任务：分为三期完成，限于1939年底完成的为第一期；限于1940年底完成的为第二期；限于1941年底完成的为第三期。四行在三期中应筹设行处地点：第一期，四川62处、云南30处、广西27处、贵州32处、陕西16处、甘肃12处、西康5处、青海4处、宁夏1处，共计189处；第二期，甘肃4处、陕西3处、四川2处、广西1处、西康1处，共计11处；第三期，四川2处、甘肃1处、广西1处，共4处。[①]

大量金融机构的内迁，使重庆成为战时金融中心。全面抗战爆发后，为了稳定大后方的经济局势，交通银行于1938年1月在重庆设立分行，同年四联总处也由汉口迁往重庆。抗战以来，四行陆续在大后方设立分支机构，截至1943年底，仅重庆一地的四行分支机构就有39家之多。[②]四行中除了交通银行在重庆所设立的分行很快被撤销以外，其他三行均在重庆设有分行。特别指出的是中央银行在重庆所设立的分行是一等分行，中央银行分支机构的设立并不完全依照行政区划，而是要参照当地的经济发展状况，在重要的城市设分行，次要的城市

[①] 贵州金融学会、贵州钱币学会等编：《贵州金融货币史论丛》，1989年3月（内部资料），第20页。

[②] 交通银行总管理处编：《金融市场论》，正中书局1947年版，第94页。

设立支行，一般的城市设立办事处。全面抗战爆发前，中央银行的一等分行只设立在南京、天津、北平、青岛、汉口、重庆、西安、广州、厦门等9个城市，西部内陆地区只有西安与重庆设立了一等分行，这足以说明重庆在西部地区的经济与金融领域的重要性。而在大后方其他城市如昆明、贵阳、西安、兰州等地区的金融业也由于四行分支机构的设立，在战时得到发展，这些城市多数是大后方省份的省会或重要城市，除了带动本省金融发展，也对整个西南西北金融业的发展起到了重要的影响，共同为抗战胜利做出了积极的贡献。

1.中央银行

1935年5月15日，中央银行西安分行在五味什字开业，办理存贷汇等基本业务，并代理国家财政金库。该分行成立之后，陆续在汉中、宝鸡、安康、彬县、宁强、白河设有二级分行，在凤县、长武设有收税处。全面抗战爆发后，西安地处西北交通的枢纽，西安分行的业务也受益于此，得到了很大的发展。1942年10月，西安分行开办西安地区国家银行票据交换业务，1944年又设交换课，同年9月，还举办了"法币折合黄金存款"，先后收存黄金22万余两，从1945年5月开始办理到期黄金存款兑付业务。1933年12月24日，中央银行设立兰州分行，主要负责代理国库、收缴存款准备金及检查各类金融机关。全面抗战期间设立天水、酒泉办事处及平凉国税征收处。1935年6月1日，中央银行在贵阳成立二等分行，彭宪任经理，1944年升格为一等分行。1937年12月1日，中央银行昆明分行成立，设立时主要业务是办理军政的存汇款，又先后在下关、蒙自设立分行，在文山、保山设立办事处。1944年11月27日，昆明分行还设立了票据交换课，专门负责办理票据相关业务，当年参加票据交换的公私行庄有42家，1945年8月之后，被责令停止办理业务。[1]

---

[1] 王红曼：《伏线千里：抗战时期金融机构大迁移》，商务印书馆2015年版，第230—231页。

2.中国银行

在整个推进筹设分支机构的进程中，中国银行积极发挥了它的特长——人才多，把沿海城市的分行负责人调动到大后方指挥分行筹设工作，进展最为迅速，完成金融网方案内所分担及自行增设之行处，国内计77处，国外计7处，为各行之冠[①]。

中国银行在陕西的业务集中于支持工矿交通事业，其很早就在西安设立分支机构，1915年3月1日，中国银行西安分行就在盐店街设立。1923年西安分行被压缩为办事处，下辖于汉口分行。1929年由于陕西战乱不断，中行在陕西的分支机构纷纷裁撤，直到1933年才复业，复业后的西安办事处归天津分行管辖。中国银行兰州支行曾于1924年10月15日前设立，但在1929年10月22日清理结束，后于1938年7月再度成立，又先后在酒泉、天水和武威设立办事处。中国银行昆明分行成立于1938年11月，经营的业务主要包括国内外汇兑及押汇、票据承兑贴现、储蓄、押放透支等，此外还开拓了信托、代理保险、代为经理证券和公债、人寿储蓄等业务。1940年至1942年，其陆续将昆阳、凤仪、大理、玉溪、安宁、弥渡、镇南、姚安、永平、牟定、漾濞、楚雄、龙陵、保山、永仁、会泽、沾益、曲靖、建水、蒙自、个旧、开远等22处划为农贷区域，遍布云南全省。此外，在大理、曲靖、昭通三地开办了工商贷款，帮助工商业发展。全面抗战期间，中国银行昆明分行先后在云南设立48个分支机构及办事处。中国银行贵阳分行成立于1938年12月25日，受重庆分行的管辖。当时的重庆分行管辖四川、贵州、西藏三省的中国银行。贵阳支行先后在贵州省内建立了18处分支机构。

---

① 中国银行总行、中国第二历史档案馆合编：《中国银行行史资料汇编·上编（1912—1949）》第1册，中国档案出版社1991年版，第748页。

3.交通银行

交通银行在陕西省，最先于1934年在潼关设立支行，同年12月设立西安支行，年底又将潼关支行改为办事处，将西安支行改为分行，先后在渭南、咸阳、宝鸡、泾阳等地设立分支机构。全面抗战爆发后，交通银行西安分行又增设宝鸡、汉中支行。1938年日军占领风陵渡后，交行为安全起见裁撤了潼关、朝邑的办事处。1941年因为陕东盛产棉花，交行又增设大荔办事处，并设城固古路坝简易储蓄处。战时，交通银行致力于陕西省的工矿企业贷款投资，据统计，仅1942年一年放出款项平均数约为1亿元，其中以纺织业最多，机械制造业其次，截至抗战结束，交行累计对西安手工业贷款达30亿元。交通银行昆明分行设立于1938年，并设有5个办事处，但不及其他国家行局影响力大，相关的史料也比较缺乏。1939年1月4日，交通银行在贵阳设立支行，受总管理处直接领导。贵阳支行在贵州省内设立了13个办事处、分理处，简易储蓄处和临时办事处各1个。1944年豫湘桂战役爆发，交通银行的广西分行，梧州、柳州支行以及南宁、百色、玉林、贵县、宜山、桂平、横县、藤县、容县和广东浦县办事处纷纷撤往贵州的独山、贵阳、遵义、安龙等地，并在贵阳市青年路1号设立办账处。交通银行兰州支行则成立于1940年1月，主要负责办理工矿交通事业的存放款，参股于甘肃矿业股份有限公司，先后在天水、武威、酒泉、平凉设办事处。

4.中国农民银行

1934年6月，中国农民银行的前身——四省农民银行在西安梁家牌楼设立办事处，1935年改为中国农民银行西安分行，1947年升格为西北地区管辖行。1935年2月，中国农民银行兰州分行成立，先后在天水、武威、平凉、张掖等地设办事处，在酒泉、临洮、靖远、安西、甘谷、岷县、敦煌、武都、临夏及天水西站成立分理处。抗战期间，兰州分行主要负责办理甘肃省内农贷业务。从1943年6月开始，兰州分行接受中央银行委托，挂牌出售黄金，并举办黄金存款。[①]1935年7月1日，中国农民银行在贵阳设立分行。全面抗战爆发后，贵阳分行先后成立7个办事处，10个分理处，并曾经一度在锦屏、天柱、石阡设立农贷通信处，办理农贷业务。1938年5月27日，中国农民银行在昆明设立支行，随着该行业务的逐渐增多，1939年改为昆明分行，重点经营属农贷范围内的所有银行业务，分别在蒙自、曲靖、下关、保山、腾冲、昭通设办事处，在呈贡、海口、沾益、宣威、建水设分理处。

5.中央信托局

中央信托局贵阳分局之前一直是中央银行下属办理信托业务的机构，贵阳中央银行于1936年4月1日起以贵阳中央信托局的名义开始办理相关业务。盘县、都匀等地待到中央银行成立之后，也以中央信托局名义开展信托业务。1942年1月5日，正式成立中央信托局贵阳分局，依旧在中央银行贵阳分行内办公，该局的历任经理也由中央银行贵阳分行经理兼任。中央信托局兰州分局成立于1936年7月，开展有信托、保险、储蓄等业务。1940年8月17日，中央信托局昆明分局成立，其业务包含保险、购料、汇兑、储蓄、信托等。1945年9月17日，中央信托局西安分局才正式开业，战时中央信托局的业务主要由西安分行代为办理。

6.邮政储金汇业局

邮政储金汇业局贵阳分局成立于1939年4月，为二等分局，设有总务、会计、营业、出纳、保险等股，1947年之后被升为一等分局，增设襄理2人，原有的"股"也改为"课"。邮政储金汇业局在贵州业务办理始于1936年7月，首先在贵阳开办，之后又在遵义、安顺、镇远三局推广存簿储金及邮票储金业务。邮政储金汇业局昆明分局成立于1939年4月10

[①] 甘肃省地方史志编纂委员会、甘肃省金融志编纂委员会编纂：《甘肃省志》第44卷《金融志》，甘肃文化出版社1996年版，第49页。

日，营业范围较为广泛，包括全部国家银行业务，资本以邮政为担保。邮政储金汇业局兰州分局成立于1942年11月，先后在平凉、天水、武威设立办事处，主要开展了储蓄、小额汇兑及简易人寿保险等业务，其存款利率略高于一般银行。陕西省的邮政储金汇兑原来隶属于陕西邮政局的业务范围，1943年3月12日才将南院门邮局改为邮政储金汇业局正式开业。

至1941年12月底国家银行在西南西北设立行处统计表

	四川	西康	云南	贵州	广西	陕西	甘肃	宁夏	青海
中央银行	28	2	6	4	8	7	6	1	1
中国银行	29	1	14	8	12	19	9	1	1
交通银行	13	2	1	6	11	8	4	-	-
中国农民银行	38	3	5	6	7	5	4	1	1

资料来源：根据重庆市档案馆等编《四联总处史料》（上），档案出版社1993年版，第197—198页表编制。

在西南地区，战前四行的机构仅37家，但战后则迅猛发展，为执行西南金融网方案，四行在西南各省积极筹设分支机构，截至1940年3月20日止，按照第一期计划在西南地区所成立四行之分行处计有：四川省60处、云南省25处、贵州省21处、广西省22处、西康省5处等，共计133处。[①]在西北地区，全面抗战爆发前，国家银行仅限于陕西、甘肃二省，宁夏、青海、新疆均没有；全面抗战爆发后，四行在西北进一步发展，陕、甘、宁、青四省已经有了四行的分支行处，但尚未推及新疆，到1941年底时，其发展情况见上表。

上表可见，到1941年底，从总体上说，四行在各省的分支行处铺设了272处，是战前的4.5倍，超过了计划（204家）的68处。不过，这种发展是极为不平衡的，四行之分行处，在四川省108处，云南省26处，贵州省24处，广西省38处，西康省8处，西南五省分支行处共计204处，比

---

① 重庆市档案馆、重庆市人民银行金融研究所合编：《四联总处史料》（上），档案出版社1993年版，第191页。

1940年增约150%，占75%，西北四省一共只有68处，占25%。而四行在西南西北的城市分布情况从下表集中得到体现。

央中交农四行在西南西北城市分布情形表（截至1941年上半年）

	四川省（42）
一地4行	成都（央、中、交、农）泸县（央、中、交、农）乐山（央、中、交、农）自贡（央、中、交、农）万县（央、中、交、农）内江（央、中、交、农）宜宾（央、中、交、农）
一地3行	北碚（央、中、农）广元（央、中、农）
一地2行	绵阳（央、交）涪陵（央、中）江津（央、中）南充（中、农）五通桥（中、交）资中（中、农）
一地1行	三台（央）灌县（央）白沙（央）中墰（央）松潘（央）南部（央）云阳（央）眉山（央）梁山（央）筠连（央）广汉（央）隆昌（中）合川（中）荣县（中）石桥（中）合江（中）资阳（中）奉节（中）牛佛渡（中）宣汉（农）永川（农）阆中（农）巴东（农）青木关（农）秀山（交）黔江（交）渠县（交）

	广西省（13）
一地4行	桂林（央、中、交、农）柳州（央、中、交、农）
一地3行	宜山（央、中、交）梧州（央、中、交）
一地2行	田东（央、中）南宁（央、交）凭祥（交、农）
一地1行	河池（央）全县（央）靖西（中）龙州（中）百色（交）贵县（交）

	云南省（17）
一地4行	昆明（央、中、交、农）
一地2行	下关（央、中）蒙自（央、农）曲靖（中、农）芒市（中、交）祥云（中、交）
一地1行	龙陵（央）个旧（中）保山（中）垒允（中）开远（中）楚雄（中）宣威（中）畹町（央）澂江（农）平彝（中）禄丰（中）

	贵州省（12）
一地4行	贵阳（央、中、交、农）
一地3行	遵义（中、交、农）都匀（央、中、交）安顺（中、交、农）
一地2行	盘县（央、中）毕节（中、农）镇远（中、农）独山（中、交）
一地1行	三合（央）黔西（中）赤水（交）铜仁（农）

第三章　国家行局的内迁与大后方国家金融垄断地位的确立

西康省（3）

一地4行	雅安（央、中、交、农）
一地1行	康定（央）西昌

陕西省（12）

一地4行	西安（央、中、交、农）南郑（央、中、交、农）
一地3行	宝鸡（央、中、交）安康（央、中、农）
一地2行	渭南（中、交）咸阳（中、交）泾阳（中、交）白河（央、农）
一地1行	宁羌（央）邠县（央）三原（中）同官（交）

甘肃省（7）

一地4行	兰州（央、中、交、农）
一地3行	天水（央、中、交）武威（央、中、交）
一地2行	酒泉（央、中）岷县（央、中）
一地1行	平凉（央）张掖（中）

青海省（1）

一地3行	西宁（央、中、农）

宁夏省（1）

一地3行	宁夏（央、中、农）

资料来源：郭荣生《四年来西南西北金融网之建立》，载《财政评论》1941年第6卷第4期，第92—94页。

说明：文献中为央中交农四行，为保证文献完整性，未改为中中交农。

由此观之，"中中交农"四行分支行之分布是不平衡的，四行多集中设行于各省省会及经济、交通上较重要之城市，如在西南西北九省中，成都、桂林、昆明、贵阳、西安、兰州等六省会城市均为四行设立之地，青海、宁夏两省在全面抗战后才有国家银行进入，但也很快有中央、中国、农民三行的分行，西康一省的省会康定只有中央银行一行进入，不过在西康的雅安四行都已经设立了分支行处，这些城市多系后方各省之金融枢纽。就各省情形言，西南西北九省中，四川物产最为丰富，也是四行设立分支行处最多的地方，主要集中于成都、万县、内江、宜宾、乐山、泸县、合川、自贡等八地。成都、泸县是金融市场活跃之区，乐山、自贡、万县等则是工商业发达之县市或商埠。其次是云南、广西、陕西，除省会城市之外，交通与经济较为发达的地方都有四行的分支行处。西康省集中在康定、雅安、西昌三地，只有青海、宁夏两省最差，仅集中于省会城市。各省与四川相比较，其相差程度实太悬殊。由此可见，四行在大后方各省的分布既不普遍，也欠合理，但是，国家银行作为全国金融的最高机关，处于统制调剂全国之地位，执行国民政府有关战时金融政策之各种业务，其分布点多系金融枢纽，也是可以理解的。它们占据了大后方各省的政治经济中心，为国家金融资本对大后方进行垄断和控制奠定了基础。

太平洋战争爆发之后，受环境形势的影响，西南国际运输线中断，此后，西北的对外交通显得日益重要，且西北资源亟待开发，为使金融力量与政府政策配合进行，1942年9月5日，四联总处第一百四十次理事会议通过《筹设西北金融网原则》，规定：兰州为建设西北的出发点，四行在兰州原有机构人员应逐渐加强充实；依经济军事交通等需要，四行对陕西、甘肃、宁夏、青海及新疆五省实地调查，斟酌筹设行处；各行局新设行处须增添人员时，应就滇、浙、闽、赣等省撤退行处人员尽先调用。[①]1942年后，四行在西北地区筹设分支行处的扩展工作进一步增强，同时，四行在西南五省的发展也不示弱，同样急剧扩充，下表即集中反映出，到1945年抗战胜利前夕，四行在西南西北的发展情况。

---

① 四联总处秘书处编：《四联总处重要文献汇编》（影印本），学海出版社1970年版，第361—362页。

战时（截至抗战胜利前夕）国家银行在西南西北设立行处统计表

	四川	重庆	西康	贵州	云南	广西	陕西	甘肃	宁夏	青海
中央银行	14	4	2	4	4	8	7	6	1	1
中国银行	41	6	3	11	20	16	14	9	1	1
交通银行	16	7	2	7	3	11	9	9	1	0
中国农民银行	37	10	5	9	7	10	7	5	1	1

注：上表并未剔除已裁撤之分支行处；总行不计在内。
资料来源：沈雷春主编《中国金融年鉴（1947年）》，中国金融年鉴社1947年版，第A113—114页。

就上表观之，到全面抗战即将结束的1945年，"中中交农"四行在西南西北所设立分支行处，共330处，比1941年底的272处，又增加了58处。在四行中，以中国银行设立支行处最多，计122处；其次为中国农民银行设立行处92处；交通银行则设立65处；中央银行设立51处。中央、中国、农民三银行实现了西南西北九省一市的全覆盖，而以分布之地域言，交通银行直到抗战结束都未到青海设立行处。西南与西北比较，西南增设之行处远较西北为多，西南地区为257处，比1941年底的204处，增加了53处，占77.88%，西北地区为73处，比1941年底的68处，仅仅增加了5处，占22.12%。

除中中交农四行外，战时的中央信托局与邮政储金汇业局等二局也从上海迁往重庆，全面抗战爆发后，邮政储金业务遭受挫折，1937年12月上海沦陷后，邮政储金汇业局部分搬迁至香港办公。1940年4月1日正式迁渝办公。在重庆、贵阳、昆明、桂林、西安、兰州、成都、韶关、衡阳、福州、永安、天水、宝鸡等地设立分局约30处，并在其下设立办事处40余处，专办储汇业务。其间，虽因战事几经变迁，但截至1945年8月，国统区办理邮政储金的邮局及邮汇局所已有2000余处，几乎是战前全国储金机构的三倍以上，而各区局所经办人手的充实也远非战前所可比拟。[1]

---

[1] 徐琳：《试论抗战时期的邮政储金汇业局》，载《社科纵横》2007年第11期。

"四行二局"不仅在大后方广设分支行，积极扩张，还在业务上逐步扩展，将贷款、放款、保险等业务集中。整个金融格局如一张大网辐射在大后方地区。虽然四行在西南西北的金融网点建设有着差距，但"中中交农"四行通过从东部向西部的迁徙与金融网点的建设，使西南西北有些地区的国家银行从无到有，并以重庆为中心，通过各省会中心城市，向主要交通要道和重要经济军事重镇辐射，覆盖了整个大后方，为促进西部金融业的现代化做出了重要的贡献。

第四章
商业银行与地方银行的
内迁、筹设及西部地方金融的繁荣

　　商业银行与地方银行都是维系国家金融体系的重要组成部分，随着四联总处与国家行局的内迁，商业银行与省地方银行为保障储户利益，维系国家金融安全，纷纷踏上内迁大后方的道路，成为金融行业内迁洪流中的又一道悲壮风景。另一方面，随着商业银行与省地方银行的迁入，大后方的金融业得到空前繁荣，县银行在战时的大后方从无到有，并与商业银行、地方银行一道，推动了大后方经济的发展，为抗战胜利做出了不可磨灭的贡献。

漫漫内迁路——商业银行与各省地方银行的内迁

全面抗战爆发后，国民政府移驻重庆，重庆骤然成为战时中国的政治、经济中心。随着国民政府的内迁，国家银行及其办事机构也迁往大后方，在国家银行的带动下，东部沿海各省的商业银行与省地方银行，也开始向大后方内迁，他们的分支机构如雨后春笋一般在大后方不断设立。

1.商业银行的内迁

全面抗战爆发前，中国的商业银行主要集中于上海，著名的"北四行""南三行"以及"小四行"等总行基本设在上海。根据战前的统计，全国银行总数约164家，其中商业银行约有124家，占全国银行总数的75.61%，而其中总行设在上海的商业银行约有35家，占各商业银行的28.23%。全面抗战爆发后，为躲避战火，商业银行也纷纷内迁，截至1943年7月，东部省份迁往重庆的商业银行共计12家，都是战前在上海地区非常著名的银行。"北四行"中的金城银行、中南银行与大陆银行等三行，"南三行"中的浙江兴业银行与上海商业储蓄银行，"小四行"中的中国通商银行、中国国货银行与四明商业储蓄银行都纷纷踏上内迁之路。

（1）金城银行的内迁

金城银行成立于1917年，当时国内的商业银行较少，由周作民等人发起成立，"名曰金城，盖取金城汤池永久坚固之意也"[①]。周作民担任

[①] 中国人民银行上海市分行金融研究室编：《金城银行史料》，上海人民出版社1983年版，第5页。

金城银行的总经理，并于1935年之后兼任金城银行董事长。

他利用自身的一套手段左右逢源，在不同的历史时期找不同的靠山，无论在北京政府时期还是在国民政府时期，都拉拢不同势力，使金城银行的业务不断扩展。全面抗战初期，东部沿海及北方大片国土沦丧，金城银行一面在沿海省市撤迁机构，一面向后方扩设行处。位于华北地区的石家庄、保定、定县、彰德、新乡、焦作、道口等七地机构迁入北平分行。在华东地区，以上海总管理处为中心，将苏州、同里、南通、常熟各行处撤至上海，而南京办事处则随同业撤退至汉口，嗣后撤至重庆。在华中地区，随着战事的发展，汉口分行所辖各行处移归重庆分行管辖。其他分支行，如郑州、广东、大连、哈尔滨、香港各行相继裁撤，广东分行在1940年并入香港分行，然而，该行则在1941年12月8日太平洋战争爆发之后宣告停业。郑州分行在1941年并入总处，大连、哈尔滨两行在1942年奉令结束。随着国民政府西迁，1941年又在重庆设立管辖行，下设东南、西南、西北3个管辖行，并先后增设成都、昆明、贵阳、西安、桂林、长沙6支行，以及乐山、泸县、常德、衡阳、柳州、宝鸡、天水等23个办事处，遍及后方各地。相较于所有内迁往大后方的商业银行中，金城银行在大后方设置的分支机构是最多的。

1937年7月，全面抗战开始后，周作民认为日本侵占中国，力量强大，中国力量弱小，要战胜日本，十分困难，对抗战前途持悲观态度，虽然也很支持金城银行向大后方发展，但却一直认为如果金城银行上海的业务留给吴蕴斋等人，他不放心，坚持自己留在上海。周作民曾经对他身边的徐国懋说："我何尝不想到内地去呢？假使我去了，上海的摊子（吴）蕴斋应付得了么？在上海我们有这样的大的账面，必须好好安

周作民

排，不能一走了之。华北的行有（王）毅灵、（杨）济成主持，问题不大，上海的担子，（吴）蕴斋挑不起来。"[1]周作民之所以不想离开上海，一方面是因为他一贯以来对抗战的悲观态度，另一方面是周作民本人长期以来与日本人走得很近，他认为即使上海沦陷，只要按照他一贯以来左右逢源的做法，只要能够拉拢日本人，他依然能够继续开展金城银行的业务。太平洋战争爆发后，周作民在香港被日军俘虏，后被日军遣送回上海，此后周作民与日本人的关系走得更近了。

周作民在上海期间，许多人劝他去大后方，国民政府在1937年12月为了促进生产，调整贸易，特设立农产、工矿、贸易三调整委员会及三调委会运输联合办事处，以周作民为农产调整委员会主任委员，翁文灏为工矿调整委员会主任委员，陈光甫为贸易调整委员会主任委员，卢作孚为三调委会运输联合办事处主任，并在各重要地点分设办事处。但周作民最后还是选择回到上海，并没有接受国民政府给他的差事。虽然如此，周作民始终还是与内地张群、吴鼎昌、张嘉璈等人保持着频繁联系。[2]

在汉口分行，周作民任用四川聚兴诚银行创办人杨氏的女婿戴自

金城银行汉口分行

---

[1] 中国人民银行上海市分行金融研究室编：《金城银行史料》，上海人民出版社1983年版，第568页。
[2] 许家骏等编：《周作民与金城银行》，中国文史出版社1993年版，第34页。

牧为经理。①汉口地处长江中游，与四川银行业务往来密切，戴自牧的这一层关系对于金城银行在西南地区开展业务有巨大的帮助。全面抗战爆发后汉口分行撤迁到重庆，戴自牧来到重庆，进一步扩大了重庆分行的分支机构，在重庆也设立了总经理处，并以总经理自居，重庆的总经理处与上海的总管理处会计独立，互不统属，俨然与上海总管理处形成对峙局面。

1942年3月31日，金城银行董事吴鼎昌、钱永铭以及监察人范锐向财政部呈文说到，自太平洋战争爆发以后，本行在西南西北各个省的分支行处，与上海的总管理处以及其他沦陷区各分支行处已经失去联系，再加上本行的董事长兼总经理周作民在香港被敌人囚禁，失

金城银行总经理戴自牧公馆（歌乐山镇桂花湾1号）

去了行动自由，一部分董事和监察人也因为战乱无法内迁过来，因此股东会根本无法召集。所以关于本行今后在大后方区域内的业务，自行拟定负责人，1942年本行的监察人范锐（旭东）从香港脱险回到重庆，临行前周作民曾经交代，今后本行的董事会及董事长职权由在大后方的吴鼎昌、钱永铭（新之）代为行使，监察人职权应由在后方之监察人范锐行使，总经理职权应由现任重庆区管辖行经理戴自牧秉承董事及监察人之意旨暂时代为行使，直到周作民恢复自由，能亲自到大后方主持工作为止。

金城银行内迁后，以国家政策为导向，根据自身经营利益，不断增设分支机构，且注重其地域空间布局，并建立了自成系统的局部小金融网，一定程度上配合了国家大金融网的建立，对贯通内地金融网络，为促进大后方金融的发展做出了一定程度的贡献。兹将金城银行设于大后

---

① 许家骏等编：《周作民与金城银行》，中国文史出版社1993年版，第24页。

方的分支机构列表如下：

■ 金城银行渝总处分支机构一览表（1937年9月—1945年12月）

	机构名称	设立日期	附注
重庆市	重庆分行	1936年5月28日	原为办事处，1941年4月8日改为分行
	民权路办事分处	1942年9月	由原中央大学分处迁至都邮街后，改名都邮街分理处，1943年5月5日因都邮街已改为民权路而亦改称
	两路口办事分处	1940年11月20日	
	沙坪坝办事分处	1937年10月10日	
	重庆信托分部	1940年5月1日	
四川省	成都支行	1937年11月4日	原为办事处，1941年4月8日改为支行
	川大办事分处	1938年12月1日	1943年3月8日随川大迁蓉，1943年3月20日正式营业，改称东门办事处
	华西坝办事分处	1941年9月15日	
	自流井办事处	1939年10月10日	
	乐山办事处	1940年12月14日	
	泸县办事处	1943年1月25日	
	威远寄庄	1940年9月14日	
贵州省	贵阳支行	1938年10月14日	原为办事处，1941年4月8日改为支行
云南省	昆明支行	1938年5月2日	原为办事处，1941年4月8日改为支行
	西南联大办事分处	1938年5月2日	
广西省	桂林支行	1942年3月25日	1944年9月12日撤退
	柳州办事处	1942年10月7日	1944年9月19日撤退
	梧州办事处	1943年8月9日	1944年9月15日撤退
湖南省	长沙支行	1933年12月11日	原为办事处，1938年11月11日撤至沅陵，于1941年6月1日改为支行，1944年5月10日迁回长沙，1944年5月29日再度撤出
	常德办事处	1938年4月1日	1938年11月15日撤至沅陵，1939年4月30日归并长沙办事处
	衡阳办事处	1941年6月20日	1944年6月19日撤退
	沅陵办事处	1944年4月1日	因长沙行由沅陵迁回长沙而另设
	辰溪办事分处	1942年2月10日	由湘大储蓄分处改组成立

续表

金城银行渝总处分支机构一览表（1937年9月—1945年12月）

	机构名称	设立日期	附注
陕西省	西安支行	1935年10月10日	原为办事处，1941年4月8日改为支行
	汉中办事处	1939年11月1日	
	宝鸡办事处	1942年9月1日	
甘肃省	平凉办事处	1944年3月6日	
	天水办事处	1944年12月1日	

资料来源：中国人民银行上海市分行金融研究室编《金城银行史料》，上海人民出版社1983年版，第690页。

（2）上海商业储蓄银行的内迁

上海商业储蓄银行是另一家迁徙到大后方的商业银行。上海商业储蓄银行由陈光甫于1915年创办，该行建立初期就善于与银行同业保持比较良好的关系。在开业初期，陈光甫就与中国银行的张公权、浙江实业银行的李馥荪等人关系密切，在发展过程中多次得到同行业的帮助。进入20世纪30年代之后，随着上海银行行业竞争加剧，上海商业储蓄银行逐渐将营业重心侧重于内地，1930年到1934年间，该行增设分支机构40余处，主要分布在内地。到全面抗战爆发前夕，该行的分支机构已经分布在国内多条铁路干线周围，以上海总行作为中枢，南京、汉口、徐州、郑州是四个重要的支撑点，沿长江和陇海铁路由东向西，沿京浦线和京广线由南向北设立了多个分支机构。此外，还在华北与华南的沿海城市中也有分支行，并把北洋线和南洋线水陆连接起来，以便于押汇和汇兑业务的开展。[①]这也为全面抗战时期该行的内迁提供了一定的条件。

七七事变爆发之后，陈光甫随时关注战局动态，以便做出业务调整。淞沪会战期间，陈光甫未雨绸缪，多次制定关于战时上海商业储蓄银行的营业方针，采取多种应对措施，及时将各项战时的指示下达给

---

① 中国人民银行上海市分行金融研究所编：《上海商业储蓄银行史料》，上海人民出版社1990年版，前言第10页。

各个分行。他在致汉口分行经理周苍柏的信函中说：汉口是对日作战的后方，四通八达，对内业务应节省开支，联络长沙、重庆、南昌、九江、开封、郑州、西安等地，报告市场行情以及总行的动态，作为应对当下局面的措施，也是本行内迁之后复兴的基础，但是汉口与上海两地距离太远，交通不便，应该派人专门研究制定方案，共同渡过难关。此后，陈光甫将总行暂时迁往法租界亚尔培路303号办公。截至1938年，该行南京、镇江、常州、溧阳、无锡、苏州、南通、扬州、蚌埠、芜湖、安庆、合肥、开封、郑州等20余家分支行纷纷撤迁。当上海战事结束之后，陈光甫决定将沦陷区的分支机构逐渐关闭或撤迁，银行总体业务向西发展。

陈光甫

淞沪会战结束后，陈光甫将上海商业储蓄银行各分支行大部分迁往汉口。该行驻南京办事处制订撤退办法，将职员分为撤退、留守和返籍三类。到1937年11月，苏州、无锡、常州、镇江等分支行陆续有职员撤迁至汉口办公，总经理驻南京办事处也在11月30日抵达汉口，次日就在汉口分行内整理账册，使得当时逃难到汉口的存户能够尽快取款使用。

武汉会战期间，该行各分支机构继续撤迁至重庆。1938年上半年，上海商业储蓄银行郑州、开封、板浦等分支行亦撤至汉口。6月27日，撤退至汉口的分支行处又组成了联合办事处。7月13日，联合办事处组建不到一个月就撤退至重庆办公，8月9日，总经理驻汉口办事处也撤至重庆，改组成为驻渝办事处，后又将重庆办事处改为重庆分行。继总经理办事处之后，上海商业储蓄银行在沙市、宜昌等地的分支行也于1939年撤退至重庆。1938年10月，日军趁武汉会战之机突袭广州，广州沦陷后，该行广州分行业务改由香港分行代为办理，其一部分职员也几经辗转到达香港。①随着战事的发展，陈光甫曾经一度想把香港作为新的业务中心，在1938年7月将总行部分迁往香港办公，成立总管理处。但随着太平洋战争爆发，香港沦陷，从1942年1月底开始，香港的职员也开始分批内调。

上海商业储蓄银行内迁之后，积极在大后方拓展业务，将经营重心放在西部。1939年，该行在贵阳、昆明、桂林三市设立分行，这样建立了四川、贵州、云南、广西四省的业务中心，并在其他国民政府统治区添设支行或办事处，总计达到18处，为西部各省的物资、资金流通提供方便服务的同时，也为银行业务的继续与发展创造了另一个机会。1939年2月，该行颁行了沪行组织规程，将原先在上海的营业部改为上海管辖行，后又专门设立上海分行，置经理一人，由总行副经理中一人兼任。②香港沦陷之后，该行在香港的职员分批内调，一部分员工由杨介眉带往上海，总行也由香港迁往上海，重庆仍然作为办事处。1943年，上海商业储蓄银行决定将总行临时迁往重庆，遂将总经理驻渝办事处改为总行，但是上海的组织并没有改变，因此在上海商业储蓄银行的体系内形成了两个总行，陈光甫主要在重庆，而杨介眉主要负责上海，杨介眉作为陈光甫的老朋友，得到了极大信任，在上海拥有独立的决策权。陈光甫并没有要求杨介眉在上海开展更多的业务，主要是希望其能管理好日常业务。相较于上海，重庆已经成为全行的重心。③

全面抗战爆发后，国民政府在军事委员会之下设立了贸易、工矿、农产三个调整委员会，陈光甫就担任贸易调整委员会主任，这个委员会最主要的任务就是帮助战时中国的土特产出口，以换取外汇。除此之外，他还担任战时中英美平准基金委员会主席，平准基金委员会是为了能够维持继续出售外汇，国民政府向美英两国借款并拿出自己的外汇作

---

① 复旦大学中国金融史研究中心编：《中国金融制度变迁研究》，复旦大学出版社2008年版，第84页。
② 复旦大学中国金融史研究中心编：《中国金融制度变迁研究》，复旦大学出版社2008年版，第101页。
③ 蒋慧：《陈光甫研究》，湖南师范大学博士学位论文2007年，第105页。

为平衡准备的基金而成立的。正是因为陈光甫的这两个特殊的身份，上海商业储蓄银行内迁之后获得大量外汇，由于陈光甫与政府官员走得很近，往往能得到很多"内幕消息"，使得银行的经营风险更小。例如1942年发行的美金胜利公债，初发行时无人问津，后来陈光甫得知这项公债还本付息，并且有真的美金保障，他立即通过上海商业储蓄银行与大业公司大量买入，不久国民政府停止发售公债，美金公债立即增价数倍，获益颇丰。内迁后的上海商业储蓄银行还积极开拓业务，为大后方的建设做出了积极的贡献。

（3）中国通商银行的内迁

中国通商银行是近代历史上中国人自办的第一家银行，也是上海成立的第一家华资银行，1897年由清末官员盛宣怀创办。1935年上海发生白银风潮，该行存户疯狂取款，出现严重危机，国民政府趁机向中国通商银行提出改选董事会，加入官股的要求，力图控制该行。在此事件中立下汗马功劳的杜月笙最后被指定成为该行董事长。

全面抗战爆发后，该行为了应付时局，专门在黄浦滩7号设立上海分行，接手原有总行业务，而原有的总行机构从上海外滩迁入法租界的霞飞路，以避免炮火的蹂躏。东南各省原有的分行业务均因战火而停顿，陆续撤退到上海，成立撤退联合办事处。而杜月笙此时在香港也在谋划中国通商银行的内迁问题。1938年4月，他致电总行常务董事会，告知该行与四明商业储蓄银行、中汇银行在香港成立联合通讯处，对外用三行联合的名义，并于4月5日在香港正式开始办公，派该行业务部副经理陈国华暂驻香港，就近接受董事长的指令开展业务。联合通讯处的成立，一部分分散了总行的职能。不久之后，杜月笙

中国通商银行

将中国通商银行各地分支行的有价证券742万元运往香港，寄存香港美国大通银行，又将上海大部分库存现金以及重要单据存入上海美国花旗银行。

淞沪会战结束后，上海沦陷，一方面日伪对当时上海的金融行业进行打压和掠夺，另一方面在国民政府内迁令的号召下，杜月笙决定将中国通商银行由上海内迁至重庆。1941年7月，该行将上海的150余万元资金转移到重庆，9月杜月笙派骆清华到重庆筹设分行。第二年3月重庆分行正式开业，至此中国通商银行的业务中心转移到大后方。"凭着杜与中、中、交、农四行，中央信托、邮政储汇二局以及刘航琛的川盐、川康，康心如的美丰等川帮银行的关系，他在政界、财界众多门生故旧的襄助与支持，通商重庆分行的业务发展迅速……"①1942年10月，杜月笙率团考察西北，响应国民政府开发西北的号召，先后在兰州、西安、宝鸡、平凉、天水、宁夏等西北地方设立中国通商银行分行或办事处。②

随着太平洋战争的爆发，中国通商银行在上海的机构与业务被汪伪政府的中央储备银行所接管，汪伪政府拟具该行董监事会名单，张焕文被指定为中国通商银行董事长。③1943年6月，汪伪政府对沦陷区的"小四行"实行改组，大量与重庆方面有关的股东都被汪伪政府清洗出去。中国通商银行上海总行被强行改组之后，其在沦陷区的南京、苏州、无锡、杜月笙在1943年向财政部呈请将通商银行总行内

---

① 刘才赋：《通天教主——杜月笙与国民党政权》，江苏人民出版社1998年版，第213—214页。
② 中国通商银行编：《五十年来之中国经济》，京华书局1967年版，第10页。
③ 《四明、中实、通商、国货等四银行财政部决令改组，已定处理要纲令饬遵照》，载《银行周报》1943年第27卷第25、26期合刊。

迁。经财政部批准，杜月笙兼任总经理之职。1943年6月10日，重庆总行正式设立，并于8月份致函上海分行，令其于8月15日之前撤销，所有业务交由重庆总行办理。重庆总行下设总务、稽核二处，原先的董事、监察人都未变动，重庆的业务依然由重庆分行进行办理，总行的营业执照，经财政部批准，依然使用在上海所颁发的营业执照。至此，中国通商银行在大后方基本站稳脚跟。

由于杜月笙在青帮和国民政府中的特殊身份，中国通商银行在大后方是一呼百应，为其在大后方业务的拓展提供了很大的便利。总行内迁之后，杜月笙调拨资金，通过投资渗入大后方的工矿企业当中，此外还专门组织成立了通济公司和中华实业信托公司，从敌占区偷运日用品运往内地，又将国统区的原料和农副产品运往敌占区，通过这一业务使得中国通商银行积累了不少外汇和黄金，实力大大增强。杜月笙还利用中国通商银行在大后方从事投机活动，尤其是在"黄金抢购案"中获利颇丰。1945年，抗战胜利在望，财政部部长孔祥熙在征得蒋介石同意之后，指令"四行二局"从3月30日起把黄金价格由原来的每两2万元提升至每两3.5万元。财政部下达文件的时间已经是各大银行下班时间，但消息却不胫而走，28日当天黄金出售量就增加了1万多两，28日晚重庆几大银行一反常态，通宵达旦办理黄金储蓄业务，许多官员、豪商以及银行职员疯狂抢购黄金。杜月笙得到消息后也率众疯狂抢购，他还向中国通商银行临时透支1000多万元巨款让杨北管等心腹抢购黄金储蓄券。29日，报纸披露了黄金储蓄提价75%的消息后，民众才恍然大悟，舆论及各界人士纷纷指责财政部泄漏消息，丑闻迅速轰动整个山城，这就是战时著名的"黄金抢购案"。在报界的追踪调查下，诸多线索指向了当时上海滩的传奇人物杜月笙。杜月笙涉嫌推动黄金抢购一时成为陪都重庆的头条新闻，《中央日报》及其他各类大小媒体都对此事进行了转载。可是杜月笙人脉广，关系网复杂，在政界、商界间游刃有余，当全国上下都在关注国民政府如何查处时，法庭自始至终都未传唤杜月笙，只是抓了几个在银行工作的职员做了替罪羊，轰动一时的"黄金抢购案"最终草草收场。内迁至大后方后，中国通商银行通过从事大量投机业务，迅速得到了发展。

2.各省地方银行的内迁

除了商业银行之外，省地方银行也是近代金融机构的重要组成部分。省地方银行的前身是在清末各省所设立的官银钱局，光绪二十八年（1902年）直隶省银行在天津成立，开启了近代省地方银行设立的开端。1935年3月，国民政府财政部颁布《设立省银行或地方银行及领用或发行兑换券暂行办法》十三条，省地方银行逐渐成为地方政府调剂地方金融的重要机构。全面抗战爆发后，大片国土沦陷，各省地方银行也走上了漫漫内迁路。

战时我国省地方银行总行迁移调查表

行　名	原设地点	现迁移地
江苏省农民银行	江苏镇江	重庆
安徽地方银行	安徽芜湖	安徽屯溪
湖南省银行	湖南长沙	湖南耒阳
河北省银行	河北天津	河南洛阳
福建省银行	福建福州	福建永安
江西裕民银行	江西南昌	江西赣县
河南农工银行	河南开封	河南洛阳
湖北省银行	湖北汉口	湖北恩施
山西省银行	山西太原	兴集
广东省银行	广州南堤	广东曲江
浙江省银行	浙江杭州	浙江丽水
山东省民生银行	山东济南	重庆
陕西省银行	陕西长安	陕西西安

资料来源：《战时我国省地方银行概况》，载《财政评论》1942年第7卷第3期，第82页。

由于省地方银行主要以调剂本省金融、扶助发展本省经济为职责，而其分支行处之设立，也是主要以本省境内为限，因此，在全面抗战时

第四章　商业银行与地方银行的内迁、筹设及西部地方金融的繁荣

期，东部沿海地区的省级地方银行，在战争中虽然遭受了重大损失，但并没有像国家银行与商业银行那样大规模迁往西部地区。

（1）河北省银行的内迁

河北省银行的前身就是直隶省银行。光绪二十八年（1902年）设立的天津官银钱号，于1929年在河北省政府的筹设下正式成立河北省银行，总行设在北平，1930年移设天津。全面抗战爆发后，北平、天津相继沦陷，河北全省陷入混乱状态，该行一部分职员撤退至汉口、重庆等地，其余被日伪汉奸利用，成为"伞下银行"。[①]1939年8月，奉国民政府财政部批准，河北省银行于1940年4月18日正式成立，核定资本总额100万元，河北省政府先行拨付50万元。总管理处先于重庆设立，地址为林森路194号。总处业务由重庆分行代理，1940年11月开业。1941年4—5月筹设洛阳、西安两个办事处，7月1日开业。1942年4月，总管理处移至洛阳，组织进一步扩大，下设总务、会计、出纳、稽核四科及一个金库组，1942年底，经财政部批准设物资购销部。该行内迁之后的主要任务就是对敌伪进行货币战，发行有5角辅币1种，1942年8月，发行额为300,000万元，流通额为240,000万元，库存券为60,000万元。[②]为抗战做出了应有的贡献。

（2）浙江地方银行的内迁

浙江地方银行的前身是1908年4月在杭州招商创办的浙江官银钱号，第二年改为浙江银行，成为一家官商合办银行，1912年，改名为中华民国浙江银行，1915年，改组为浙江地方实业银行。1923年，浙江地方实业银行一分为二：省外的上海、汉口分行划归商股所有，更名为浙江实业银行，成为一家完全的商业银行；省内的杭州、兰溪、海门等三家分行划为官股所有，定名为浙江地方银行，成为一家官办地方银行，1931年，国民政府颁发浙江地方银行章程，明确规定该行为省立银行，到全面抗战爆发前，其分支机构由原来的3个分行骤增到包括总行、分

[①] 姜宏业主编：《中国地方银行史》，湖南出版社1991年版，第480页。原资料作"流通额为24,000万元"，应有误。——编者注

[②] 姜宏业主编：《中国地方银行史》，湖南出版社1991年版，第480页。原资料作"流通额为24,000万元"，应有误。——编者注

行、办事处、分理处在内的55个。[①]在当时的浙江省除了杭州的中国银行，浙江地方银行的分支机构最多，业务量最大。

全面抗战爆发后，浙江省杭州、嘉兴、湖州很快沦陷。作为浙江省地方金融枢纽的浙江地方银行跟随浙江省政府撤退到了浙南山区与半山区。该行的总行于1937年12月18日由杭州撤退至兰溪，后又迁往丽水，丽水沦陷之后，大部分人员撤退至庆元，仅留少部分人员在龙泉办理收发等事宜。其他分支行处的内迁情形见下表。

■ **浙江地方银行分支行处内迁情形统计表**

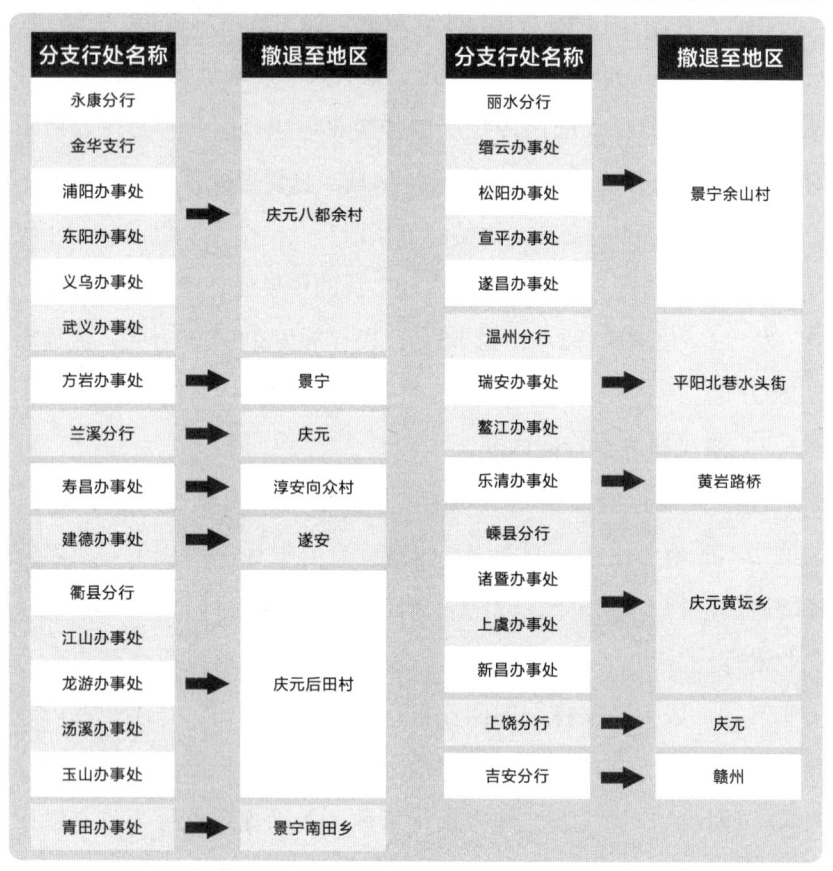

分支行处名称	撤退至地区	分支行处名称	撤退至地区
永康分行	庆元八都余村	丽水分行	景宁余山村
金华支行		缙云办事处	
浦阳办事处		松阳办事处	
东阳办事处		宣平办事处	
义乌办事处		遂昌办事处	
武义办事处		温州分行	平阳北巷水头街
方岩办事处	景宁	瑞安办事处	
兰溪分行	庆元	鳌江办事处	
寿昌办事处	淳安向众村	乐清办事处	黄岩路桥
建德办事处	遂安	嵊县分行	庆元黄坛乡
衢县分行	庆元后田村	诸暨办事处	
江山办事处		上虞办事处	
龙游办事处		新昌办事处	
汤溪办事处		上饶分行	庆元
玉山办事处		吉安分行	赣州
青田办事处	景宁南田乡		

资料来源：中国第二历史档案馆编《中华民国史档案资料汇编》第5辑·第2编《财政经济（四）》，江苏古籍出版社1997年版，第662页。

[①] 刘志英、张朝晖：《抗战时期的浙江地方银行》，载《抗日战争研究》2007年第2期。

第四章 商业银行与地方银行的内迁、筹设及西部地方金融的繁荣

除此之外,浙江地方银行附设的大成庄以及丽水、金华、兰溪三行的抵押品之前由巡查团查封,后来由当地县政府会同地方法院、四联分处以及巡查团一起启封。兰溪分行的抵押品除了少数被抵押户赎回之外,大部分都抢运到了常山的乡间。金华分行的抵押品也是除了少部分被赎取之外,其余被银行方面疏散到了乡间。大成庄金华分庄的货物先是被抢运到松阳,后来战事吃紧又继续向后方转移,大成总庄的货物则是抢运到了云和三潭、溪口、石富等地。但是金华和常山等地不久就沦陷了,疏散到当地乡间的物品是否损失也无法查证。

浙江地方银行旧址

浙江地方银行内迁时随着省政府一起行动,并化整为零,将所属分支机构深入乡镇。1938年就在永康、龙泉、天台、于潜、仙居、东阳、松阳、遂昌等山区建立了8个办事处,在省政府所在地永康方岩设立1分理处。1939年,丽水、永康、临海、余姚4个办事处扩充重组为分行,衢县办事处改组为支行,另外还增设了18个办事处,3个分理处。截至1941年底,该行分支行处共计214处,其中省内分行11处,支行5处,办事处72处,分理处74处,农贷所38处,庄号6处,省外分处8处,以上数据包括已经撤退的分支行处。[①]省外分处遍及福建、广东、湖南、江西、安徽等地。浙江地方银行已经在偏僻山区以及后方省份,布下了一个缜密的金融网。

浙江地方银行内迁至浙南山区之后,在永康、丽水、龙泉等地修建房屋货栈,购置运输生产器材,向上海采办机器。此外,该行受国民政府中央收购机关委托,代收游击区丝茧羊毛,代理收兑金银,经销火柴,购屯

---

① 刘志英、张朝晖:《抗战时期的浙江地方银行》,载《抗日战争研究》2007年第2期。

军粮,并且发展战时生产,抢购游击区物资运往大后方。从1939年开始,浙江地方银行就开始筹办企业,先后筹办了浙江制革厂、浙江印刷厂、信大印刷厂、浙光工场、正大棉厂等13个企业。兴办战时企业成为这一时期浙江地方银行的特殊使命。1943年,浙江地方银行将龙泉办事处改组为分行,这一时期该行总行就一直驻在龙泉,直至抗战结束。

（3）江苏省农民银行的内迁

江苏省农民银行是民国时期最早开创农业金融的机构。1927年大革命北伐军平定苏浙地区,为了调剂农村金融,发展农业生产,江苏省政府决定筹备江苏省农民银行。1928年7月16日,在南京户部街1号设立总行开业,任命过探先为总经理,王志莘为副总经理。1931年,因江苏省政府迁往镇江办公,江苏省农民银行也随之迁往镇江。1932年,向财政部注册领银字277号营业执照。1933年,赵棣华担任行长期间,对江苏省农民银行进行了大刀阔斧的改革,时值国内"资金归农""救济乡村"的呼声日益增高,使其业务得到迅速发展。截至1936年,该行资本收足400万元,仅次于山西、广东、云南三省银行,居第四位。

全面抗战爆发后,江苏省沦为战区,江苏省农民银行各分支行处先后停业。1937年12月日军进攻镇江,该行总行撤退至汉口,后又撤退至重庆黄桷桠,在内迁过程中该行损失惨重。据该行向四联总处的报告,在内迁过程中,由于战乱频繁,各类放款约1800万元无法收回,但是为了稳定社会金融,对于存款依然尽最大努力进行支付,开战两年多来已经支付存款2800余万,活动资金仅仅剩下不到60万元,已经严重入不敷出。经四联总处会议决议,该行总行及上海分行、香港办事处、上海联合通讯处等迁往重庆办公,对于存款在1000元以上的存户,一律都移交重庆方面办理。尽管损失惨重、困难重重,江苏省农民银行依然遵照四联总处决议,指示各地分支行处根据自身的实际情况撤退到临近的地区。苏南苏北相继沦陷后,该行将兴化分行改为苏北分行,1942年兴化沦陷后,苏北分行撤至淮安曹甸镇,已经无法继续营业,随后将行员遣散。1943年又于安徽广德成立江南分行。

1941年江苏省农民银行发行的钞票

除了总行迁往重庆，设立重庆分行之外，经财政部批准，江苏省农民银行先后在湖南长沙，江西上饶、婺源，安徽歙县、广德、屯溪，浙江金华、淳安，福建崇安、南平等都设立了办事处恢复营业。在业务经营上，根据财政部召集的地方金融会议精神，在江苏省境内收购物资，尤其是苏北的棉花、稻、麦、芝麻，江南的丝茧、米稻，等等。直到1943年江苏省全境沦陷始告结束。此外，从1938年开始，该行受贸易委员会委托，在湘西收购桐油，但随着由香港外销国外的运输路线被切断，该项收购也逐渐停止。

抗战胜利后江苏省农民银行总行从重庆迁回镇江，于1945年11月20日复业，并成为专业银行，不再代理省银行业务。1949年其总分行和分支机构被军事委员会接管。

战争下的另一片繁荣——西部省银行迅速发展

突如其来的战争给中国造成了巨大的损失。据1991年国务院发表的《中国的人权状况》白皮书中指出,全面抗战期间,我国直接经济损失达到620亿美元,间接经济损失则超过5000亿美元,尤其是在东部沿海地区,金融机构都遭遇浩劫,损失惨重。例如日军占领上海时期,对于重庆国民政府及抗日人士的存款采取强行提取直接掠夺的方式。1942年,日本宪兵队就直接派人到上海的新华信托储蓄银行强行提取22户存款17.6万元。再如在聚兴诚银行的档案中就专门有《关于在越南海防港存储物资因日军占领封锁越南海防遭受损失的报告》,其中就提到棉纱布类染料损失合计国币2,071,366元。整个全面抗战期间,日本采取"以战养战"策略,利用金融统制、物资统制以及经济合作、"军征用"等各种手段巧立名目,肆意掠夺中国人民的财资,数额之巨大,今天已经难以准确查清。与东部战区的损失惨重相比,西部各省区的省地方银行在地方政府的扶持之下得到了迅速的发展。

1.四川省银行

1933年,四川省经过了刘湘与刘文辉的兼并战争之后政局逐步开始稳定,但是社会经济状况依然处于极度混乱之中,尤其是四川省在"防区时代"[①]设立了大量的军阀银行肆意发行货币,金融极其混乱。为了改

[①] 1918年熊克武以四川靖国军司令的名义干涉四川军政民政,下令按照各军驻防地区划拨地方税款,由各军向各县自行征收提用,作为粮饷。各军在各地驻防日久,不仅在地方征收粮饷,还干预地方政事,委任官吏,使得各个防区逐渐成为军阀的"独立王国"。

第四章 商业银行与地方银行的内迁、筹设及西部地方金融的繁荣

善残破不堪的地方经济，1933年9月16日，刘湘委任郭文钦、唐华、康宝志、康心如、任望南、吴受彤、卢作孚、温少鹤、卢润康等九人为理事，甘典夔、赵资生、潘昌猷、周宜甫、李鑫五等五人为监事筹备地方银行，这些人都是当时重庆金融界商帮以及二十一军军政界的知名人士。刘湘还直接从二十一军督辖的防区内摊派田赋公债以及军需款项中拨出120万元作为资本。1934年1月12日，四川地方银行正式成立，在重庆市陕西街开业。1935年1月，四川省政府在重庆

刘湘

重新成立，国民政府正式任命刘湘为四川省政府主席，8月28日，省政府召开成立省行的股东大会，通过了《第一次股东大会决议案》和《四川省银行章程》，四川地方银行正式改组成为四川省银行。

四川省银行成立之后，与四川地方银行时期相比有所调整，特别成立了金库组用于代理四川省金库，取消了发行课，增设了稽核课，代理各县市所有捐税、田粮契税以及各级政府机关、驻军、学校的薪饷，业务逐渐扩大。全面抗战爆发后，四川成为大后方的重要省份，四川省银行也迎来了前所未有的发展机遇。首先表现在四川省银行资本扩张迅速。1940年，为了适应业务需要，四川省政府决定对四川省银行进行增资，原计划增资1000万元，但由于募集商股计划失败，改由财政部划拨丁种统一公债200万元，加上四川省银行原有资本帐面上凑成400万元。1943年，四川省政府再次决定对四川省银行进行增资，将四川省银行历年应该付给四川省政府和财政部的股息、红利以及历年公积金、有价证券、不动产的重估值溢价等转账，使银行资本额增加为4000万元，其中四川省政府占3000万元，财政部占1000万元。资本的增加使得这一时期的四川省银行业务进一步拓展，在西部地区的影响也与日俱增。

1938年，四川省政府制定了《四川省金库组织章程》，正式设立四

川省金库并由四川省银行代理,总库就设在四川省银行总行所在地,并同时在重庆、成都、万县、内江设立分库,在各省行各办事处所在地设立支库。在国民政府颁布《公库法》之后,各省金库都改成了公库,四川省银行为适应现实情况,遂将省金库改组为省库部。[1]

在抗战期间除了业务上的拓展之外,四川省银行的分支机构也迅速增加。为了配合全面抗战时期大后方金融网的敷设工作,四川省银行积极增加分支行处,截至1943年底,四川省银行的分支机构已经达到92家之多[2],几乎覆盖了四川省大部分大中城市和区县,在大后方各省区的地方银行中,四川省银行的分支行处可以说是西南西北各省之冠。

■ 抗战时期四川省银行分支机构分布情形统计表(截至1943年)

川东	川南	川西	川北
分行:万县 支行:合川	支行:自流井、泸县	分行:成都、内江	支行:南充、达县、遂宁
办事处:涪陵、江津、綦江、南川、永川、荣昌、大竹、璧山、大足、铜梁、鄞都、邻水、广安、梁山、长寿、渠县、忠县、开县、奉节、酉阳、云阳、垫江、新桥、黄桷垭、磁器口、弹子石、两路口	办事处:宜宾、南溪、隆昌、富顺、叙永、合江、犍为、乐山、江安、峨眉	办事处:灌县、茂县、新津、新都、崇庆、彭县、彭山、资中、资阳、荣县、仁寿、石桥(简阳)、洪雅、眉山、邛崃、绵阳、绵竹、德阳、什邡、广汉、威远、赵家渡(今金堂)、大邑、蒲江、夹江、温江、郫县、松潘、成都茶店子、华西坝、水津街、簸箕街	办事处:三台、巴中、太和镇(射洪)、广元、西充、岳池、中坝(江油)、南部、中江、阆中、安岳、宜汉、潼南、乐至
合计:29	合计:12	合计:34	合计:17

资料来源:施复亮《四川省银行的过去现在和将来》,载《四川经济季刊》1944年第1卷第3期,第165页。

抗战进入相持阶段之后,厚植大后方经济,支援抗战成为大后方经济发展的主旨。四川省银行为了响应政府号召开办各种形式的农贷业务,扶助生产事业放款,直接投资国防民生的工矿企业,为大后方经济发展做出了重要的贡献。战时由于通货膨胀持续发酵,法币不断贬值,

---

[1] 施复亮:《四川省银行的过去现在和将来》,载《四川经济季刊》1944年第1卷第3期。

[2] 张舆九:《抗战以来四川之金融》,载《四川经济季刊》1943年第1卷第1期。

老百姓手中的闲散资金普遍不愿意存入银行，四川省银行灵活采取揽汇、代收、优惠利息、暗息等方法，积极吸收存款，以揽存存款的多少作为年终考核奖励重要指标，因此存款余额逐年增长。1940年四川省粮价上涨，四川省银行凭借其在省内分支机构众多，受粮管局委托，在四川各县收购谷米，并负责存储购粮资金，1941年受粮食部委托与中国农民银行共同办理四川省购粮事务。

全面抗战爆发后，随着东部地区的工矿企业内迁，四川成为战时的重要后方基地，四川省银行在这一特殊时期，经过几次增资改组一跃成为当时大后方实力最为雄厚的省地方银行，为调剂四川经济金融、扶助农工生产事业做出了巨大的贡献。

2.广西银行

广西地处西南边陲，自古以来就是少数民族聚居地，经济落后。直到民国初年，除了梧州有少数的工厂之外，其他地区多是一片空白。新旧桂系军阀权力多次交替，广西银行也随之大起大落，多次沦落为军阀割据的御用金融工具。历史上广西银行划分为三个时期：第一时期是1910年至1921年，1910年广西省政府将广西官银钱号改组为广西银行，这是广西历史上第一家省营地方银行，1921年倒闭；第二时期是从1926年至1929年，李宗仁、白崇禧和黄绍竑在广西执政之后，于1926年重新成立广西省银行，1929年蒋桂战争之后，李、白、黄的势力消退，广西省银行也随之结束；第三时期是1932年至1949年，1932年李、白、黄重新执政，于是在1932年8月1日重新组成了广西银行，直至广西解放。

第一期与第二期广西银行相对而言存续时间较短，且基本上是军阀摊派垫款的金融工具，直到第三期，广西银行的设立才真正意义上做到了一个地方银行扶持地方经济的本职。在全面抗战爆发前，虽然广西银行是省内唯一的银行，但由于本身资金力量有限，对于广西当时的地方经济扶持是非常有限的。全面抗战爆发后，东部的政府机构与金融机关涌入大后方，广西银行借此机会与国家行局以及其他内迁过来的金融机构开展广泛合作，促进了广西地方经济的发展。

广西银行发行的壹圆钞票

全面抗战时期，由广西银行担保，向"中中交农"四行借款300万元修建铁路。湘桂铁路的修建是抗战时期广西非常重要的一项工程。全面抗战爆发后不久，国民政府预计日军定会从北海登陆进犯广西省会南宁，于是较早地将省会迁往桂林，广西银行也一同迁往，因此湘桂铁路的修建也被提上了议事日程。为了修筑湘桂铁路，当时的交通部部长张公权亲自到桂林主持工程。当时省外银行尚未在广西设立分支机构，只有广西银行在沿途县市设有分支行，因此修建铁路的巨额资金只有通过广西银行进行融资。为了更好地调度资金，张公权与广西银行进行磋商，让湘桂铁路总经理沈熙瑞兼任广西银行副行长。[①]筑路期间，广西银行不仅及时做好了资金调度工作，还直接投资湘桂铁路，尽量保证其资金需求。湘桂铁路的通车对大后方军需民用交通及广西地方的经济发展都具有重大意义。

除此之外，广西银行还担保修建信梧（信都—梧州）公路，向四行借款共计70万元；担保广西糖厂，向中国银行借款300万元；担保合山煤矿，向中国银行贷款10万元。[②]1937年，经过财政部的同意，广西银行发行整理广西金融公债1700万元，以七折向四行抵押放款1190万元，向梧州中国银行摊借4,022,442元，向中央银行摊借3,986,500元，月息6.5%，分十年还清。[③]随着战事的深入发展，开发大后方成为国民政

---

① 廖竞天：《广西银行史料》，见中国人民政治协商会议广西壮族自治区委员会文史资料研究委员会编：《广西文史资料选辑》第2辑，1962年，第51页。
② 《黄厅长报告本省七年来财政实施概况》，载《广西省政府公报》1939年第613期，第14—15页。
③ 李琴：《抗战时期广西与中央金融业的关系》，广西师范大学硕士学位论文2002年，第43页。

第四章　商业银行与地方银行的内迁、筹设及西部地方金融的繁荣

湘桂铁路水草桥段被炸毁情景

府的重要决策，广西银行也投入支持政府开发广西的工作之中。1941年，广西银行工业投资额为2,430,026.84元，其中仅对公营事业的广西企业公司投资就达207万元。该公司成立于1941年，成立后接收了广西大量的工厂，如印刷厂、酒精厂、机械厂、制革厂、糖厂、陶瓷厂等等，1942年广西银行还与广西企业公司合办桂林纺织厂。[①]

■ 全面抗战时期广西银行对部分企业投资统计表

投资单位	投资年月	投资总额（元）
湘桂铁路	1937年12月	29,315
新中兴公司	1939年3月	10,000
广西地产公司	1942年8月	500,000
广西水电公司	1943年1月	2,000,000
中国文化服务社	1943年3月	5000
西南建筑公司	1943年6月	500,000
广西火柴公司	1943年6月	306,000,000
中南造纸公司	1943年6月	30,000
中国新闻事业公司	1944年8月	1,000,000
桂林印刷厂	1944年9月	3,900,000
广西企业公司	1944年10月	1,000,000

资料来源：郑家度编著《广西金融史稿》（下），广西民族出版社1984年版，第172—173页。

---

① 钟文典主编：《20世纪30年代的广西》，广西师范大学出版社1993年版，第302—303页。

由上表不难看出，战时广西银行投资覆盖面广，涉及铁路、地产、造纸、公共服务等方方面面，投资金额也不断增长，有力地支持了广西的工矿交通以及公营事业的发展，真正起到了地方银行扶持地方经济的作用。

抗战期间广西银行营业区域不断扩大，1932年，第三期广西银行成立时只在梧州、香港、南宁、桂林、柳州、玉林、龙州等地设立分行，在百色、贵县、平乐、容县等18个县设有办事处。到1942年，广西银行分支机构达到66个。此外，广西银行这一时期通过储蓄业务实现了资本的集中，为广西各项建设提供了资金保障。以工业建设为例，战前广西公营工厂仅有6所，民营工厂39家，到了1943年，广西各类公私营工厂已有287家。这与战时广西银行投资的活跃有密不可分的关系。

3.陕西省银行

辛亥革命之后，陕西省政局动荡不安，天灾频频发生，清末设立的陕西省秦丰官钱局停办，市面金融极度混乱。政府为维持地方经济金融于1912年1月成立了秦丰银行，它是陕西近代历史上第一家正式的地方银行。1917年，北洋军阀陈树藩时任陕西督军，改组秦丰银行为富秦银行。此后，陕西地方政局动荡，政权数度易主，1926年，富秦银行在风雨飘摇中结束。1927年，冯玉祥控制陕西政局，在西安设立西北银行陕西分行，既是随军银行也是地方金融机构，主要任务是为西北军筹措军费。1930年秋，西北军离开陕西，该行随之撤销。1930年10月，杨虎城出任陕西省政府主席，时值天灾战祸之后，陕西省千疮百孔，老百姓流离失所，为重整地方经济，经过多方协商筹备，陕西银行于12月15日在原西北银行旧址的梁家牌楼正式开业，成为官民合股的地方性金融机构。

随着业务的不断拓展，1931年，陕西省银行在南郑、同州、榆林、宝鸡等14个县设立办事处，在上海、天津、北京设汇兑所。1933年，陕西省银行设立董监会，银行内部组织逐渐完善。

第四章　商业银行与地方银行的内迁、筹设及西部地方金融的繁荣

全面抗战爆发后，陕西作为大后方的重要省份也成为沿海工业、金融机构内迁的目的地，陕西省银行作为陕西省内唯一的地方银行，除了扶持地方经济，还肩负着增强抗战力量、供应军需民用等重要任务，作为省地方银行，其最为

1938年陕西省银行发行的股票

重要的任务就是代理地方金库。1938年，《公库法》公布之后，陕西省银行于1939年11月成立了金库科，省金库亦随即成立。到1943年底，已次第成立了总分支库43处。[1]但是，因为战时地方财政拮据，省库连续向省银行透支，1938年，透支累计达350余万元。随着东部地区工矿企业的内迁，陕西省银行将贷款重点放在了扶持工业建设和发展生产方面。

陕西省向来分为关中、陕南和陕北三大区域，其中，关中地区土壤肥沃，经济相对富庶；陕南地区由于土特产较为丰富，经济发展水平也不错；陕北地区交通不便，自然环境恶劣，经济落后。陕西省银行除了在西安设立总行之外，在关中、陕南地区都设有分支机构。全面抗战爆发后，陕西省银行为响应大后方金融网的建设，在陕西工业较为发达的地区如宝鸡、南郑、安康、咸阳等县市设有分支行处，在陕西的主要麦棉产区如渭南、大荔、泾阳、三原等地也设有分支机构，为战时调整陕西产业格局、稳固陕西工业基础发挥了重要作用。

全面抗战爆发后，整个大后方通货膨胀持续恶化。如果以1937年1—6月西安地区的物价指数作为基期100，那到了1938年则变为了146，1939年245，1940年为497，1941年为1270，1942年为4120，1945年更是达到155,341，全面抗战期间，西安地区的物价上涨了1553倍。[2]针对此种情况，陕西省银行依照陕西省政府的命令，将自行印刷

---

[1] 姜宏业主编：《中国地方银行史》，湖南出版社1991年版，第527页。
[2] 李金武、曹敏：《陕西近代工业经济发展研究》，陕西人民出版社2005年版，第335页。

的省钞代替法币发行流通，此举虽然不利于全国货币的统一，但在一定程度上缓解了通货膨胀对陕西省的冲击，对陕西人民也是一种保障。除了应对战时的通货膨胀，陕西省银行还积极筹备战时物资，曾一次性为战区提供购粮款420万元，贷款给陕西物资调运处190万元，战时煤炭统销处50万元，对支援前线战场和维持后方物资供应做出了积极的贡献。

■ 1937年陕西省银行部分工业贷款情况统计表

贷款单位	贷款金额（元）
华锋面粉公司	300,000
大华纱厂	100,000
西北制药厂	100,000
成丰面粉公司	50,000
尧山油厂	50,000
西北机器修造厂	30,000
华胜烟草公司	30,000
西北电池厂	20,000
东华漂染厂	20,000
新亚酒精厂	80,000
工合西北区办	500,000

资料来源：据屈秉基、陈启超《陕西省银行经营管理史略》（载中国民主建国会陕西省委员会、陕西省工商业联合会合编《陕西工商史料》第2辑，内部资料，1989年，第167页）整理。

4.甘肃省银行

甘肃省在民国时期是西部地区一个较为封闭的省份，自然条件恶劣，经济基础薄弱。但甘肃省地方金融机构并不缺乏，先后存在过甘肃省银行、西北银行、甘肃农工银行、富陇银行、陕西省银行兰州分行等，直到1939年6月之后，才只剩下了甘肃省银行1家。

1922年，甘肃官银钱号结束之后，时任甘肃省财政厅厅长的陈能怡拨足资本银142,000两，加上甘肃官银钱号之前的资本100万元，正式成立了甘肃省银行。1928年，冯玉祥令将甘肃省银行归西北银行督辖，派兰州西北银行经理姬奠川兼任甘肃省银行经理，第二年就将甘肃省银行与甘肃平市官钱局合并，改组为甘肃农工银行。1930年，国民军退出甘肃，农工银行因受政局动荡影响发生"挤兑"①，苦苦支撑两年后，最终在1932年停止营业。1936年，甘肃省政府再次提议创设甘肃省银行，后因西安事变爆发再次受到影响。在全面抗战爆发前，虽然甘肃省已经出现了地方性的金融机构，但是都如同走马灯一般在历史舞台上昙花一现，即使是地方政府创设的甘肃省银行也一波三折，多次改组停业，并没有真正肩负起地方银行扶持地方经济、调剂地方金融的重任。

全面抗战爆发后，甘肃省作为西北大后方的重要省份，也被纳入国民政府金融网的建设计划之中。1939年3月，财政部召集第二次全国地方金融会议，指定平市官钱局为复兴区省地方银行，帮助推行金融政策。借此机会，甘肃省政府认为，改组省银行的时机已经成熟，便呈请财政部准予设立甘肃省银行。经六百五十七次省委会议决定，1939年6月1日，正式成立甘肃省银行。所有关于平市官钱局的资产负债都转由省银行负责。因此，甘肃省银行的重生，是抗战特殊背景下的一个产物。

甘肃省银行在行政专署所在地设分行，在各县设办事处、分理处以配合大后方金融网的建设。该行在兰州、武威、临夏、临洮、平凉、天水、酒泉、张掖、岷县等地设有分行，其中兰州分行于1943年还与总行业务处合并，由业务处对外营业。加上分行之下设立的办事处、代理处，可以说甘肃省银行的分支机构遍布全省各地，即使在比较偏远的地区没有设立分支机构，但是其业务依然可以由该地附近的办事处、分理处进行办理，大大加快了国民政府在西北地区金融网的敷设。在没有设立中央银行的地区，甘肃省银行的行处分支机构还代理省库、国库。

甘肃省银行改组成立之后，其资本先由地方政府划拨500万元，财政部为了加强对该行的控制，又增股300万元，使其资本达到800万元。

---

① "挤兑"也称为"挤提"，是由于银行信用度下降，破产传闻或社会局面动荡导致大量银行客户到银行提取现金，而银行的存款准备金不足以支付，使银行陷入危机，更有甚者会导致银行倒闭。

1938年至1943年，甘肃省银行又向财政部领券2000万元为营运资金，资本的不断充实也使得甘肃省银行实力不断增强，各项业务稳步推进。1939年8月，为了推行政府收购物资辅助平价政策，甘肃省银行设立信托部，办理收购物资，运销平价物品，至1946年依然经营汽车、垫款、代理保险等业务。1940年4月起，甘肃省政府指定甘肃省银行代理省库，后又奉财政部令代理国库业务，自1946年7月起，财政收支系统恢复3级制，该行仍代理国库、省库、县库业务，指定兰州为总库，甘肃省银行于本年度代理国库单位共计61处，代理省库分库71处，代理县库66处，代收库款469,047万余元，代付库款578,477万余元。在贷款方面，以1943年为例，该行工矿贷款比重为42.57%，交通公用事业贷款比重为13.87%，教育文化及公益事业贷款30.19%，其贷款重点都放在了生产性事业和公共事业上。1938年，甘肃省发行建设公债200万元，全数由建设厅向甘肃省银行抵押借款，1939年又发800万元，依然由甘肃省银行销纳。①

除了战时通过各种存贷汇业务扶持地方经济，甘肃省银行经济研究室专门编写了《甘肃各县之土特产》《甘肃之水利建设》《甘肃省经济概况》《甘肃之气候》等专册，还编印《甘行月刊》《甘行周讯》报道有关金融政策、法令及市场行情等。总的来说，全面抗战期间，甘肃省银行筹办全省供需物资，投资水利林牧及工矿交通事业，为协助战时生产、调剂金融、开发甘肃省的资源起到了重要的作用。

---

① 姜宏业主编：《中国地方银行史》，湖南出版社1991年版，第385—387页。

从无到有——战时县银行的筹设

县银行是地方银行中的重要组成部分,与省地方银行同样有着悠久的历史。早在1915年,北京政府财政部就公布了《农工银行条例》,规定农工银行以每县设立一行为原则,并以县境为营业区。[1]随后,在昌平、通县、大宛三县先后设立了农工银行,这是全国最早设立的县银行。之后全国各地也陆续效仿,相继成立了多家县银行,但是总的来说,这一时期由于军阀混战,政局不稳,县银行多数发展得并不理想,几年后大多数都停业。国民政府统一全国之后,浙江省也陆续举办过类似的农民银行,但是并未得到中央政府的认可,且规模较小,并没有形成较大的影响。全面抗战爆发后,国民政府开始重视对县银行的建设,并在1940年1月20日颁布《县银行法》,在全国倡导设立县银行,从此,县银行的建设在大后方如火如荼地兴盛起来。

近代以来,中国农村经济凋敝,农民生活普遍困苦。进入民国以后,军阀连年混战,加上自然灾害频发,导致农村经济残破不堪,农村经济的衰败直接加剧了人民与执政者之间的矛盾,并在一定程度上影响了国家的财政收入和政权的稳固。社会上关于"救济农村、建设农村、复兴农村经济"等口号引起了广泛关注。北京政府与国民政府迫于社会压力,同样也为了稳固政权、缓和矛盾,逐渐也开始着眼于复苏农村经济。而资金就是复苏农村经济首要解决的难题。农村地区金融机构匮

---

[1] 沈长泰:《省县银行》,大东书局1948年版,第41页。

乏，因此，社会各界普遍认为设立县一级的金融机构是解决这一问题的重要途径，县银行由此而诞生。其实早在民国初年，商业银行广泛设立之时，就有人提议将商业银行的分支办事处开办到农村，但是商业银行普遍追逐利润，不愿意将资金投入农村。直到全面抗战爆发前，虽然部分地区有县立地方银行的创设，但是"复苏农村经济，调剂农村金融"的作用基本还停留在纸面上。

全面抗战爆发后，我国东部沿海地区相继沦陷，国民经济遭到沉重打击，国家财政收入锐减。相对地，随着战事的不断扩大，高额军费支出已经使国民政府的财政不堪重负，国民政府急于开辟新的财源以缓解日益扩大的财政赤字。但是，大后方各省份金融状况普遍不尽如人意，相对于东部沿海地区，大后方金融机构数量稀少，金融组织种类单一，多以传统的票号、钱庄居多数，此外，大后方金融机构地域上分布极不均衡，多只集中于较大的中心城市。针对这样的情况，国民政府在1938年召开的全国第二次地方金融会议上正式提出敷设大后方金融网，并在同年拟定《完成西南西北及邻近战区金融网二年计划》，由四联总处责成"中中交农"四行及各省市地方银行在各个交通货物集散的城镇乡市设立分支行处，各乡市设立分支行处的过程中，由合作金库与邮政储金汇业局扶助建设。但是，事与愿违，国家银行和各省分行难以到达大后方每一个县份。据初步统计，战前西南西北各省市银行分支行处为285个，裁并了59个，仅存299所，截止1943年，增设912所，总数达到1138个。尽管在数量上已经有了较大的增长，但是空间分布上非常不均衡，当时西南西北共计739个县市，而这1000多个分支机构仅分布在374个县市，只占到了县市总数的一半左右。[①]因此，敷设大后方的金融网，仅仅依赖国家行局和各省市地方银行分支机构远远不够。增设县银行，使金融机构能够遍及每一个县，能够在很大程度上弥补国家银行与各省市地方银行在大后方金融网构建中的力不从心。有鉴于此，国民

[①] 杨荫溥：《五十年来之中国银行业》，见中国通商银行编：《五十年来之中国经济》，中国通商银行印1947年版，第41—43页。

政府立足于厚植大后方经济，完善大后方金融网，决定在全国推设县银行，于1940年1月20日，正式颁布《县银行法》。县银行在大后方如雨后春笋般推广开来，其中以四川省和陕西省的县银行设立成效最为突出。

《县银行法》颁布之后，四川作为抗战时期大后方的重镇，同时是当时国民政府的陪都所在地，首先响应号召。四川省财政厅随即颁发了《四川省各县筹备县银行注意事项》七条，规定先成立各地县银行筹备委员会，由当地的财政科长和财务委员会主任为委员，并指示县银行的成立不得超过1941年底。[①]于是，四川省多个县份开始了筹备工作，根据当时筹备所呈报的情况来看，1940年8月，组设成立的有铜梁、丹棱、富顺等42个县。庆符、峨边、兴文等25个县因为地方贫瘠，资金筹措困难，呈报省政府准许延缓筹设。然而，到了1941年，正式成立的县银行只有1所，其余50余所都在筹备之中。四川省财政厅为了加快县银行建设的步伐，另又规定两条办法：第一，从1941年开始，资力不足的县份，准许两县共同设置一家县银行；第二，向财政部申请批准各县银行按照《改善地方金融机构办法纲要》之规定，领取1元辅币券以办理纲要中规定的各项业务，以此惠及中小农工商人，避免乡镇地区辅币缺乏造成的恐慌。虽然根据四川省政府的规定，县银行的设立不能超过1941年底，但是，县银行建设的真正高潮是在1942、1943两年。截至1943年12月底，四川省开业的县市银行已经达到98家，尚未设立县银行的区县已经不足三分之一。县银行设立的速度虽然不及省政府的计划规定，但是与当时全国其他省区比起来已经是非常迅速的了。直到1949年5月，四川全省144个县区行政单位除了个别偏远地区，全省总共设立了126个县市银行，覆盖比率高达87.5%。各县市银行在其辖区之内设立分支机构达200余个，切实将金融网点深入农村偏远地区，在大后方各省区中成效最为突出。[②]

[①] 四川省地方志编纂委员会编纂：《四川省志·金融志》，四川辞书出版社1996年版，第35页。

[②] 刘志英：《抗战大后方金融网中的县银行建设》，载《抗日战争研究》2012年第1期。

■ 1940年11月—1945年12月四川省增设县银行概况表

开业时间	县别	开业数量	总资本（万元）	平均资本（万元）
1940年	潼南	1	20	20
1941年	新都、荣县、威远、井研、永川、巴县、合川、宜宾、高县、富顺、隆昌、叙永、古蔺、南川、广安、南江、自贡市	17	681	40
1942年	温江、新津、双流、内江、仁寿、江北、荣昌、綦江、大足、铜梁、眉山、彭山、乐山、屏山、犍为、峨眉、江安、兴文、珙县、泸县、合江、纳谿、涪陵、秀山、万县、忠县、巫溪、云阳、渠县、梁山、长寿、邻水、垫江、南充、岳池、南部、仪陇、遂宁、三台、蓬溪、广汉、德阳、什邡、江油、阆中、平武、开江、宣汉、开县	49	2384	48
1943年	崇庆、成都县、郫县、资中、简阳、江津、邛崃、大邑、洪雅、夹江、丹棱、南溪、长宁、古宋、丰都、黔江、巫山、大竹、武胜、营山、西充、乐至、射洪、绵竹、安县、金堂、苍溪、彰明、达县、茂县、（成都市）	30（1）	1764（500）	58.8
1944年	灌县、彭县、浦江、青神、庆符、筠连、奉节、蓬安、安岳、盐亭、绵阳、梓潼、广元、昭化、万源、通江、松潘、（璧山）	17（1）	1119（500）	65
1945年	华阳、新繁、名山、马边、酉阳、中江、罗江、剑阁、懋功、（北碚局）	9（1）	450（500）	50
合计		123（3）	6418（1500）	52

资料来源：四川省财政厅未刊档案，档号：民059-1-0849，四川省档案馆馆藏，转引自刘志英《抗战大后方金融网中县银行建设》，载《抗日战争研究》2012年第1期。

说明：有些县银行成立的时间、开业日期、注册时间各不相同，在引用各种资料的统计数据中因选取的标准不一样，结果也略有差异。

不难看出四川省的县银行设立分布广泛，但是资本普遍比较薄弱，平均资本都在20~70万元之间，但四川省在全面抗战时期是全国相对而言较为富庶的省份，又是国民政府陪都所在地，政策法令比较容易推行，因而这基本反映了当时全国县银行设立的情况。

在全面推设县银行的同时，四川省还成立了四川省市县银行业务协进会作为县银行的一个联合机构。由于四川省所设县银行众多，但并没有公会组织，同业之间资金往来不便，为了能够方便同业之间业务往来，彭县银行提议在成都设立联合机构，以加强各县银行之间的联系。

此提议一出，既得到了省内诸多县银行的响应，前后经过五次座谈会的商讨与筹备，1946年12月16日，在成都市银行召开了市县银行联合会议，作为四川省市县银行业务协进会的成立大会，西康的2家县银行也参加了此次大会。业务协进会以会员大会作为最高权力机关，大会闭幕期间由理事会代理会员大会行使职权，理事会中推选7人为常务理事，并从中再推选1人作为理事长，此外还设有监事会，推选1人作为常务监事。业务协进会主要的任务就是：第一，强调县市银行在四川省的不断健全，配合地方经济建设政策，发展地方经济；第二，提高政府对县银行的认识，并直接加以辅导，让县银行在艰难简陋的条件中也能顺利发展；第三，出版地方金融月刊，报道各地的金融动态，转载新近的有关法律法规，使得会员行能够得到借鉴；第四，促进四川省的汇兑，协助各地主要特产的运销，以繁荣地方经济。[①]业务协进会的成立一方面能够协调各县银行之间的关系，另一方面能够代表县银行整个群体与其他的利益集体对话，从而谋求县银行的整体发展。从这一点来说，业务协进会已经具备了同业公会的属性，从全国来看，除了江苏省成立有县市银行联谊会，四川省此时也已经走在了县银行发展的前列。

除了四川省之外，陕西省的县银行建设在全面抗战时期也颇具成效。为了开发西北农业、活跃农村经济，在国民政府的统一安排下，1940年春，陕西省政府通过了《陕西省县银行筹设计划》，依据陕西省新县制推行之先后为分期筹设县银行的标准。除陕北少数县份情形特殊，一时尚难筹设外，全省各县每县设立县银行一所。根据筹设计划，从1941年1月至4月为第一期，在榆林、绥德、洛川等25县正式设立县银行；从1941年5月至8月为第二期，在扶风、郿县、岐山等23县设立；第三期从1941年9月至12月，在凤县、留坝、商南等27县设立；第四期因为情况特殊难以确定时间，计划设立神木、鄜县、府谷等17个县设立。[②]同时陕西省财政厅与陕西省银行共同合办县银行业务人员

---

① 刘志英主编：《抗战大后方金融》，重庆出版社2014年版，第343页。
② 沈雷春主编：《中国金融年鉴（1947）》，中国金融年鉴社1947版，第A95页。

培训班，分三批培训县银行业务人员。在《陕西省县银行筹设计划》颁布之后，陕西省财政厅相继督导各县积极办理，第一期按计划筹设的25个县中，长安县最先于1940年12月开业。而绥德、榆林、洛川三县因为情形比较特殊，暂时延缓设立，其他县为了能够提前设立，将由陕西省立商业专科学校培训的第一期县银行业务培训班学员共计96名，分别派往各县，与县长共同商议筹备事宜。到1941年10月底，先后有安康等22个县开业，所派驻筹备人员随即成为各行的经理及行员。1941年10月中旬，第二期培训班学员正式毕业，共计57名，由于人数较少，不能满足所有县份的人数需要，于是根据各县的实际情形，选择了长武等16个县先行筹设，1942年8月，这一批筹设的县银行也先后成立。第三期所筹设的县份如山阳、白水、白河、陇县、蓝田、汉阴、紫阳等，所相配备的培训学员，约在1942年九、十月间可全部毕业。①

为了加快县银行筹设的步伐，1941年4月10日，陕西省政府颁布了《陕西省各县县银行章程准则》，其中明确规定县银行的主要目标就是要"调剂地方金融，扶助经济建设，发展合作事业"，不同于普通的商业银行以盈利为目的。按照准则要求，县银行资本来源由官股和商股两部分组成，且商股不能低于股本的二分之一，向商业区域内的商民、地方法人团体及合作社等进行招募，而官股则由当地县政府认缴。业务主要包括代理县级公库、收受普通存款，贷款方面主要包含农村放款、商业贴现、生产投资以及透支、汇兑等业务，而其中的县级汇兑是其主要业务。从第一家县银行长安县银行1940年12月开业算起，直至1943年下半年，陕西省全省共计设立县银行60家，在全省所辖92个县份中的县银行覆盖率达到的65.2%，其中资本最高者为法币200万元，最低的为法币10万元，平均每行资本额约为65.75万元，居全国第二位。②当时，除了陕西北部19个县属于共产党控制的陕甘宁边区之外，其余还剩下73个

---

① 沈雷春主编：《中国金融年鉴 1947》，中国金融年鉴出版社1947年版，第195页。
② 屈秉基：《抗日战争时期的陕西的金融业》，载《陕西财经学院学报》1984年第2期。

县，截至1944年上半年，先后成立61家县银行，其数量仅次于四川省，为全国第二。各行资本总额共计38,236,897元，平均每行资本呈现逐渐递增趋势，1942年为40余万元，1943年为50余万元，1944年为60余万元。[①]

除了四川省与陕西省之外，大后方的其他省份也陆续开展县银行的推设工作。广西省的县银行筹设工作由广西银行主持，1942年秋，广西省政府颁布《广西银行辅导各县设立县市银行办法》，由广西银行赴各地指导县市银行的设立。其设立分为四个步骤推行：第一，首先从该行未设立分支行处的县份，根据实际需要进行设立；第二，就已经设立了该行分支行办事处的县份，分别按需设立；第三，人口达到10万人以上的县市，视情况而设立；第四，若市县能够自行筹资设立县银行的，可随时联络该行进行协助。截至1944年，包括桂林市、河池县等17家县市银行相继成立，还在着手成立的约50个县。但是，随着1944年豫湘桂战役的爆发，日军侵入广西，筹建工作被迫停止，已经成立的县市银行也相继歇业。[②]

由于当地交通不便，农村地区生产落后，因此云南省县银行的推设直到1944年才逐渐开始。云南省财政厅当年拟定了《推行云南省各县县银行方案草案》，分期在不同的地区推行，除了昆明市已经设立有昆明市银行与昆明县银行外，其余各县分两期推行：第一期以交通便利、商业发达或物产比较丰富的永胜等43个县首先推设，尽量在1944年底之前完成；第二期以比较重要的地方以及财政已经整理完毕的安宁等58个县陆续推设，争取在1945年6月底完成。其他边远地区县银行之设立，待到各县推设完成之后，再为商酌。但是事与愿违，云南省的县银行筹设一直效率低下，直到1945年底，仅有昆明市银行、昆明县银行、曲靖县银行及寻甸县银行等4家县市银行成立。

贵州省在全面抗战期间就有13个县向省政府呈请设立县银行，1943

[①] 岳爔：《对于陕西省地方金融今后之寄望》，载《陕政》1945年第7卷第1、2期合刊，第50—53页。
[②] 冼光位总纂，广西壮族自治区编纂委员会编，陈伯发主编：《广西通志·金融志》，广西人民出版社1994年版，第73页。

年成立的习水县银行是该省最早成立的县银行。到抗战胜利前,贵州省成立的县银行有5家,分别是习水、平越、遵义、铜仁、兴义,呈请需要筹设县银行的也有5家,分别是桐梓、赤水、松桃、普安、安龙。贵州省财政厅于每年最后一个月对于开业各县县银行的营业状况、资金运用、款项存放等情况实施检查。[①]其他大后方省份也有县银行的设立,但是因为数量较少,资料缺乏,难以了解其具体的情况。

全国县银行统计表(1940年1月至1945年12月)

	1940	1941	1942	1943	1944	1945	总计	备注
四川	2	15	43	36	17	10	123	包括重庆市银行
福建				2			2	
江西			1	1	2	1	5	
甘肃				1			1	
云南				1	2	2	5	
贵州				1	2	2	5	
湖北			1	6	10	9	26	包括汉口市银行
陕西			4	16	26	11	57	
河南			1	34	14		49	
浙江					1		1	
安徽				1	2	15	18	
广东		1		1		1	3	包括广州市银行
广西					1		1	
西康					1	3	4	
湖南					1		1	
总计	2	16	50	100	79	54	301	

资料来源:根据沈长泰《省县银行》,大东书局1948年版,第44页整理。

从《县银行法》颁布直至抗战胜利,在国民政府所控制的15个省份中都有县银行设立。但是从空间上来看,县银行分布很不均衡,主要集

---

① 徐朝鉴主编:中国人民政治协商会议西南地区文史资料协作会议编:《抗战时期西南的金融》,西南师范大学出版社1994年版,第322页。

中在四川、陕西、云南、贵州、西康、广西、甘肃等西南西北大后方。这些地区共计有196家县银行，占全部县银行总数的65.12%，而仅四川和陕西两个省份就有县银行180家，占全国县银行总数的59.8%，超过了一半，而个别省份如宁夏、青海等省份几乎没有设立过县银行。

县银行作为一种新式的金融机构，是在战时特殊的背景之下，政府大力倡导的结果，有利于大后方金融的发展，但是在发展的过程中也表现出了很大的不平衡，而且可持续发展的动力明显不足。全面抗战爆发前，大后方各省份社会经济和金融事业极为落后，而县银行的筹设是大后方金融网构建的重要环节与步骤。国民政府为保障县银行筹设工作的推行，先后制定《县银行法》《县银行章程准则》以及《县银行总行章程》，并详细制订了大后方各省县银行的发展规划。正是在国民政府从中央到地方各级政府的大力推动下，大后方的县银行才能在抗战中得到真正的发展。全面抗战爆发前，全国以县镇为营业区域的银行仅26家，到了1945年底，全国县银行增至301家，如此迅猛的发展，极大地推动了现代金融在大后方的发展，对整个抗战事业来说具有深远的意义。

第五章
保险业的内移与后方保险事业的发展

保险具有经济补偿、资金融通和社会管理功能，是市场经济条件下风险管理的基本手段，是金融体系和社会保障体系的重要组成部分。战时特殊环境下，日军扫荡、轰炸等一系列战争行为造成人民生命财产损失巨大，严重破坏了中国工业的发展，也改变了中国保险业的发展进程。战时大后方的保险业是社会的"安全阀"与"稳定器"，一定程度上稳定了后方社会经济，保障了大后方人民的物质利益，促进了社会的安定团结，为抗战胜利做出了重要的贡献。

为工业内迁保驾护航——战时的运输兵险

近代中国的华商保险事业，发轫于清光绪年间轮船招商局附设保险公司。经过晚清、民国时期，华商保险业不断发展壮大起来。但直到抗战爆发前，中国保险业主要为外商垄断，华商保险业备受压制且地域分布不均。据1936年《中国保险年鉴》的统计，1935年，全国有华商保险公司总公司48家，就地域而言，上海25家，香港13家，广州3家，福州3家，天津2家，而北平、重庆各1家；分公司121家，西部地区也仅重庆有4家。[①]

全面抗战的爆发，改变了中国保险业的发展进程，形成了以重庆为中心，并由此辐射到整个大后方的保险市场。兵险业务的举办，保障了沿海工业的内迁与正常投产，稳定了后方经济；人寿保险则使所有参加保险的个人及其家庭都能获得正常的经济保障，从而安心从事生产。为加强后方经济实力，充实战争资源，国民政府决计移植沿海工业到内地以支持抗战。对此，国民政府出台了一系列鼓励工厂内迁的优惠政策。1937年8月，资源委员会制定了"补助上海各工厂迁移内地，专供充实军备，以增厚长期抵抗外侮之力量"的方案。[②]在国民政府推行的一系列扶持沿海工矿企业内迁的措施中，最具特色的是推行战时兵险。

---

① 中国保险年鉴社编：《中国保险年鉴 1936》，中国保险年鉴社1936年，第2—4页。
② 《抗日战争时期国民政府财政经济战略措施研究》课题组编：《抗日战争时期国民政府财政经济战略措施研究》，西南财经大学出版社1988年版，第215页。

1.战火中的兵险业

兵险是产物保险中的一种,也被称作战斗险,是战斗造成保险标的物丧失时,保险人要承担补偿义务的保险项目。最早在中国经营兵险的是外商保险公司。早在1936年11月,华商上海市保险业同业公会与外商上海火险公会签订《上海兵险公约》,目的是为可能发生的战争危害等提供安全保障。[①]1932年2月,上海建华厂投保兵险高达白银12万两,并付清保费。[②]这说明当时兵险在国内已初具市场。但兵险作为一种新兴的事物,当时民众对它并不了解,尤其容易与火险产生混淆,战争造成保险标的物丧失的危险程度高于火灾,因此保费较火险更贵一些。在当时对兵险业务不甚了解的情况下保户,反而容易受损,上海闸北区就发生过一次严重的理赔纠纷案件。

1932年1月28日,日军挑起事端炮轰上海闸北区,大火将闸北地区焚毁过半,造成大量财产损失。当时闸北各保户投保了中外保险公司的火险,其中中国保险公司占十分之一二,其余均属外商保险。事变发生后,各保户与中外保险公司开始了激烈争执,保户要求保险公司按火险保单赔偿他们在事故中的损失。上海各界成立了灾区火险赔款索赔会和协进会,上海市保险业同业公会也高度重视,双方在《申报》等报纸上发表申明,又向政府吁请,发起各种请愿运动,但问题的关键在于普通火险与兵险之火险是有明确区别的,也就是说普通偶发事故导致的火险灾害与战争造成的房屋大面积烧毁的灾害并不属于同一险种,所以上海市保险业同业公会指出,"这次事变中有特别加保兵险者,其保费是按照兵险价率缴付,因此所遭受损失,已经照章理赔,绝无问题"。同业公会始终认为兵险火灾与普通火险迥异,不在赔付责任范围内。此事件在当时造成了很大的社会影响,争执再三,延宕到1935年2月,上海市

[①] 赵兰亮:《近代上海保险市场研究(1843—1937)》,复旦大学出版社2003年版,第182页。
[②] 颜鹏飞等主编:《中国保险史志(1805—1949)》,上海社会科学院出版社1989年版,第251页。

社会局下令强制解散火险赔款索赔会,中外各保险公司给予各保户2万元救济金,这次风波至此草草了结。

此次战争引起的索赔风潮中,拒赔兵险火灾损失是法理皆通的,但由于当时保户对保险事业认识不足,在痛惜个人资财的大量损失时感情用事,与保险公司矛盾激化。此次风潮也被认为是"这一时期最大的理赔纠纷案件之一"。

常言道"山雨欲来风满楼",早在卢沟桥事变前,许多保险界人士预感到中日之间全面战争难以避免,上海各工厂商号听从保险业的预先劝导,向外商保险公司伦敦劳合公司投保巨额兵险,全面战争爆发后,劳合社履行了战前的兵险合同,从而使投保的华商公司获得及时的赔偿。当时的金融人士沈雷春曾评论道:"致获得兵灾赔款,为数约在三千万元,不但使一部分民族资本能在抗战期内恢复其生产,而对海外贸易上亦获得甚多之外资。最近,由上海迁入内地之工厂,均赖此兵险赔款。而保险业之处置迅速,致获得意外收效,在抗战之功绩上,亦不能忽略也。"[1]由此可知,全面抗战初期上海的厂矿内迁得以成行,很大程度上依托了外商保险业迅速而及时的兵险赔付。与此相比,南京国民政府在工厂内迁费用上,"仅于(1937年)九月八日拨到十五万元"。后来在社会各界人士的强烈呼吁下,有关部门将增加拨款的意见"呈请军事委员会核定",最终得到了"全国各地补助总额暂定五百万元"的增补拨款的批复。[2]即使如此,与从伦敦保险市场获得的3000万元相比,国民政府拨付的500余万元无疑仍显太少,远不足弥补内迁所需。

与此同时,由于巨额的兵险赔付造成大量外商保险公司倒闭的情况时有发生。当八一三战事发生后,外商经营者再也不敢冒战争的风险来经营保险,取得小利,于是许多外商保险公司相继做出了停保兵险的决定,他们对战争的到来颇为恐惧,纷纷对所经营的兵险做出调整。例

---

[1] 沈雷春:《抗战前后之我国保险业》,载《金融导报》1940年第1卷第5、6期合刊。
[2] 中国第二历史档案馆编:《中华民国史档案资料汇编》第5辑·第2编《财政经济(六)》,江苏古籍出版社1997年版,第392、406页。

如，1937年7月，上海外商水险公司联合会鉴于华北时局险恶，讨论修改兵险保费办法，规定：凡往来长江各口岸与香港各外船所载货物之兵险费，均照前加倍收取，且将随时势之变化，随时增减。同月，德国汉堡保险公司发出通告，将不承保远东货运战争险（这里讲的远东包括中国、日本、朝鲜等地）。上海保险业同业公会及洋商火险公会商议，拟停保我国任何区域的兵险。8月，英国劳合社发出通告："决定不再承保上海、香港、大连及东北各港口岸的货物运输险。"10月，各国约300家保险公司鉴于远东战事及西班牙内战，决定不再承保兵险，所有旧保险单均加注做以下说明："凡因直接或间接遭受侵略战争（不问宣战与否）内战、叛变、革命、兵变影响，而致受有损害者，承保公司自10月1日起，不再有赔偿之责。"10月，美国及其他国家的保险公司也都发表声明，不再承保运往中国的货物运输兵险。[①]就这样，本来存在的兵险，因惧怕战争带来的巨大损失而陆续停办，亟待兵险保障的工厂企业更是陷入慌乱。

2.中央信托局与运输兵险

战争，在某种意义上不仅是军事的较量，更是经济实力的对抗。中国东部沿海的工厂能在战时发挥作用，改善战时物资供应和人民生活，增强战时力量，如果毁于战火，必将严重削弱中国战时经济力量。全面抗战爆发之后，国民政府决定迁都重庆，为了加强后方的经济力量，充实战争资源，国民政府采取了工厂内迁措施。而工业内迁谈何容易，要将东部沿海一系列重要的工矿企业、机械设备搬运到遥远的大后方，是一项巨大的工程，需要面对种种困境与挑战。机器需拆卸装运，长途辗转，加之当时制空权完全掌握在日军手中，日本飞机到处轰炸，运输途中的风险可想而知。因此，许多民营工厂畏惧内迁的艰难，同时对内迁的工厂能否顺利建立复工、有无利润可图，均心存疑虑、踌躇不定。如

---

① 吴景平等：《抗战时期的上海经济》，上海人民出版社2001年版，第334页。

第五章　保险业的内移与后方保险事业的发展

上海机器五金业在讨论内迁时，有人就指责主张内迁的人："你们年轻人，喜说风凉话，我们工厂机器材料共有一二千吨之多，试问如何搬运？"①大隆机器厂则认为"西迁殊难发展"，故把一些贵重的机件材料运进租界，寄存在德商禅臣洋行的仓库里，静观待变。

如此种种，不仅是财薄力弱的小公司所为，就是一些大型企业对内迁也常常敷衍了事。如被誉为"火柴大王"的著名爱国实业家刘鸿生，他在1937年八一三淞沪会战期

刘鸿生

间，积极参加各种抗日活动。他不仅担任了中国红十字会和伤兵救济委员会的副会长，还把自己位于上海的办公大楼提供给主持内迁的机构使用。但是对于自己的厂矿内迁，他从一开始就予以阻挠。刘鸿生曾致函上海市地方协会黄炎培，随函附寄自己撰写拟呈交有关方面的意见书《拟迁移战区工厂及创设自由港之管见》，意见书明确表示反对将上海的大多数工厂迁入以四川为中心的内地。他在信中写道："故将上海大多数工厂，若使之迁入内地，犹如鱼入枯井，无以为生矣。"②他十分顾虑企业内迁后的生存问题，企图利用洋商和租界保护上海的企业，等待战局变化，但结果收效甚微，致使刘氏企业损失惨重。如属于刘氏企业的上海水泥厂，经过刘鸿生代表该厂与德商禅臣洋行订立财产移交保管合同，由禅臣洋行保管，但是日军控制上海后，驱逐禅臣洋行员工，把该厂列入军管工厂，并大肆掠夺。章华毛绒纺织公司在全面抗战爆发后停工，先后从浦东本厂迁移机器设备到浦西租界区设立了两个分厂，章华浦东本厂与德商礼和洋行订立财产转让合同，以求得到保护，后日军进入该厂，驱逐德商人员强占该厂。太平洋战争爆发后，浦

---

① 孙果达：《民族工业大迁徙——抗日战争时期民营工厂的内迁》，中国文史出版社1991年版，第47页。
② 上海社会科学院经济研究所编：《上海资本主义典型企业史料　刘鸿生企业史料　下册（1937—1949）》，上海人民出版社1981年版，第5页。

西租界的章华分厂也被日军查封。大中华火柴公司所属各厂也相继被日军军管,其他刘氏企业的煤矿码头等事业也惨遭日军荼毒。1938年,日方多次要求他合作并出面担任伪职,刘鸿生为躲避日军纠缠,避免日后背上汉奸污名,同年6月,秘密离开上海赴香港。

再如有号称"棉纱大王""面粉大王"的荣氏兄弟企业对内迁诸事也颇有推诿。据统计,"三个月的上海激战,荣家在上海的企业没来得及迁出一部纱磨、一只纱锭,只是在战乱之中从战区的'福新'一、三、六厂抢出了部分小麦和面粉,'申新'一、八厂也曾有十辆卡车的棉花和纱布运入租界",①所有机器设备均未搬出,蒙受极大损失。荣家企业在无锡的申新三厂迁出旧粗纱机3部和布机240台迁往后方,但途经镇江时遇到海关人员的故意为难,于是他们便掉头把机器转运回了上海。荣氏企业沿海工厂中唯一内迁的工厂只有无锡的公益铁工厂,而且只是其中一小部分工作母机运到了重庆。荣家企业在武汉主要的工厂申新四厂(纱厂)和福新五厂(面粉厂),对于拆迁,厂中形成两种不同意见:上海沦陷后到武汉的荣德生认为,如果汉口守不住,"内迁也没有办法",他认为内迁途中危难重重,因此报以消极态度;但以申新四厂和福新五厂经理李国伟(荣德生女婿)和申新四厂厂长章剑慧为代表的一方,则积极主张内迁,不过这两人却没有最高决

荣宗敬

荣德生

---

① 陈重伊:《荣民家族》,团结出版社2005年版,第116页。

第五章　保险业的内移与后方保险事业的发展

荣氏汉口申新第四厂

策权，因此两厂拆迁进度极其缓慢。直至武汉会战爆发才加快进度，但工厂机件在运陕、运川的途中损失严重。

再如范旭东在南京附近创办的硫酸铔厂，规模庞大，战事发生后，由于各种原因导致内迁速度缓慢，终遭日军炸毁，损失极其惨重。

由于途中可能遇到种种危险，许多企业对内迁之事充满恐惧，国民政府为解除他们的后顾之忧，在政策和经济上对内迁企业进行鼓励支持，由隶属军事委员会的工矿、贸易、农产三调整委员会共同议决举办战时运输兵险，以保障内迁物资、人员的安全。而战时兵险责任极重，风险巨大并且几无利润可图，这显然不是民营保险公司的资力能够胜任的，于是国民政府决定由政府出面办理。

1937年8月25日，在国民政府召开的行政院常务会议上，时任中央信托局副局长的刘攻芸参照三调整委员会的意见，与上海各保险专家共同商讨后，建议政府划拨基金委托中央信托局代办战时运输兵险。

刘攻芸是国民政府中一位具有丰富实践经验的金融专家，先后担任了中国银行总会计、中央信托局局长、四联总处秘书长、中央银行总裁、财政部部长等要职。抗战时期他曾创办了侨汇业务，吸收了大量华侨汇款，大大增加了我国外汇储备，为我国战时经济的发展提供了稳定的资金来源。他对整个民国金融界尤其是抗战时期的金融业贡献巨大。

刘攻芸

1937年8月，国民政府行政院常务会议决议，由财政部拨款3000万元作为办理战时运输兵险基金，并委托中央信托局火速筹办。1937年10月11日，财政部公布《中央信托局办理战时兵险办法》，规定财部拨资1000万元交由中央信托局保险部作为办理战时运输兵险业务的基金。[①]

　　中央信托局是国民政府国家金融体系中的重要成员之一，也是国家金融统制的一个重要组成部分。国民政府时期实行的统制经济，就是国家财政为服从战争需要，依靠行政的法律手段，直接干预或管制生产、流通、分配等社会再生产各个环节和国民经济的各个部门，它是一种高度专断集权的资本主义战时经济模式。国民政府本着一切从抗战出发的原则，所有政策的制定都围绕着"坚持抗战"这个大目标进行。其目的，一要使经济建设满足前方需要，二要做到战时人民日常必需品"无需仰赖外人，然生活得以自给"。统制经济中就包含对金融的统制。战时的金融统制政策集中了财力，保证了军费支出和工农业生产建设的需要，对坚持抗战起到了重大作用。然而，统制经济是建立在对人民掠夺的基础上，国民政府乘机壮大了国家资本，政府官僚们则借机大发国难财，引起人民的强烈不满，对整个国民经济以及国家金融体系也造成长久的伤害。

　　作为国民政府实行金融统制的一个重要工具，中央信托局的一切商业活动都是在政府的监管之下进行的，其商业行为中也包含着国民政府的政治行为。1935年10月1日，中央信托局在上海成立，不久即设立了保险部。1937年10月，战时运输兵险在上海正式开办，并在重庆设立业务机构，武汉也在10月开办兵险。

　　运输兵险承保标的包括农产品、矿产品、工业制造品、国际贸易物品、运输工具、运输员工等六种。中央信托局对于保险物品及运输情形认为危险过大时，可以向投保人说明理由，拒绝承保。此外，还规定了承保的对象必须是在国内通过水陆运输的货品，入口卸运前及出口装载后的运输兵

[①] 中国第二历史档案馆编：《中华民国史档案资料汇编》第5辑·第2编《财政经济（四）》，江苏古籍出版社1997年版，第332页。

第五章 保险业的内移与后方保险事业的发展

险概不包括在内，并且出口物品的运输兵险必须经财政部贸易委员会的许可后才能投保。战时兵险各项保险费率，由中央信托局参照危险程度及市面情形随时制定。①中央信托局于1937年10月18日开始承保。

鉴于战争的危急形势，中央信托局保险部在保费上秉持灵活的处理方式，对于抗战和稳定社会秩序有特殊贡献的企业采取优惠减免政策。运输兵险费率表自1937年10月开办到1945年战时兵险结束，先后修订了22次，为配合战局所需，随时对计费方式及费率予以适当调整。如果保户及所保物品对国家的抗战大局有特殊贡献，还可给予特价减费，具体减免保费的保户及物品见下表：

中央信托局保险部保单

■ 1937—1945年核给特价减费保户表

特价保户	主要标的
复兴商业公司	出口桐油
富华贸易公司	出口猪鬃及生丝
中国茶业公司	出口茶业
四川粮食储运局	粮食
陪都民食供应处	粮食
战时生产局煤焦管理处	煤炭
中央信托局易货处	抢运之五金材料、布匹、纸张等
川康盐务管理局	食盐

资料来源：《中央信托局办理战时兵险报告》（1947年12月），见中国第二历史档案馆编：《中华民国史档案资料汇编》第5辑·第2编《财政经济（四）》，江苏古籍出版社1997年版，第340—341页。

---

① 中国第二历史档案馆编：《中华民国史档案资料汇编》第5辑·第2编《财政经济（四）》，江苏古籍出版社1997年版，第333—334页。

由表可知，除了粮食、煤炭、食盐等关系国民日常生活的物品外，猪鬃、桐油、生丝等用以出口创汇的土特产品也受到相当的重视，由此可知，国民政府为维持大后方社会与金融稳定做出了一定的努力。

3.为工业内迁保驾护航

上海是当时中国的经济中心，工业发达，厂矿企业集聚于此，运输兵险业务首先在上海开办，承保标的以由沪抢运内地及进口、出口货物为主。由于当时淞沪还未失守，工厂的器械、用料可以通过铁路和水路运输到后方，运输兵险的承保区域则侧重东南诸省。随着战局日益扩大，上海、南京陆续沦陷，华北的沿海港口亦朝不保夕，主要物资运输路线遂移至华南。进口物资都从香港卸货，经过广东、汉口，再转运至内地。出口物资除采取同样路线外，还可经福建、浙江的口岸及广州湾等地，转香港外运。随着日军长江封锁线上移至江西，水路的航运仅至九江为止，在物资运输中，此线并不占重要地位。日军不久便发现了我方内迁物资的运输线路，为阻碍物资运输，瓦解我方经济，日军派遣大量飞机，日夜滥炸广九、粤汉两铁路沿线，并且在闽、浙、粤沿海地区布设大小舰艇，大肆劫掠运输物资，内迁企业因此受到巨大威胁，损失严重。此一时期，运输兵险承保区域以这些线路为主，以鼓励抢运物资内迁。

东部沿海及首都南京的陷落助涨了日军的侵略气焰，为彻底粉碎中国人民的反抗，日军加紧对中国内地的进犯。1938年6月，武汉会战打响，10月，日军登陆广州。广州、武汉相继沦陷，由香港经广

内迁中崎岖的盘山公路

州、汉口的国际路线遂遭截断。国民政府为适应抗战需要，于是开辟由越南海防经滇越路的国际路线，运输兵险承保区域随即覆盖此线。

1940年6月，日军封锁越南，滇越公路亦告阻绝，该线运输兵险停保。不久，国民政府另辟经仰光转滇缅路内运的国际路线，同时，闽浙沿海及广州湾等地仍有少量物资出口，此后一年之内，运输兵险以这些路线为主。1941年4月，日军进攻闽、浙沿海，该线业务首先停保。8月，越南当局扣留经广州湾的物资，该线业务遂趋停保。12月8日，太平洋战争爆发后，不得不停保香港仰光路线。1942年5月，日军越过滇缅边境，运输兵险所承保的最后一条国际线路亦被切断。①

从1942年5月后，运输兵险业务逐渐进入紧缩状态，承保路线大致分为以下四类：（1）由加尔各答空运及一部分由美国太平洋口岸经印度空运的物资线路，即所谓的"驼峰航线"，但受当时飞机载荷量小的限制，运输物资数量很少；（2）由各沦陷区抢运往内地的物资线路，如湘鄂一带的棉花、粤南的五金材料、桂南的盐、河南的烟叶等所经路线；（3）由东南各省内运物资如纸张等的线路；（4）后方各地区间互运的民生必需品，如米、煤、盐、油等所经路线。②自1943年起，第四类线路的物资运输数量与日俱增，运输兵险业务中心，几乎集中于后方。这种情况直到1944年豫湘桂战役爆发，国军又经历了一次大溃败，平汉、湘桂地区多部沦陷，导致湘桂物资内运更加困难，东南地区的物资也因为交通阻绝而无法西运。运输兵险直至停办前夕，承保路线的95%以上都是属于内地运输。

战时运输兵险的运输类别主要分为铁路、航空、公路（战区和非战区）、海岸线、长江及内河（战区和非战区）运输等。其中长江线路承保兵险保费收入占45.2%，比重最大。战时运输兵险承保标的包括农产品、矿产品、工业制造品、国际贸易品、运输工具及运输员工六类。举

---

① 方勇：《抗日战争时期的兵险》，载《安徽史学》2009年第6期。
② 中国第二历史档案馆：《中华民国档案资料汇编》第5辑·第2编《财政经济（四）》，江苏古籍出版社1997年版，第358页。

办九年当中，除实际运输员工未经承保外，其他五种保险标的承保金额具体情况见下表。

1937—1945年运输兵险承保金额表

类 别	主要物品	保额（万元）	百分比
农产品	棉花、食盐、粮食	2,172,701.5	83.5%
矿产品	煤炭、石油	104,903.3	4%
工业制造品	机器、五金、材料、纸张、面粉	183,783.2	7%
国际贸易品	桐油、猪鬃、茶、生丝	127,332.6	5%
运输工具等	汽车、轮船	12,893.4	0.50%
合计		2,601,614.0	100.00%

资料来源：《中央信托局办理战时兵险报告》（1947年12月），见中国第二历史档案馆编：《中华民国史档案资料汇编》第5辑·第2编《财政经济（四）》，江苏古籍出版社1997年版，第359页。

从上表可以看出，战时运输兵险自1937年开办到1945年结束，承保保额共达国币2,601,614万元，其中承保金额最大的是以棉花、食盐、粮食等为主的农产品，占总额的83.5%。这足以体现国民政府对农业的重视，因为当时的农产品关系到国民日常生活的方方面面，粮食等农产品的匮乏极易引起物价的失控，造成后方社会不稳定程度加深，国民政府对此给予了相当程度的重视。另一方面，农产品所占比例的庞大也体现出当时中国的产业和产品结构，即依然是以农业和农产品为主，同时这些产品对于坚持抗战发挥了重大作用。

战时运输兵险自1937年开办至1945年结束，保费收入共计47,971万元，赔款支出为37,450万元，平均赔付率为78%，全面抗战期间运输兵险业务在1937年（赔付率为182%）、1942年（赔付率为282%）、1943年（赔付率为77%）三度出现亏损局面。[1]且不计开办此项业务的其他运营成本，中央信托局在此赔款率下几无利润可图，即使如此，战时兵险依旧坚持到战争结束，并且取得良好的效果。这主要因为兵险业务的开

---

[1] 中国保险学会、《中国保险史》编审委员会编：《中国保险史》，中国金融出版社1998版，第145页。

办得到了政府财政的大力支持，政府为配合抗战及保障农工商业而特予创办战时兵险，因此不论盈亏都必须保证其正常运营。此外，兵险业务的顺利开办，除了依托中央信托局保险部外，还有许多民营保险公司的加入。运输兵险于1937年即开始委托民营保险公司，截至兵险结束之日，代理兵险业务的民营保险公司包括中国、兴华、太平、宝丰、亚兴产物、裕国、永大、合众、华孚、长华、民生、永中等保险公司，各代理公司亦做到精诚合作。为弥补代理公司的巨大风险，政府核给代理公司一定的开支津贴。运输兵险的开支津贴，最初为2.5%，后改为3%，最后为4%。"此项开支津贴较诸水火险之代理佣金，相差甚远，盖各公司之代理兵险，亦与本局受委托代理无异，纯系为政府尽义务，而非以图利为目的也。"①由此可知，虽然政府的津贴十分微薄，但是各民营保险公司依旧积极代理兵险业务，这主要是基于爱国热情而非追逐利益，各民营保险公司为争取抗战胜利做出自己力所能及的贡献。

4.运输兵险举办的成绩与问题

首先，兵险开办之初的直接目的是为工业内迁及内地工农业生产的正常进行提供重要保障。战前中国工业极其落后，布局极不合理，"东部地区集中了全国工厂数的76%，其中上海市的工厂数即占31%"②，"战前后方工厂家数、资本额、工人人数仅占全国工业的1%"③，整个大后方几乎没有可以依靠的近代工业。

内迁工厂一般规模比较大，尤其是这些工厂多是设备和技术比较先进的厂矿。④从比例上看，机械工业占总数40.4%，纺织和化学工业各占21.6%和12.5%，这三项都与军需有关。⑤因此这些厂矿的内迁，"对后

---

① 《中央信托局办理战时兵险报告》（1947年12月），见中国第二历史档案馆编：《中华民国史档案资料汇编》第5辑·第2编《财政经济（四）》，第326页。
② 齐植璐：《抗战时期工矿内迁与官僚资本的掠夺》，见中国人民政治协商会议全国委员会文史资料研究委员会编：《工商经济史料丛刊》第2辑，文史资料出版社1983年版，第66页。
③ 郑友揆、程麟荪：《旧中国的资源委员会——史实与评价（1932—1949）》，上海社会科学院出版社1991年版，第49页。
④ 李紫翔：《工业的大西迁》，载《经济周报》1945年第1卷第7期。
⑤ 翁文灏：《迈进于工业建国之途》，载《西南实业通讯》1943年第8卷第2期。

方工业生产力量的增进,不能以比例较小而漠视"。①内迁640多家民营厂矿企业中,计有钢铁工业2家,机械工业230家,电器制造41家,化学工业62家,纺织工业115家,饮食品工业54家,教育用品工业81家,矿业8家,其他工业54家。内迁器材12万吨。②其中很大一部分工矿企业能够生产武器、弹药装备等重要军需品。

　　人们在回顾内迁企业的作用时还说:"倘非武汉坚守一年,使原即生长在内地的裕华、沙市、豫丰等纱厂得以安全搬退(迁),从来没有见过(个)大烟囱的川陕两省,终也(于)获得十余万锭的棉纱生产力量,那么这漫长的八九年时间,后方军需民用的供应,那不知道要恶劣到什么田地了?所以我们仍不能不向那时独具只(慧)眼毅然决然主持搬退(迁)纱厂的工业家们致无限敬意。"③

　　战时的运输兵险在保障工业内迁的进程中还存在一些问题,运输兵险承保的地理范围虽然广大,前后开辟多条国内国际线路,但是实际见效明显的主要是长江下中游范围内的。究其原因,一方面是国民政府对内迁企业进行了选定,对与坚持抗战有重大贡献的企业则积极承保甚至减免保费,对与抗战大业无直接联系的企业则并不积极,诚然,这也是受运输路线运力的限制。在运输中,川江轮船舱位经政府统制分配,"95%均已指定军运,迁川工厂机料只能在其余5%以内设法"④。所谓军运,主要是指抢运政府机关人员、物资以及兵工器材。另一方面,政府高层在内迁的指导思想上优柔寡断,影响了兵险的实施效果。据钱昌照回忆说:"蒋介石由于对抗战的决心不足,寄幻想于友邦的干涉,认为日本不一定深入,战争不会延长很久,迁移一些必要的工厂是有用的,对大规模内迁并不热心。"著名军事专家蒋百里先生曾主张:"胜也罢,败也罢,就是不要同他讲和。"国民政府采纳了蒋百里先生的主

---

① 褚葆一:《中国战时工业建设的梗概》,载《新工商》1943年第1卷第5、6期合刊。
② 翁文灏:《中国经济建设概论》,见翁文灏、顾翊群:《中国经济建设与农村工业化问题》,商务印书馆1946年版,第19页。
③ 白也:《胜利前后的后方纱厂》,载《西南实业通讯》1946年第13卷第1、2期合刊。
④ 中国第二历史档案馆编:《中华民国史档案资料汇编》第5辑·第2编《财政经济(六)》,江苏古籍出版社1997年版,第440—441页。

张，坚持一面抵抗、一面撤退的指导思想。在国民政府这种思想的影响下，全面抗战初期的运输兵险的实施，不可避免地显示出一系列异常矛盾的现象，即政府一方面发动了厂矿内迁，一方面又限制内迁厂矿的数量、规模和范围。当时选定内迁的厂矿只占上海厂矿总数的极小一部分，其直接后果就是上海工厂内迁数量太少，有数千家工厂的上海，内迁的企业只有148家。此外，政府支持内迁的企业中有一些并不愿意内迁，而一些积极内迁的企业又缺乏必要的保障与支持。

做大后方生产建设的坚强后盾——战时的陆地兵险

1937年11月20日，国民政府发布《国民政府移驻重庆宣言》，许多国营和民营企业都陆续迁往山城重庆。武汉失守后，一部分工商业者担心内迁后厂房机器设备等遭受敌机轰炸，因而心有犹豫。加之日军欲速战速决，加紧轰炸，内迁企业也人心惶惶，流传着"天不怕，地不怕，只怕热水瓶（指炸弹）倒下"的顺口溜。面对日军的步步紧逼，陆地兵险的开办也被迫提上议程。

1.中国"敦刻尔克大撤退"

随着运输兵险的开办，大批沿海企业陆续内迁。至1938年冬，广州失守，武汉告急，国民政府迁往重庆，重庆成为战时中国的政治经济中心。国民政府为持久抗战，号召工厂继续内迁，并鼓励在后方开设新厂。由于当时重庆等大后方基地时常遭敌机轰炸，许多工矿企业被焚毁，大后方人民生命财产遭到巨大威胁。且厂矿内迁初期，由于时间紧迫、局势混乱、水路交通运输条件跟不上等原因，许多工厂来不及搬迁，或者只抢运了一部分，遭受了大约一亿美元的损失。[①]所以当国民政府再一次号召内迁时，沿海许多工矿企业主虽在口头上积极拥护，在行动上则徘徊观望，他们得不到确切的经济保障时，不肯轻易内迁，这也使运输兵险的保险范围过于狭窄的缺点暴

---

① 上海市保险学会编：《中国民族保险业创办一百周年纪念专集（1885—1985年）》，上海市保险学会1985年，第330—331页。

露出来。

为了解决这个问题，1938年3月，贸易调整委员会建议与中央信托局会呈财政部再拨基金办理中转地堆栈货物兵险。然而这种新型的兵险业务的诞生并不顺利。

正在投弹中的日本轰炸机

经兵险顾问委员会研讨，认为陆地堆栈兵险较运输兵险危险更高，更需要缜密考虑，而中转地兵险，本可包括运输兵险之内，不需要单独作为一项新业务办理，[①]因而对中央信托局的此项建议予以驳回。不仅如此，重庆市银行业同业公会对开办这种新型兵险业务也提出异议。1938年7月8日，他们致函中央信托局，提出了开办陆地兵险应考虑四项问题："敌机轰炸燃烧是否因我有保障而更肆虐；是否足以影响人民之防空思想而防空建设因此放松；保费征收能否允当，损失弥补能否平衡；承保区域是否能广及后方城市以期危险分散。"

可是留给财政部和中央信托局犹豫的时间并没有多长，1938年后，敌机已开始肆虐后方，银行业为求抵押物资获得安全保障，迫切需要开办新兵险。9月，财政部根据《实施改善地方金融机构办法》，请求添办仓库兵险并转中央信托局核议。此后，1939年2月，经济部工矿调整处为保障内迁工厂顺利建厂开工，提出添办工厂固定兵险。到1939年8月，财政部多次接到国民参政会第三次大会建议，为促进后方生产、充实抗战资源，请政府拨专款举办工厂及仓库兵险，以资保障。于是，财政部再次指示中央信托局办理陆地兵险。中央信托局就原颁《中央信托

[①] 中国第二历史档案馆编：《中华民国史档案资料汇编》第5辑·第2编《财政经济（四）》，江苏古籍出版社1997年版，第323页。

局办理战时兵险办法》拟定修正草案函送财政部。[①]该案由财、经两部研讨后，最终认为"陆地兵险之举办，虽属得失互见，如为配合战时经济政策，则其举办不容再缓"。至此，国民政府力排众议，决计扩大兵险范围，果断举办陆地兵险，给予厂矿内迁新的保障，确保了中国实业界的"敦刻尔克大撤退"的顺利进行，并在一定程度上保证了战争物资的供给。

1939年12月，国民政府宣布，为保障后方工业及鼓励生产起见，特拟资1000万元，命令中央信托局办理战时陆地兵险，经于12月8日及13日分别在渝、滇二处公告开办。自此以后，中央信托局在重庆、昆明、成都三地开办战时陆地兵险。

战时陆地兵险的主要目的是发展后方生产以及充实抗战资源，因此其承保范围主要是工厂和仓库存储物资，后来由于战事发展，于1943年5月3日，陆地兵险的承保范围得以扩充，兼顾了商业行政机关建筑物和必要设备、运输工具等。国民政府制定了新的《办理战时兵险办法》，对建筑物、存储货物、运输工具、工业及卫生教育的设备用具等方面的承保范围做了具体的规定：战时可以投保陆地兵险的建筑物包括工厂、仓库、学校、医院、车站等关乎国计民生的各种建筑与公共设施；承保的存储货物以农产品、矿产品、工业制造品、国际贸易物品等战略物资为主；交通运输工具、教育用品、医疗仪器等与国民生活关系紧密的设备用具也被纳入了承保范围之列。总而言之，陆地兵险的适用范围基本上囊括了当时关乎国计民生的主要行业，并随着战局的变化呈不断扩大的趋势。

除了适用范围逐渐扩大，国民政府对陆地兵险的保险范围和不保事项也做了明确规定。

一、保险范围：我国陆地兵险为单纯的轰炸险，凡直接由于后列事故所致的灭失或损害，负赔偿责任。

---

① 中国第二历史档案馆编：《中华民国史档案资料汇编》第5辑·第2编《财政经济（四）》，江苏古籍出版社1997年版，第323—324页。

（一）对于飞机轰炸、射击、空战及防空炮火所致的损毁和延烧导致的损失予以赔偿，但轰炸震力所导致的玻璃窗户装修及货物包装或质量上的损失除外。

（二）对于为了消灭第一种灾害而导致的连带损失予以赔偿。

二、不保事项：

（一）对政府命令破坏及征用所造成的损失不予赔偿。

（二）对灾害发生时因偷窃或劫掠造成的损失不予赔偿。

（三）对一般火险的损失不予赔偿。

（四）对不属于第一条"保险范围"的其他任何损失不予赔偿。[①]

起初因日军飞机的轰炸而对工厂内迁徘徊不前的企业家们，由于陆地兵险的开办，再次燃起了信心。中央信托局开办陆地兵险以后，"他们就群起响应，纷纷内迁，并在内地建厂"[②]。这些企业包括章华毛纺织厂、大中华火柴公司、久大盐业公司等。陆地兵险开办，给工商企业吃了"定心丸"，对促进生产、繁荣市场、安定人心起到了积极作用。此间还发生过两笔大赔款。

第一笔大赔款是在1941年5月间。日本为了达到速战速决目的，迫使国民政府投降，几乎出动成百架飞机对重庆市郊区进行狂轰滥炸。当时设在郊区的章华毛纺厂、申新纱厂均遭敌机轰炸。而市中心小梁子、大梁子一带，则遭地毯式轰炸，被投下大量燃烧弹，顿成一片火海，整个闹市区全部被毁。号称善与魔鬼打交道的卢绪章开办的广大华行也遭轰炸。保险部大楼也被炸去一角。中信局防空洞摇摇欲坠。只有陕西街几幢银行大楼和打铜街交通银行大厦未被日机命中。此次赔款金额，有数百万元之多。

第二笔大赔款针对宝鸡申新四厂。该厂是由武汉内迁至宝鸡的。1942年5月被日机投弹命中，损失惨重。局领导非常重视，指派襄理兼

[①]《中央信托局办理战时兵险》，载《银行周报》1939年第23卷第34期。
[②] 姚达人、赵镇圭：《关于抗日战争时期办理陆地兵险的回忆》，见上海市保险学会编：《中国民族保险业创办一百周年纪念专集（1885—1985年）》，上海市保险学会1985年，第331页。

理赔科长张仲良前往办理。在当地保险业务主管员赵镇圭协助下，认真清理残损物资，细致核算，他们夜以继日工作，以充沛的精力、精湛的技术完成了这项艰巨复杂的任务。赔款金额高达70万元，创个别赔款最高纪录。

这两笔赔款案件因中央信托局都处理及时，赔偿迅速没有受得币制贬值。

陆地兵险的举办，成功的解除了工商界人士对内迁物资财产、机器设备遭受损失的顾虑，从而加快内迁，使后方战时经济呈现出较繁荣的景象，初步扭转了沿海沿江各地沦陷后，由于日寇军事封锁而使我国在经济上遭受严重打击的影响。不难发现，战时兵险的开办，于抗战胜利而言，无疑具有深远意义。国民政府运用保险这种商业行为，确实取得了一种经济保障政策之效。

2.大后方生产建设的坚强后盾——陆地兵险的开展

陆地兵险自1939年开办以来，承保区域共涉及川、康、滇、黔、粤、桂、陕、甘、浙、赣、闽、湘、鄂、皖等14省。其中除闽、皖、鄂三省因战事关系未能及时开办外，余均由各省省会及重要地点直接办理。首先在重庆、昆明、成都三地开办。为适应西北及各地需要，1940年1月陆续在汉中、宝鸡、西安、宜宾、贵阳开办。2月，添办兰州、万县，3月添办衡阳、乐山，4月添办内江，10月在桂林、12月在柳州先后开办陆地兵险。[①]自开办以后，收入保险费逐年增加，直至1945年才开始下降。历年共收入保险费230,313,414.66元，承保金额为27,894,319,993.33元，所付赔款金额为34,065,606.43元。战时各地区承保陆地兵险的比例情况见下图：

---

① 中国第二历史档案馆编：《中华民国史档案资料汇编》第5辑·第2编《财政经济（四）》，江苏古籍出版社1997年版，第361页。

1939—1945年各地区承保陆地兵险金额百分比

地区	百分比	保额
重庆	51%	保额1,430,772万元
川康	18%	保额489,296万元
西北	12%	保额322,073万元
西南	11%	保额303,261万元
华中	4%	保额121,618万元
东南	4%	保额122,409万元

资料来源：中国历史档案馆编《中华民国史档案资料汇编》第5辑·第2编《财政金融（四）》，江苏古籍出版社1997年版，第362页。

由上图可知，陆地兵险承保额中，重庆占一半以上（51%），因为重庆是后方工业中心，同时空袭程度也较其他城市更为剧烈；其次为川康地区，因为四川省开办业务较广，而成都、万县等地均为大后方物资麇集之区；再次为西北、西南；而华中、东南所占比例较小，两地一共也不到10%。

战时陆地兵险自1939年开办至1945年日本无条件投降结束，除了在1940年和1945年两度出现亏损外，总体上而言是盈利的，并产生了良好的社会影响。

国民政府本着抗战第一的原则，在陆地兵险的具体运作上实现了原则性和灵活性的高度统一，对抗战有特殊贡献的企业与机构提供特殊保障，具体途径有减免保费、降低费率、扩大承保范围等，其中比较重要的案例有重庆市轮渡案、差轮兵险案及重庆市指定商店案等。

重庆市轮渡案。1940年间，日军对陪都重庆的空袭来势汹汹，重庆市政府及重庆市空袭服务救济联合办事处为维护交通，向中央信托局请求为"重庆市担任空袭服务"的第一号渡轮提供保险服务，经财政部许可，特予承保，后来又加保临时渡轮一艘。1941年2月，重庆市政府为了使所有轮渡都有保障，建议对全部渡轮予以承保，经财政部核定，中央信托局先后勘查检验符合承保标准的渡轮共有十二艘。

至此，重庆市渡轮得以全部投保陆地兵险，为安心运输、保证交通解决了后顾之忧。①

差轮兵险案。民生实业公司所有船只在1940年应差装运军队，对于抗战贡献很大，但民生公司为此承担了很大的风险。军政部为保障安全起见，特别函请财政部准予特案承保陆地兵险。当时陆地兵险承保范围尚不包括运输工具在内，但为了应付急需，中央信托局特别制订了三项办法：（一）保险范围以空袭轰炸的损失为限；（二）保险期限每月为一期，期满需另行申请续保；（三）保险费率参照当时陆地兵险最高费率——每100元9角2分计算，凡行驶巴东以下者，每次航程每100元加收1元，并以72小时为限。②差轮兵险自1940年11月承保，至1941年7月1日停保，先后承保113笔，保险金额15,760万元，收入保险费1,418,465.34元，未曾发生赔款情况。

重庆市指定商店案。由于日军飞机的疯狂轰炸，重庆市内各商店纷纷歇业疏散，以致市面停顿，物价狂涨，黑市蜂起，重庆市政府为了稳定物价，与中央信托局洽商，对指定商店特别给予承保陆地兵险，以资其继续营业。投保指定商店货物，以每家5千元为限，综合性的商场及重庆市日用必需品公卖处，则以5万元为限。1941年4月后，进一步将承保范围扩大到食用品、服用品、日常生活必需品、医药品、旅馆业。指定商店兵险开始承保后，虽然赔款损失超过收入保费达7倍以上，但对于鼓励营业、稳定物价却取得了较好的效果。到1944年5月，因为全局性通货膨胀，重庆市物价随之大幅度上涨，并且市区空袭情况也日渐减少，投保者不再踊跃，此项业务才逐渐停办。

陆地兵险保费是按月计费，对于长期投保者，中央信托局根据实际情形予以折扣保费，以示优待。这种折扣办法，曾有修订。第一期

---

① 方勇：《抗战时期的兵险》，载《安徽史学》2009年第3期。
② 中国第二历史档案馆编：《中华民国史档案资料汇编》第5辑·第2编《财政经济（四）》，江苏古籍出版社1997年版，第344—345页。

(1943年10月15日以前）：若每期投保3个月，按照原保费金额优惠10%；每期投保6个月，照原保费金额优惠15%；每期投保12个月，照原保费金额优惠25%。第二期（1943年10月15日以后）：若每期投保3个月，照原保费金额优惠10%；每期投保6个月，照原保费金额优惠20%；每期投保12个月，照原保费金额优惠30%。兵险期限是按月计算，上述投保期限是每次签单的投保月数。[①]

3.战时兵险举办的意义

我国的战时兵险，是在抗战中开创的一种特殊的物资保障方式。中央信托局"针对战事演变之状态，参酌后方生产事业之实情，随时采取各种必要之措施"，开办时没有充分准备，实施时也没有经验可以借鉴，虽然困难重重，但参与此项工作者为抗战事业全力以赴，不仅保护了一定的战争物资，还安定了后方的生产。战时兵险应抗战之需而生，无论是对抗战，还是对保险业本身来讲，都具有极其重要的历史意义。

首先，战时兵险的开办对沿海工矿企业的内迁，以及内地工农业生产的正常进行提供了重要保障。

其次，战时兵险的成功运作及不断凸显的保障功能，赢得了社会广泛的认可，扩大了保险事业的影响。由于战争爆发所带来的损失往往很大，且风险无法规避，故世界各国保险公司对于兵险，只要战事行将发生就停止承保。1937年7月，全面抗战打响后，强势多年的外资保险业逐渐停保我国各区域的兵险，在此危难之时，国民政府委托中央信托局挑起了重担，毅然开办兵险，并进行了新的探索与发展，这是中国近代保险业发展中的伟大创举。兵险业务的开办取得了巨大成效，中央信托局也大大加强了它在保险界的声誉和地位。

---

① 中国第二历史档案馆编：《中华民国史档案资料汇编》第5辑·第2编《财政经济（四）》，江苏古籍出版社1997年版，第351页。

战时兵险是中国保险业在抗日战争中的一大贡献。它成功地克服了在理论和实践操作方面所遇到的困难，是我国保险业发展史上一块重要的里程碑。

大后方社会经济的稳定器——战时的人寿保险

人寿保险是以人的生命为保险标的,以生、死为保险事故的一种人身保险。当被保险人的生命发生了保险事故时,由保险人支付保险金。最初的人寿保险是为了保障由于不可预测的死亡所可能造成的经济负担,后来,人寿保险中引进了储蓄的成分,所以对在保险期满时仍然生存的人,保险公司也会给付约定的保险金。人寿保险是一种社会保障制度,是以人的生命身体为保险对象的保险业务。对于每一个人来说,死亡、年老、伤残、疾病等都是生命中的危险,我们叫作人身危险。

中国永年人寿保险公司

1.战时人寿保险业

　　近代中国的人寿保险晚于财产保险。1899年英人瓦特氏按照英国《保险法》，在香港注册所创设的中国永年人寿保险公司，为外国人在中国首创的第一家寿险公司。当时的投险人，多为在华外侨，投保寿险的中国人十分少见。但从此后，我国寿险公司的设立几乎每年都有，不过，其实力偏弱，进展也较为迟慢。据统计，到全面抗战爆发前，中国寿险的有效保险额为12,500万元，平均下来，在当时全体国人（以4.5亿人计）中，每人仅投保寿险0.28元，正如当时的浙江兴业银行总经理徐新六先生所说："全国投保寿险者，不及三万人，此三万人中恐大半系在华之外人，中国人之保寿险者，不过占人口三四万之一耳"。[①] 即便是如此状态，贫弱的寿险业务，在全面抗战爆发后，却是受打击最严重的，原有的寿险机构大都处于停滞状态，难以正常进行运作。

　　全面抗战时期大后方的人身保险，在大后方各地只有中央信托局人寿保险处、中国人寿保险公司、邮政储金汇业局简易人寿保险处、太平人寿保险等4家专营人寿保险业务，兴华保险公司则兼营人寿与产物保险两种业务。中央信托局1935年开始办理保险业务，1940年保险部随总局迁到重庆。1941年根据保险业法的规定，同一保险业不得兼营损失保险和人身保险，因而中央信托局保险部改为产物保险处和人寿保险处，致力创新寿险业务的发展方向，扩大了市场，故而业务呈现旺盛态势；而中国人寿保险公司是由中国保险公司分出的一个公司，该公司总管理处在太平洋战争爆发后迁至重庆，它在重庆的业务一直是由中国银行代理。

　　邮政储金汇业局1935年创办邮政简易人寿保险，它以保额小、手续简单、办事方便的特点区别于普通寿险。1939年迫于战事紧急，邮

[①] 彭瑞夫：《论寿险事业与公教人员寿险问题》，载《新经济》（半月刊）1945年第12卷第3期。

政储金汇业局的简易寿险内迁至重庆办公。由于邮政系统自身的资源优势，这一寿险不仅在大城市相继开始办理，而且深入县城等基层地区，辐射面较广，而太平人寿保险公司于普通居民吸引力不足，业务量并不大。

中央信托局人寿保险处在这4家人寿保险公司中实力最强。为开拓业务，该处大刀阔斧地采取多种措施，废除佣金制度，训练外勤人员，实行免验身体，并注意寿险宣传，例如国民寿险、公务人员团体寿险、储蓄寿险、终身寿险、养老年金、人寿再保险等。在各项业务中，团体寿险业务尤具特色。1941年，重庆市社会局与该处商定了《重庆市各工厂员工投保团体寿险办法》并行文颁布。此法规定，凡30人以上的机关厂矿、企业单位，职工必须参加这种保险，保费由单位和职工各负担半数。结果，约93%的机关及其工矿企业投保了这一险种。[①]

相对于产物保险来说，战时大后方人寿保险是极不发达的，其业务不发达的原因综合来看有以下这些[②]：

第一，全面抗战爆发以来战事频仍，社会动荡不安，人民流离失所、生活窘困，这是人寿保险业发展受制约的首要因。据统计，1937年中国工厂的平均资本为10万元左右，每厂平均拥有工人116人；1944年，5266个工厂的平均资本仍仅有9万元，工人平均还不到100人。又据有关重庆及当时后方省份（四川）的一些工厂的统计资料显示，1944年资本50万元（相当于1937年的7万元左右）的工厂占工厂总数的71.2%。[③]由此可见，陪都重庆的民营企业大都是因陋就简发展起来的，手工劳动仍占较大的比例。人民收入水平低下，在衣食无着的情况下是不可能对未来做长久打算和规划的，即便有心规划未来，也没有相应的经济实力来购买适当的寿险产品。

第二，"每讳言死"的中国传统观念客观上也造成战时大后方的

[①] 吴静：《抗战时期重庆人寿保险业述论》，载《经济导刊》2007年第S3期。
[②] 吴静：《抗战时期四川人寿保险业研究》，载《前沿》2011年第6期。
[③] 彭通湖：《四川近代经济史》，西南财经大学出版社2000年版，第418、419、433页。

寿险业未充分发展。保险业学人李权时认为，所谓大家庭制度即"集族而居，不分家庭，其精神上为各尽所能、各取所需之互助共产合作社"。李权时的观点确有合理之处。诚然，中国传统文化推崇"富贵在天""生死由命"，信奉"养儿防老"，重视家庭共济和亲友互助等。这些传统文化基因在某种程度上造成了人们借助保险这一近代化的形式来防范风险、转移风险的意识甚为淡薄，不习惯在全社会范围内分担损失。此外，由于"国民教育程度低"[1]，对于人寿保险无相当的认识，认为保险是不祥的征兆，"投保寿险是一种不吉利的事情"[2]。因此，自愿投保者不多，自主投保的情形更少，人寿保险业务开展困难，远不及财产保险业发展迅速。当时有人评论道："吾国拘忌之根性，每讳言死，尤其是数千年相传之习俗，以五世同堂为佳话，聚族而居，互相维护。"[3]诸如此类的传统因素，毋庸置疑地制约了寿险业的发展。

第三，寿险虽然兼有储蓄收益的功能，却带有强制性的特点，一旦入保，在有效期内一般不允许中途退保。相反，储蓄以存款自愿、取款自由为原则，比较灵活方便。因而人们往往乐于存入银行而不愿参加人寿保险。

第四，国家资本寿险机构的垄断经营，致使战时后方（四川）人寿保险业发展不充分。虽然国民政府未明令限制人寿保险公司的设立，但是国民政府所赋予国家资本人寿保险机构的种种便利使其很快在整个保险市场上占据了垄断地位，民营保险公司的发展空间受到极大挤压。比如在重庆及四川保险业最发达的抗战期间，没有一家民营人寿保险公司幸存。

第五，战时国民政府过多的行政干预制约了后方寿险业的正常发展。战时财政赤字巨大，国民政府执行无限制通货膨胀的财政政策，

---

[1] 董幼娴：《重庆保险业概况》，载《四川经济日报》1945年第2卷第1期。
[2] 管照微：《简易寿险之沿革现状与前瞻》，载《简易人寿保险创办十周年特刊》，邮政储金汇业局1945年版，第7页。
[3] 冯雪英：《二十二年来中国人寿保险事业概况》，载《寿险界》1934年第2卷第2期。

通过控制中央银行、中国银行、交通银行、中国农民银行四大银行大量发行国债和增发钞票，以补财政亏空。为此，国民政府积极鼓励储蓄，推行各种储蓄方案，试图以此消解通货膨胀的恶劣影响。因储蓄机构不足，而寿险兼有储蓄融资的功能，国民政府则加大了宣传和推广寿险的力度。但国民政府实际上是把人寿保险作为财政手段，利用其兼具有保险、储蓄的双重功能，实现货币回笼和抑制通货膨胀，人寿保险的本质功能因此丧失。人寿保险在全面抗战时期虽有所发展，却并未充分发挥其应有的社会保障功能。由此，人寿保险产品的吸引力大幅降低，人们对人寿保险的需求相对减少，影响了战时大后方人寿保险业发展。

正因为如此，即便是实力强大的国营中央信托局保险部，其经营的寿险业务，从1937年至1941年3月1日（人寿保险处正式成立之日），总保额仅1100余万元。[1]为使寿险业务有所起色，国民政府决定改组中央信托局保险部，分为人寿保险处与财物保险处，并由国库另拨1000万元为人寿保险处之资金。[2]将保险部内关于人寿部分划分，成立人寿保险处，扩大业务范围，该处于1941年3月1日成立。[3]自这个寿险机构产生后，中央信托局的寿险业务有了一个革新的进步：第一是废除佣金制度，一扫战前掮客的种种流弊；第二是举办免验寿险，完成大胆的尝试，为同业树立一个优良的模范；第三是则重团体寿险，开中国团体的先例，造福社会。[4]

在中央信托局人寿保险处的带动下，战时大后方的寿险业务逐渐开展起来，主要分普通人寿保险与简易人寿保险两类。

---

[1] 罗北辰：《一年来之中央信托局人寿保险业务》，载《经济汇报》1942年第5卷第9期。
[2] 彭瑞夫：《论寿险事业与公教人员寿险问题》，载《新经济》（半月刊）1945年第12卷第3期。
[3] 财政评论社资料室：《中信局成立人寿保险处》，载《财政评论》1941年第5卷第4期。
[4] 朱斯煌主编：《民国经济史》，银行学会；银行周报社1948年版，第96页。

2.普通人寿保险

普通人寿保险投保需按照人寿保险的常规程序来进行，即先进行验体。"普通寿险对于被保人之体格，必施以医生检验，以防事业之危险而增投保者之平均负担"①，并以此作为先决条件。然而，由于当时大后方医疗卫生事业不发达，医药设备简陋，再加上交通不便，致使人寿保险只能局限于少数大都市，再加上寿险产品保险保额较大、期限较长，不容易为广大民众所能接受，因此造成人寿保险公司业务较少。

中央信托局人寿保险处有鉴于此，积极对寿险业进行制度及技术的改进，经营的寿险险种共有六种功能：（一）国民寿险——此险种优点在于不用检验体格，所保金额较大，个人与团体均可投保，这有益于安定国民生活，保障民众安心工作；（二）公务人员团体寿险——优点与国民寿险相同，并且能够增加行政效率，促进官员廉洁奉公；（三）储蓄寿险——优点是具保障和储蓄两种功能；（四）终身寿险——以低廉的价格享受生活保障；（五）养老年金——能安定老年生活，确保晚景欢愉；（六）人寿再保险——既能使危险被分担，又能避免资金外流。②其中的国民寿险就是一种创新，采养老兼残废保险制，承保范围广，对疾病死亡及意外与兵灾伤害均负责任，并且免于检验体格，也不分性别与地域，费率一致，而团体要保，还有不加利息并可分季或按月缴费之优待。③这些险种推出后，深深博得社会人士之赞许，渝市社会局颁布《重庆市工厂员工团体寿险办法》，各公务机关与中央信托局保险部人寿保险处商洽办理公务人员团体寿险，其他机关社团及个人也踊跃投保，这致使国民寿险业务进展迅速。在短短一年中，有效保额增至5000万余元，一跃成为全国第一。与规模最大、具有三十年历史而有效

---

① 张明昕：《简易人寿保险制度创设之经过及由邮政经办之理由》，载《保险季刊》1937年第1卷第3期。
② 罗北辰：《一年来之中央信托局人寿保险业务》，载《经济汇报》1942年第5卷第9期。
③ 周绍濂：《寿险事业之真谛》，载《经济汇报》1942年第5卷第9期。

保额仅3000余万元之华安合美保寿公司相较，国民寿险的成绩进展是非常迅速的。①这从下表中可见一斑：

中央信托局保险部人寿保险处1937年7月—1942年2月业务情况一览表

项目	1937.7—1941.2	1941.7—1942.2	一年来之增加额
被保险人	5786(人)	16,922(人)	11,136(人)
有效保额	11,758,860.00元	55,162,239.29元	43,403,379.29元
应收保费	1,055,470.00元	3,148,142.70元	2,092,672.70元
保险人数	47人	104人	57人
给付保额	99,960.00元	206,660.00元	106,700.00元

资料来源：罗北辰《一年来之中央信托局人寿保险业务》，载《中央银行经济汇报》1942年第5卷第9期，第44页。
注：1942年2月份营业数字为估计数字。计被保险人1000人，保额300万元，保费15万元，保险给付5人，1万元。

1945年，邮政储金汇业局与中央信托局联合致电财政部转行政院："请实施公教人员人寿强迫保险，闻已呈奉核准，将来公教人员，均保有一定额之寿险，预缴或逐月缴纳保费。"②自此，通过政令的强制实施，大多公务与教职人员都投保了寿险，寿险在政府支持下得以迅速推广。

3.简易人寿保险

简易人寿保险（简称简易寿险）是人寿保险的一种，因投保对象面对的是全体国民，故同时是社会保险的一种。国家举办简易人寿保险，其目的在求增进人民福利与安定社会生活，因此在业务上只要求不亏本即可，并不追求盈利。简易人寿保险，以资财并不宽裕的一般民众为保险对象，与普通人寿保险有别，故在实施上与普通人寿保险亦有不同，呈现出以下特征：（一）完全国营。由交通部主管，由邮政储金汇业局专营，其他保险业者不得经营。（二）保险金额较低。

---

① 罗北辰：《一年来之中央信托局人寿保险业务》，载《中央银行经济汇报》1942年第5卷第9期。
② 彭瑞夫：《论寿险事业与公教人员寿险问题》，载《新经济》（半月刊）1945年第12卷第3期。

普通人寿保险，其保险金额有多至数十万元者，但简易人寿保险，最高保险金额初仅500元，后增为5000元，后又增为2万元。（三）免验体格。普通人寿保险，必须由医生检查体格合格后才可投保，而简易人寿保险，因保险金额较低，不负担此项费用，因此仅由保险费征收者与投保者面谈，记录投保对象的体格、肤色以及营养状况等项，作为参考资料。（四）设置保险金的削减期间。规定保险契约发生效力后，在一定期间内被保险者死亡，需要根据投保时间的长短，适当减少投保者死亡的赔偿金，但如果是因为战争变乱及兵灾造成的死亡，则必须无条件支付全部死亡赔偿金，不得有所减少。这项规定从保险的目的上来说虽有不妥，但因为投保前免验体格，容易导致身体孱弱甚至已经患有疾病的人加入投保，其中有些人投保后便很快死亡，导致死亡率增高，如果依仍旧全额赔付，会使保险公司损失过重，难以为继，因此不得不有此项规定。（五）缴纳保险费的期间相对较短。普通人寿保险，其保险费多按半年或每年缴纳一次，但简易人寿保险，为了适应一般国民的缴费能力，特地将缴纳期间细分为按月或按周缴纳，并由征收员免责征收。（六）根据保险费计算保险金额。普通人寿保险的保费表，都按照保额千元计算，因此它的保险金额没有在百元以下的尾数，简易人寿保险的保费表，则以每月缴纳保险费一角为基础，计算保险金额，因此在保费上没有一角以下的零数，而在保险金额上则有元以下的尾数。（七）保费缴纳有伸缩性。被保险者在保险契约发生效力后成为残废时，则可以免缴保险费，其保险金额的支付，则根据他们残废的程度来决定。（八）积存金运用稳妥。运用积存金时，必须经过上级管理机关的核准，不得自由支配，并且对于简易寿险投资对象也有一定的限制，资金必须大部分用在社会事业中，以增进国民福利为宗旨。①

1935年5月，国民政府行政院颁布《简易人寿保险法》，指定

---

① 郑尧拌：《推广我国简易寿险刍议》，载《金融知识》1943年第2卷第4期。

"以邮政储金汇业局为保险人",独家经营。①1937年7月全面抗战爆发,完全打乱了简易寿险良好的发展势头,不但扩充业务的计划难以实行,就连先前的契约失效数也不断激增,到1942年底,有效契约仅为6万余件,保额剩970余万元,平均每件保费在1元左右,每件保额仅160元。而在这些存续的保户中,邮政员工约占70%~80%,普通契约失效的竟达70%,损失重大。②

全面抗战开始后,由于业务范围集中在大后方省份,邮储局保险处于1941年春由昆明迁入重庆。1943年,战事稍有缓和,邮储局保险处即通过各种方法来拓展业务:(一)将简易寿险与储金、汇兑并列为三大中心业务。(二)大量增添办理局所,全国三等以上邮局全部开办寿险,并划定各区局的配额,限期完成。(三)加派人手,采取业务员制度,并发动邮政员工举办"一人三契"竞赛活动。同时最高保额也由5000元提至2万元。到年底,新订契约达8万余件,超过创办以来历年所订契约总和,保额也增至16,000余万元,较历年的总保额约增16~17倍。③1944年又开办一种60岁养老保险,经交通部通令部属各机关全体员工一律投保,其保费的半数规定由各机关负担。5月,国民党中央宣传部把简易人寿保险法列入政令宣传大纲,通令各机关、团体、学校、保甲详加研究和讲解,并在重庆推进一户一人投保简易寿险活动。④经过努力,邮储局简易寿险业务成绩突飞猛进,各项指数均超出历年数倍。

---

① 中国第二历史档案馆编:《中华民国史档案资料汇编》第5辑第2编《财政经济(四)》,江苏古籍出版社1997年版,第745页。
② 管照微:《简易寿险之沿革现状与前瞻》,载《简易人寿保险创办十周年特刊》,邮政储金汇业局1945年版,第6页。
③ 管照微:《简易寿险之沿革现状与前瞻》,载《简易人寿保险创办十周年特刊》邮政储金汇业局1945年版,第6页。
④ 颜鹏飞等主编:《中国保险史志(1805—1949年)》,上海社会科学院出版社1989年版,第414页。

1937—1945年间简易人寿保险发展状况进度表（单位：元）

年度	经办局数	年底有效契约累计			年内增（减）契约			备注
		件数	月保费	保额	件数	月保费	保额	
1937	304	41,958	36,178.9	5,451,051.4	24,039	15,227.8	1,583,864.4	
1938	304	37 063	32,271.5	4,915,512.5	-4895	-3907.4	-535,539.2	因战事锐减
1939	313	36,974	31,605.8	4,297,923.7	-89	-665.7	-117,585.5	
1940	313	43,922	37,048.8	5,668,909.5	6948	5433	870,985.8	
1941	315	54,769	49,577.3	8,190,713.5	10,847	12,528.5	2,521,803.8	
1942	347	61,818	60,887.5	9,745,618.9	7049	11,310.2	1,554,905.6	
1943	1920	158,514	1,366,556.1	189,165,503.1	96,696	1,305,668.6	179,419,884.2	
1944	1968	285,804	4,538,792.1	609,708,271.1	127,290	3,172,206	420,342,768	
1945	1968	363,050	8,956,051.8	1,409,996,121.1	77,246	4,417,262.7	800,287,850	截至11月

资料来源：《简易人寿保险创办十周年特刊》，邮政储金汇业局1945年版。

由上表可见，全面抗战开始后，简易寿险十分简单，1938—1939年出现负增长，保险件数、月保费及保额因战争影响而均大量锐减，而从1940年开始好转，到1943年后，增长更是十分迅速，1944—1945年达到高点。这种增长集中在城市还是乡村？参保简易寿险的被保险人都是些什么人呢？以下这个简易寿险被保险人职业的统计表即可充分说明：

1935年12月—1945年11月简易寿险被保险人职业百分比

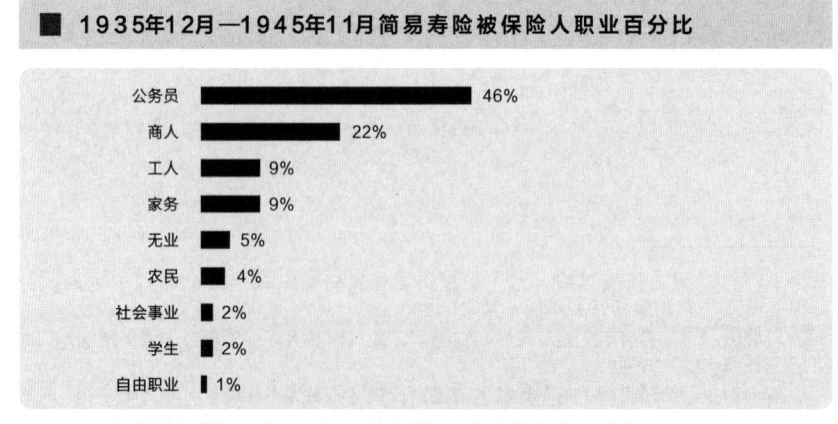

职业	百分比
公务员	46%
商人	22%
工人	9%
家务	9%
无业	5%
农民	4%
社会事业	2%
学生	2%
自由职业	1%

资料来源：《简易人寿保险创办十周年特刊》，邮政储金汇业局1945年版。

由图可知，公务员和商人占据简易寿险近七成份额，而人口众多的农民只占到4%。由此可知，全面抗战时期的寿险分布极不平衡，主要集中在城市，特别是各省的中心城市。全面抗战时期人寿保险相比产物保险发展缓慢，除了战事频繁、社会动荡不安、生活窘迫、无力购买等客观因素外，更重要的是我们固有的传统思维模式如"养儿防老"及国民的教育程度低下。中国是一个农业大国，农民占总人口的绝大多数，寿险事业主要集中在"通都大邑"，没有深入广大的农村，即使涉及，也因为农民微弱的购买力而无法经营，这也是近代中国人寿保险难以推广和发展的最主要的原因之一。

4. 大后方社会经济的稳定器

战时国民政府大力倡导的人寿保险和简易人寿保险，适应了大后方民众的需要。如中央信托局贵阳分局，全面抗战时期仅在贵阳所经营的寿险就分储蓄寿险、终身寿险及团体寿险等，个人与团体均可投保，每人投保额最低为法币600元，最高为2万元。到1942年累计寿险保额69万元，共收保费2414.58元，其中个人直接投保者少，多数为集体投保，保费由单位支付。1943年3月，曾对全市公务人员及企业推行国民寿险，由贵阳市政府通知各机关、各行业同业公会赞助办理。邮政储金汇业局贵阳分局1939年开办简易人寿保险，分终身保险和定期保险两种。终身保险付费分10年、15年、20年和终身4个档次。定期保险分10年、15年、20年、25年和60岁期满养老保险5个档次，于满期或未满期而投保人死亡时给付。凡年满12岁至60岁的国民不分性别，均可投保。保险金额每人5000元，最高为5万元。投保人只要超过一年半死亡，即可领取全额保险金。[①]由此可见，战时人寿保险主要目标是提供社会福利而非追逐利润。

在战争动荡的年代，人寿保险为社会稳定起到了一定的作用，作为一

---

① 徐朝鉴主编，中国人民政治协商会议西南地区文史资料协作会议编：《抗战时期西南的金融》，西南师范大学出版社1994年版，第463页。

项重要的社会福利措施，它把人们对生、老、病、死、残等个人的忧患以及对战争的恐惧转由社会来共同负担，使所有参加保险的个人及其家庭都能获得正常的经济保障，安心从事生产。同时，它与战时兵险及其他保险共同构成后方社会的"安全阀""稳定器"，一定程度上稳定了后方社会经济，增进了大后方人民的物质利益，促进了社会的安定团结。

极度动荡的战争时期，开办兵险业务是一件风险极大的事业，政府从爱国主义出发，以有利于抗战为目的，对兵险业务营利性并无要求，认为办理兵险"危险较大，难免亏折，然政府办理事业，固不以（盈）利为前提"[①]。但实际效果却出乎政府意料，从当时的经营兵险及人寿保险的公司的总体收支情况来看，不仅没有亏损，甚至略有盈利。此项盈利还成为政府举办兵险的一份财税来源。1940年8月1日法国驻重庆的哈瓦斯通讯社（现法新社）发电说："截至七月初为止，重庆兵险的保险金额——三千五百万元，其所征收之保险费率最高为1%，该局在此项兵险业务中所获之盈利已达一千万元。"[②]总之，保险是一种社会事业，不但要扶助农工商业的发展，维持市场的稳固，而且还要顾及国家的建设和社会的福利。而战时大后方保险事业的发展，形成了以重庆为中心的保险市场，不仅为促进西部金融业的近代化做出了重要贡献，而且在战时的特殊条件下，也安定了社会经济生活，促进了大后方工商业的发展。战时兵险及寿险的开办取得了良好的社会效果。在日军把战火燃遍中华大地之时，保险业为国民经济的发展提供了重要的保障，促进了社会的安定与团结，坚定了持久抗战的信心，巩固了抗战的物质基础，为赢得最终胜利做出了巨大贡献。这不仅归功于全民族团结一心，共赴国难，更重要的是中华民族精神在日军的凶残蹂躏下始终屹立不倒，成为抵御外敌入侵、推动民族进步的不竭力量之源。

---

① 中国第二历史档案馆编：《中华民国史档案资料汇编》第5辑·第2编《财政经济（四）》，江苏古籍出版社1997年版，第323页。
② 《国家总动员会议第二次全国生产会议文件》，档号0219-14-189，重庆市档案馆馆藏档案。

第六章
中国金融家的内迁与大后方现代化金融队伍

自1897年中国通商银行成立以来,华资银行经过二十多年的发展,使中国聚集了一大批专业的银行家和金融人才。他们熟悉国情、掌握现代金融银行知识,是近代中国第一批专业金融家。

根据国民政府1937年编制的《全国银行年鉴》显示,截至1936年,全国华资银行共164家,其中江浙两省共90家,占全国总数55%强。[①]作为全国金融中心的上海,更是金融家云集。

---

① 中国银行总管理处经济研究室编:《全国银行年鉴》1937第一册,见民国丛书续编编辑委员会编:《民国丛书续编第一编年鉴专辑》(100册),上海书店出版社2012年版。第30—31页。

"到大后方去!"——东部金融家内迁纪实

据不完全统计,在近代银行界崭露头角的110名金融家中,出生于1880年以后的就有73人。他们多数都受过高等教育,其中48人有留学国外的经历,接受过西方经济学、财政学、商学和货币银行学等现代专业的系统训练,不少人持有学士、硕士乃至博士学位。被称为"民国银行界四大名旦"的张嘉璈、陈光甫、李铭和钱新之,都是海外归来的留学生。[①]金融家中比较有名的是原中国银行总经理张嘉璈、上海商业储蓄银行总经理陈光甫、金城银行总经理周作民、浙江实业银行总经理李铭、浙江兴业银行董事长徐寄庼及总经理徐新六、交通银行董事长胡笔江及总经理唐寿民、交通银行上海分行副经理钱永铭、新华银行总经理王志莘、上海证券物品交易所理事长虞洽卿,还包括原中国通商银行董事长,后改任常务董事的傅筱庵。随着战局的进展,这些金融家大部分选择前往大后方,与大后方原有的金融家们共同拓展后方金融事业,稳定大后方金融,并且为激增的金融机构采取多种方式培养合格的金融人才,为稳定战时全国金融、支持抗战而竭诚服务。

全面抗战爆发后,上海金融家作为一个整体,随着战局的变化和国家金融中心的转移,频繁来往于上海—汉口—香港—重庆之间。随着战局急剧变化,上海很快陷入敌手,这些声名赫赫的金融家们除极少数如唐寿民、傅筱庵投敌卖国外,大部分都坚持抗战。他们有的退入租界;

---

① 刘克祥、吴太昌主编:《中国近代经济史(1927—1937年)》,人民出版社2010年版,第1911页。

有的撤往香港或其他城市，继续维持金融局面，为战争服务；有的留在沦陷区维持金融业务，随着国民政府的西迁，这些金融家大部分选择前往大后方，如陈光甫、张嘉璈、钱新之、王志莘、虞洽卿、胡笔江、徐新六等，他们在大后方努力发挥自己的金融才干。

1.中国的摩根——陈光甫

陈光甫（1881—1976），江苏镇江人，原名陈辉祖，后改名陈辉德，字光甫。1909年毕业于美国宾夕法尼亚大学，获商学士学位。1910年回国，任江苏银行总经理。任职三年，陈光甫深感他从美国学到的一套商业银行经营理论根本不适用于江苏银行这类官僚

陈光甫（左一）访美

银行，于是决定自办银行——上海商业储蓄银行。上海商业储蓄银行从1915年开业时的资本仅10万元（实收仅7万元），员工7人，发展到后来的500万元，分支机构遍布全国，到1937年6月，全行放款投资总数更是达到1.8亿多元，汇款总数达3.1亿多元，职工达2700多人，在全国民营商业银行中排列首位。在近代中国金融界，陈光甫是一位极富传奇性的人物，也是最具影响力的银行家之一。短短二十几年，他便把一家全国最小的银行发展成为国内数一数二的民营大银行，创造了中国金融史上无数个"第一""之最"。他被后人誉为"旧中国最成功的银行家"，被外国人尊称为"中国的摩根"。

1937年抗日战争全面爆发后，上海金融市场处于一片混乱之中。在危难时刻，陈光甫以民族大义激励上海商业储蓄银行员工们："在今抗战局面下，最重要的是应具有抗战之精神。"上海商业储蓄银行成功渡过了上海金融风潮灾难。

第六章　中国金融家的内迁与大后方现代化金融队伍

抗日战争期间，陈光甫除了料理上海商业储蓄银行的本职业务外，还积极参与国民政府的各项活动，为抗战服务。正如他自己在回忆录中所说："对于抗日战争，我做出了三大贡献：第一，我是战时'贸易调整委员会'的主任……。第二，我在1939年和1940年通过谈判获得两笔美国贷款，共计四千五百万美元。尽管中国官员认为这些钱并不够，但我觉得这为后来的援助铺平了道路。第三，从1941年到1943年我任'平准基金委员会'的主席。"[①]1937年9月，国民政府设立了贸易调整委员会，"对于全国原有或新设之国营及民营之贸易事业，如买卖、运输、堆存及贸易、金融等事项有督促调整之全权"。[②]陈光甫被任命为贸易调整委员会主任。虽然贸易调整委员会实际存在的时间并不长，但它却在疏散集存货物、协助国家和民营出口创汇的工作上发挥了很大的作用，使得原来已经迅速下跌的中国对外贸易又逐渐回升。如1938年1月至7月，经长江及华南沿岸的汉口、宜昌、沙市、重庆、万县、广州、九龙、拱北、汕头、蒙自、宁波等关出口的货物总额，与全面抗日战争爆发前1937年同期相比，增长率高达60%以上，从而对维持中国经济，支持抗战起到了相当重要的作用。这些显然都离不开贸易调整委员会的调整与协助。作为战时中国统一的经济协调机构，贸易调整委员会为以后国民政府实施统制经济、有效管理贸易奠定了基础。陈光甫在此期间的工作业绩也受到人们广泛的好评。1938年春，国民政府开始实行战时经济统制政策，贸易调整委员会随即宣告撤销。[③]

在完成贸易调整委员会任务后不久，陈光甫再度受命前往美国为艰苦的中国抗战借款。如果说此前陈光甫的身份一直是金融家的话，那么，此次美国之行又让他又多了一个身份——杰出的外交家。1938年武汉会战结束后，中日战争进入战略相持阶段，此时的中国急需外国的资金援助。为此，国民政府决定主动出击，派人前往美国争取援助。这

---

① 郑焱、蒋慧：《陈光甫传稿》，湖南师范大学出版社2009年版，第144页。
② 中国第二历史档案馆编：《中华民国史档案资料汇编》第5辑·第2编·《财政经济（九）》，江苏古籍出版社1994年版，第433—434页。
③ 郑焱、蒋慧：《陈光甫传稿》，湖南师范大学出版社2009年版，第146—147页。

个任务落到了陈光甫的身上。这不仅是因为陈光甫早年受美国高等教育有"美国"背景，另一方面也得益于他金融家的身份。据担任过中国驻法国大使的顾维钧回忆，1938年7月，美国财政部部长摩根索曾在巴黎向他表示：陈光甫是一个正直的和绝对信得过的事业家，对于陈光甫本人，他完全信任，并建议中国政府派陈光甫赴美谈判贷款问题。[①]1938年秋，摩根索同中国代表陈光甫谈判贷款问题。1939年2月8日，陈光甫以世界贸易公司董事长身份与美国进出口银行签订了借款合同，中国以桐油做抵，史称"桐油贷款"。时任行政院院长的孔祥熙曾经这样评价这笔数额不算大的贷款："这笔二千五百万美元仅是开始……将来可望有大笔贷款源源而来……这是一笔政治性的贷款……美国已经明确地投身进来，不能打退堂鼓了。同情我国的华府当局尚有两年任期，也可能六年。现在我们的政治前途更加光明了。"[②]

桐油贷款达成之后，陈光甫与驻美大使胡适开始与美国各方交涉争取新贷款。经历一番波折之后，美国于1940年3月7日正式宣布再次向中国提供2000万美元的贷款，中国以云南锡矿做抵，史称"滇锡贷款"。当时，美国国内有严重的绥靖日本的势力和倾向，在这种不利条件下，陈光甫这个业余外交家竟能完成职业外交家未竟之事业，开美国援华之先河，不能不说是个奇迹。万事开头难，陈光甫为美国援华抗日开了一个好头。

以历史的后见之明来看，陈光甫为国效命的同时，也为自己赢得了蜚声国际大舞台的机遇。他已不仅仅是一位金融家，而是进入到国民政府的金融决策层。陈光甫曾经担任过两个职务，一个是贸易调整委员会主任，一个是中、英、美平准基金委员会主席，而上海银行战时业务经营的方向也主要是这两方面。正因为如此，上海商业储蓄银行在战时成为重庆九家特许经营外汇银行之一（国家银行中央、中国、交通、农民四家，外资银行汇丰、麦加利两家，民营资本银行便是上海、金城和浙江兴业三家）。

[①] 张振江、任东来：《陈光甫与中美桐油、滇锡贷款》，载《抗日战争研究》1997年第1期。

[②] ［美］迈克尔·沙勒：《美国十字军在中国（1938—1945）》，郭济祖译，商务印书馆1982年版，第32页。

陈光甫从其在贸易调整委员会了解到的战时进出口贸易受困的情况，以及国民党"法币"贬值的必然趋势，决定上海商业储蓄银行战时大搞商业经营，大规模地囤积商品，为此成立专门从事商业经营活动的机构——大业贸易公司。在陈光甫的领导下，战时上海商业储蓄银行不仅从商业经营和外汇经营中获得了暴利，而且还从通货的不断贬值中获得了好处。①在国民政府西迁重庆之后，上海商业储蓄银行为了规避战火，整体业务也随着西移。1938年，陈光甫将上海商业储蓄银行重庆办事处改为分行，后又设立总经理驻渝办事处。驻渝办事处的业务对象，一方面是针对抗战时期内迁到渝的工厂，比如上海迁渝的机电工厂；另一方面是直接投资大后方的工商企业。1939年，上海商业储蓄银行在贵阳、昆明、桂林三市设立分行。1943年，总经理驻渝办事处改为总行，陈光甫主要负责重庆事务。

上海商业储蓄银行还参与办理保险业务，大华保险公司与宝丰产物保险公司，均由陈光甫在全面抗战前的上海发起成立。1937年抗战军兴后，宝丰产物保险公司内迁，在重庆设立总公司，改上海为分公司，1940年，设立西安、兰州分公司。宝丰保险公司总公司在重庆设立驻渝办事处，管理大后方一批分支机构，并联合中国、太平、兴华保险公司等9家华商公司组织成立了四联分保办事处。对于战时在大后方展开保险业务，陈光甫先生说："大华、宝丰两保险公司先后参加组设之原因，由于吾国保险费之流入外国，据闻每年约在2,000万元左右，故添办保险亦为挽回利权之一种方法，且人事保险与金融集中极有关系，而火险与银行之保管业务，关系尤为密切，在革命时代中最可赖以保护产业，兼之添设机关，亦可推广青年出路，近年来吾在此间终日与人接洽者只有两事，非为借款，即是荐人，以前青年皆欲做官，纷纷投入政界，结果此种行为，有弊无利，以致青年出路一日少于一日，吾人一方提倡保险事业，一方仍注意于青年职业，大华、宝丰两公司中同人约有五六十人可以安插，此五六十人得有相当职业，生活不致恐慌，亦即我

---

① 吴经砚等：《陈光甫与上海银行》，中国文史出版社1991年版，第30—32页。

行对社会之贡献也。"①

此外，陈光甫创办的上海商业储蓄银行还全额投资了一个附设机构——中国旅行社，除了便利旅游的功能外，它还在战时发挥了特殊的作用。旅行社下设运输部，九一八事变后，运输部接受国民政府的委托，把北京故宫的国宝迁移到战火未曾波及的西南大后方，保护了中国珍贵的文化遗产。1944年，中国旅行社与交通部订约成立了滇缅公路食宿战管理处，简称滇缅处，在滇缅公路沿线设立招待所及食堂，配合政府发展西南交通、支援抗战。

2.政商双栖明星——张嘉璈

张嘉璈（1889—1979），字公权，江苏宝山（今属上海）人。他的家族非常注重教育，张嘉璈幼时上过私塾，中过秀才，14岁时，考入江南制造局附设的广方言馆，接受新式教育，并学习外语。1906年，张嘉璈赴日本留学，在东京庆应大学攻读经济学专业。这为他后来进入金融界奠定了基础。1913年，张嘉璈遇到了他人生中的贵人——时任中国银行总裁的进步党人汤觉顿，经其推荐，弃政从商，出任中国银行上海分行副经理。从此，张嘉璈便开始了他长达二十余年的中国银行的金融生涯。

张嘉璈

1917年，张嘉璈从上海来到北京，出任中国银行总行副总裁，实际主持中国银行的日常事务。同年5月，张嘉璈在上海创办了中国最早的金融专业期刊——《银行周报》，积极传播、研究和总结近代银行理

---

① 中国人民银行上海市分行金融研究所编：《上海商业储蓄银行史料》，上海人民出版社1990年版，第842—843页。

论知识和实践经验。他在上海期间，与江浙财团的实力派人物如李铭（馥荪）、蒋鸿林（抑卮）、叶景葵（揆初）、陈辉德（光甫）、钱永铭（新之）等人成为至交。为了交流金融信息、传播先进的银行经营方式，健全新式银行制度，联络银行家的感情，他发起由各行经理参加的星期五聚餐会。参加的同行越来越多，他的朋友圈子也不断扩大，后来演变成上海银行公会。在主管中国银行时，他不断扩充商股，摆脱北京政府的控制。但是南京国民政府建立后，中国银行被迫改组，1935年12月，张嘉璈辞去中国银行总裁职务，改任国民政府铁道部部长。

于是，他将主要精力放在振兴中国铁路事业上。在他担任铁道部部长期间，新修铁路1500多千米。1937年9月，浙赣铁路全线通车，著名的钱塘江大桥和潼关黄河大桥也在此期间建成通车。除了修建铁路，张嘉璈还积极改善和修筑后方公路。这些铁路和公路设施，为维持抗战起了十分重要的作用。蒋介石曾赞许他"贤劳备至，匡助实多，尤以抗战以远，运事纷繁，所有路航邮电各部门之员司职工，在兄指导下，精神奋发，尽瘁奉公，且多躬身冒险，迅赴机宜，裨助军事，良非浅鲜"[①]。

张嘉璈担任交通部部长时，并未完全脱离金融圈子，仍然在金融决策层里面。每次遇有关于财金之会议，还会被邀。而且修筑铁路、公路需要金融资本的支持，张嘉璈提倡中国银行界投资铁路。他还指出"同时华商银行若能参加投资，可使外国投资者有减轻风险之感，对于新投资必更踊跃"[②]。他的筑路资金一部分直接来自国库，大部分靠发行公债。如张嘉璈所言指出："全国铁路收入，悉数充作公债担保。旧日合同内有以关盐收入担保者，亦一并代以铁路收入，以期划一，倘铁路收人不足时，应由国家总收入中拨补之。"[③]这些公债的认购，很大程度上得益于他在金融界积累的人脉，比如向外国借款修

---

① 李占才主编：《中国铁路史（1876—1949年）》，汕头大学出版社1994年版，第573页。
② 张嘉璈：《中国铁道建设》，杨湘年译述，商务印书馆1946年版，第50页。
③ 张嘉璈：《中国铁道建设》，杨湘年译述，商务印书馆1946年版，第215页。

建镇南段铁路时，张嘉璈与"法银团代表夏第、刘符诚及中国建设银公司刘协理景山等讨论中法合作建筑镇南段铁路事宜"，最终达成借款条件后，"黄主席随即邀同财政、建设两厅厅长，及省银行行长会商，均允照办。法银团亦表示满意"①。从中看出协助张嘉璈的有中国建设银公司、省银行和法国银团。其中中国建设银公司由国民政府的财政金融专家宋子文发起成立，其宗旨为：在国内联合各个金融机构，"以便我国各银行及其他公司之合作及相互担任投资事业"。在国外"本公司成立后不独能引起中外投资之互助与联络，且可使外人趋向于中国实业之投资，盖无论外国各银行实业家及投资家，且于本公司为扶助本国各项实业之唯一机关，均采于委托本公司为代理或代表，而谋华人为共同之投资，本公司并可为中外金融界切实联络与合作之机关"。②

3.金融奇才——钱新之

钱新之（1885—1958），名永铭，以字行，晚号"北监老人"，浙江吴兴人，出生于上海。钱新之早年在上海育才学堂读书，1902年入天津北洋大学学习财经学。1903年赴日本留学，入日本神户高等商业学校，研习财政及银行学。1909年回国后，一度任教于南京高等商业学校。辛亥革命后，钱新之弃教从政，在上海都督府财政部任事，后与张謇结识，1919年经张謇推荐，担任交通银行上海分行经理。钱新之在交行前后工作了三十二年。1920年，他还担任了上海银行公会会长。"一九一五年至一九二七年间，上海银行公会是上海工商界最有实力的团体之一，它代表着一群杰出的、年轻有为的银行家的势力，并鼓吹（推行）他们的主张。这群年轻人为推动银行业的发展，进行各种财政金融改革进行不懈的努力。总的来说，他们

---

① 姚崧龄编著：《张公权先生年谱初稿》，社会科学文献出版社2014年版，第186、189页。
② 《组建中国建设银公司史料选》，载《档案与史学》1998年第6期。

第六章 中国金融家的内迁与大后方现代化金融队伍

是提倡经济体系和政治制度现代化的一群人。"①1922年6月，钱新之任交通银行总行协理，积极整顿行务，对军政借款一概婉拒。同时，紧缩机构，节约开支，到1923年，交通银行业务好转，反亏为盈。1925年5月离职交通银行，担任四行联合准备库及四行储蓄会协理。四行联合准备库及四行储蓄会是由当时被称为"北四行"的中南、金城、大陆、盐业银行联合设立的金融机构，其目的是互为奥援，提高竞争力，以求得更大的发展。

钱新之

在钱新之主持下，四行储蓄会业绩大涨。1926年底结算，实收各类储金3000多万元，1932年底为6000多万元，1934年达9000多万元，到1935年底达1亿元，成为当时国内吸收储蓄最高的银行之一。②与此相联系，四行准备库钞票发行额也大幅提高。1925年，四行准备库发钞1451万元，到1935年已达7228万元，比1925年增加了近4倍，它在全国重要银行钞票发行额中所占的比例也从1925年的7.1%增至1935年的12.3%。③钱新之再次显现了他过人的业务水平。

1935年，国民政府为达到统制经济的目的，再次增投官股并改组中国银行和交通银行，使之由国民政府控制。钱新之以官股常务董事进入中国银行，同时他在交行的常务董事也予保留。这样，他在"中中交农"四大官方银行中的三行获得重要职位。1938年，交行董事长胡笔江因乘坐的飞机被日本侵略军击落而身故，钱新之出任交行董事长。

不仅担任众多的职务，钱新之还进入政府金融决策的核心。1935

---

① 上海市地方志办公室编：《上海研究论丛》第3辑，上海社会科学院出版社1989年版，第363页。
② 孔令仁、李德征主编：《中国近代企业的开拓者》上册，山东人民出版社1991年版，第400页。
③ 孔令仁、李德征主编：《中国近代企业的开拓者》下册，山东人民出版社1991年版，第407页。

年，中国的货币银本位制岌岌可危，国民政府决定改行纸币本位制，即法币体制。币制改革对整个经济而言可谓牵一发而动全身，是在极其秘密的情况下进行的，参与此事的仅有孔祥熙、宋子文、中央银行副总裁陈行、财政部钱币司司长徐堪及商业银行的钱新之、陈光甫等。抗战军兴，为战时集中金融决策，国民政府决定成立"中中交农"四行联合办事总处，后来中央信托局、邮政储金汇业局和中央合作金库加入，成立"四行二局一库"的决策机构，凡战时金融设施、经济筹划等，均由其做出决策。四联总处的最高权力机构是理事会，由蒋介石任主席，行政院院长孔祥熙任副主席，设常务理事3人，钱新之为其中之一。由此可见，钱新之在当时中国金融界的地位是多么显赫。

1937年，八一三淞沪会战爆发后，钱新之与杜月笙、潘公展、王晓籁等人发起组织上海市各界抗敌后援会，筹集资金，支援抗战。交通银行总行随国民政府迁往重庆。钱新之打算以香港作为交行的业务中心，将从上海撤出的大量资金和人员集中在香港一地。不料1941年冬太平洋战事发生，交通银行和钱新之个人在香港的资产损失严重。此后，钱新之致力于在西南、西北大后方添设交行分支行处。他曾表示开发西南是金融界应尽的责任，并要求交通银行雇员经常注意各地工商实业发展情形和社会动态，竭力开拓业务，尤其要为发展后方工商业出力。1942年3月，钱永铭与杜月笙在重庆设立中华实业信托公司，任常务董事。1943年7月出任杜月笙筹设的通济公司常务董事。在钱新之的主持下，交通银行资助了昆明裕滇纱厂、长江裕新纺织公司、贵州实业公司等大后方重要企业，并创立了生产中型纱厂机械设备的经纬纺织机器公司，为推动后方工业发展起了积极作用。[①]1943年12月8日，在钱新之的主导下，交通银行联合川康银行、新华银行、民生实业等公司，在重庆成立了太平洋产物保险公司，为大后方人民规避战争所带来的物产损失提供了便利。

---

① 徐矛、顾关林、姜天鹰主编：《中国十银行家》，上海人民出版社1997年版，第111—112页。

4.后起之秀——王志莘

王志莘（1896—1957），原名允令，上海人，金融家，教育家，中国证券市场建设的先行者。1909年在钱庄当学徒，不久就读于南洋公学。1921年考入国立东南大学附设上海商科大学，修读银行理财，同时兼任中华职业教育社编辑及会计主任。1925年获哥伦比亚大学银行学硕士。同年回国，执教于上海商科大学，并参与中华职业教育社相关工作，担任《生活》主编，兼教于中华职业学校。与钱新之相比，他出道较晚，直到1926年才弃教投身银行界。1928年任江苏省农民银行总经理。1931年任新华信托储蓄银行总经理，并创办中国国货公司、中国国货联营公司、中国棉麻公司等企业。

王志莘

王志莘主持新华银行后，在业务方针、营业规则、内部管理、人员任用方面做了较大的创新与改革。他在《新华信托储蓄银行宣言》中提出：新华银行的使命"在社会为对象，从事于其经济力与信仰心，二者之集中，还而运用之于社会，以为社会福"[①]。这就是说，他想把西方资本主义银行的业务经验和操作技术借鉴运用于改组后的银行，强调办好银行必须加强服务、改进管理和培植人才。由于在储蓄业务上聚集资金有方，又注意服务方式，广设分支机构，重视对职工的教育和福利，动员职员购买本行股票，倡导"新华精神"。新华银行在仅仅几年时间，就成为当时上海银行业中比较有朝气的一家新型银行。到全面抗战前夕，存款总额比改组前增加了7倍，各项放款比改组前增加了2倍，各

---

① 《新华信托储蓄银行宣言》，见实业部工商访问局编：《工商半月刊》第3卷第3、4、9号，实业部贡山访问局1931年版，附录第7页。

项投资也达到1165万元，被列为南方金融集团"南四行"之首。[①]

全面抗日战争爆发后，王志莘经香港辗转到重庆，在重庆设立新华银行总管理处，管理重庆、昆明、桂林等地分行业务。同时在上海保留总行，由副经理孙瑞璜主持，管理沦陷区的上海、北平、天津、南京、广州、厦门等地分行业务。王志莘在渝期间积极参加各种社会活动。在中共秘密领导下的生活书店，迁渝后因出版了很多进步书刊，宣传进步思想，遭到国民党的限制和扼杀，经济十分困难，在王志莘的授意下新华银行一次贷款10万元协助其渡过难关。

5.上海大亨——虞洽卿

虞洽卿（1867—1945），浙江慈溪人，出身贫苦，早年在上海瑞康颜料行当学徒工，积累了从商的经验。因勤快和颇具经商头脑，深得老板赏识，获得瑞康的部分股份。工作之余，他到洋人开设的学馆学习外语。1894年充任外资德商鲁麟洋行买办，1902年改任华俄道胜银行买办，1903年又任荷兰银行买办。这些经历为他从事金融业积累了资本和经验。1903年独资开设通惠银号，发起组织四明银行。1920年，参与创办了中华劝业银行；同年7月，合伙创办近代我国第一家综合性交易所——上海证券物品交易所，并出任理事长。1921年，参与创办了中国商业信托公司和华盛信托公司。除此之外，他还不断借助金融机构银行的贷款投身实业，1908年集资创办宁绍轮船公司。辛亥革命期间，大力支持孙中山的革命活动，并任外交次长等职。1914年独创三

虞洽卿

[①] 朱汉国、杨群主编：《中华民国史》第9册，四川人民出版社2006年版，第10页。

北公司，投资航运业。1923年当选为上海总商会会长。1936年在虞洽卿寿辰时，上海公共租界当局把西藏路改名为虞洽卿路。七七事变揭开了全民族抗战的序幕，他的三北公司积极支持政府抗战，有些船只被政府征用，用以阻塞水道。虞洽卿本人也参与到抗日活动中，集资募捐，支援抗战。淞沪会战后，他发起成立了上海难民救济协会，自任会长，救济难民。上海沦为孤岛后，他与意大利商人泰米那齐合伙组织了中意轮船公司，意在免受日本航运限制。该公司到西贡、仰光等地运米，按照市价七折出售，差额由募捐款补足。这样既有暴利可图，又可以部分缓解租界内因难民拥挤而缺粮的危机。值得一提的是，南京国民政府发出民族工业内迁的号召后，虞洽卿利用三北航运集团船只协助民族工业抢运机器设备和人员到大后方。

1941年他拒在日伪政权任职，离开上海，转道香港赴重庆。在香港期间，看到香港的卡车比较便宜，他料定大后方必定急需此物，便断然决定向华伦银行贷借5万英镑，买下了一批福特牌卡车。他押运着这批卡车，绕道越南的海防、河内，经缅甸的仰光，沿滇缅公路驶抵昆明，一路辗转，始达重庆。在渝期间，由于日军封锁，大后方的物资难以运出，外地物资难以运入，运费暴涨。大后方军需物资尤其匮乏。见此情形，他与王晓籁等组织了三民运输公司，利用二人在各处的关系，运来大宗的布匹、粮食等日用百货，既缓解了后方的物资匮乏，也狠赚了一笔钱。①后来，他又与云南财阀缪云台筹备了三北运输公司，主要通过滇缅公路运输物资。

6.捐躯国难的金融巨子胡笔江与"多面手"银行家徐新六

胡笔江（1881—1938），江苏江都人，谱名敏贤，字筠，号笔江。早年在钱庄、银号当练习生和店员，初步积累了金融业的工作经验，后到交通银行工作，深得交行总理梁士诒厚爱，遂被破格提拔，不

---

① 刘夏编著：《超级大亨虞洽卿》，中国城市出版社2011年版，第303—304页。

久晋升总行稽核、北京分行副经理和经理。1921年6月5日,南洋华侨黄奕住于上海创立中南银行,黄奕住任董事长、胡笔江任总经理,经营大权全部由胡笔江掌控。交通银行总部从北京迁到上海后,1933年4月再次改组时,宋子文推荐他担任交行董事长。抗战开始后,胡笔江带头捐钱捐物支持抗日,还在上海电台发表誓死抗战的演讲,充分体现了民族金融家的拳拳爱国之心。[1]作为交通银行的董事长,按照政府指令,将总行改为总管理处,随同政府撤往汉口。为了业务上的便利,胡笔江本人移至香港,负责指挥、调度全行业务。

胡笔江

徐新六(1890—1938),浙江余杭人,字振飞。早年赴英国留学,先后毕业于伯明翰大学和维多利亚大学,专攻经济学,1913年,转赴法国入巴黎政治学院学习财政管理。归国后任北京政府财政部官员兼北大教授,后曾任财政总长梁启超的秘书。20世纪20年代初,雄心勃勃的徐新六便已改行进入金融界,1925年出任浙江兴业银行总经理。1927年底,国民政府在南京成立,有着英法留学背景,熟悉洋务的徐新六当选为上海公共租界华人会执行委员、上海公共租界工商局华董等要职,还曾一度兼任复旦大学校长及《时事新报》《大陆报》《申报》电

徐新六

---

[1] 李涌金、胡厚强:《爱国金融巨子胡笔江》,载《上海人大月刊》2009年第5期。

讯社董事长及交通银行、中国企业银行等机构的董事。同时，徐新六一向主张抗日。[①]

胡笔江、徐新六二人皆为近代中国知名银行家。1937年11月上海沦陷后，国民政府财政部几次从重庆或香港致函给徐新六，要求他与尚留在租界内的李铭等人一起维护上海金融市面。到1938年8月初，国民政府计划派出一个以民间人士组成的代表团去美国争取援助，浙江兴业银行董事长兼总经理徐新六被内定为赴美国争取美援的首席代表。而时任交通银行董事长的胡笔江在香港也接到国民政府财政部的电报，邀请他到重庆商量筹款赴美国购买飞机抗日事宜。1938年8月24日晨，徐、胡二人由香港乘中国航空公司"桂林号"民航班机飞重庆。刚飞到广东珠江口上空，突然遭到日军战斗机的密集射击，顷刻机身重弹多处，抵达中山县已无法飞行，只好迫降在张家边的水面上。正当胡、徐等人挣扎着从机舱爬出时，残忍至极的日机又俯冲下来，机枪猛烈扫射，胡、徐当即中弹身亡，两位金融巨星就此陨落。

"桂林号"民航机遭袭和胡笔江、徐新六遇难殉职，举世震惊，中、美等国领导人纷纷发表讲话，严厉谴责日军击毁民航机的罪行，上海、香港两地有关方面先后举行了一系列的追悼纪念活动。1937年8月28日，上海市银钱业业余联谊会致上海市银行业同业公会函：为纪念两公，9月16日出版的《银钱界》杂志专门刊载了追悼两位金融家的特辑，以此表达各界的哀思。上海市银行业同业公会发起胡笔江、徐新六先生追悼会，定于9月21日（星期三）下午四时在八仙桥青年会开追悼大会，以志哀思。而1938年8月25日香港《工商晚报》新闻版不仅详细报道"桂林号"被日机袭击的详细经过，而且还发表机长活士的书面报告及长函。[②]9月4日，追悼会隆重举行，上海、汉口和香港等地下半旗志哀。毛泽东、朱德、彭德怀送了花圈挽联，毛泽东在挽联中称胡笔江为"金融巨子"，高度评价他的人品和事业，充分肯定了胡笔江在抗日

---

① 张家胜、王磊：《侵华日军谋杀银行家徐新六的内幕》，载《文史春秋》2006年第9期。
② 《徐新六、胡笔江遇难纪念史料选辑》，载《档案与史学》2003年第6期。

战争中为国谋划战时经济和支持发展后方金融事业所做的杰出贡献。①

7.由金融界跨入政界的吴鼎昌

吴鼎昌（1884—1950），字达铨，生于四川成都，原籍浙江吴兴。1910年毕业于东京高等商业学校。回国后先后担任大清银行总务局局长、大清银行江西分行监督、中国银行总裁、盐业银行总经理等职。此后长期活跃于金融界。1935年12月，吴鼎昌由银行家一跃成为南京国民政府实业部部长，此后跻身政坛。1937年全面抗战爆发，吴鼎昌任南京政府军事委员会第四部部长。1937年11月，吴鼎昌转任贵州省政府主席兼滇黔绥靖公署副主任。1945年1月，吴鼎昌从贵州到重庆，担任国民政府文官长，成了蒋介石的重要幕僚之一。②

吴鼎昌

吴鼎昌虽然离开了金融业，但是由于他长期任职银行界，深知发展经济离不开金融支持，他在主政期间便十分重视金融事业的发展。在吴担任实业部部长时，联合上海银行界设立农本局，目的在于"调整农业产品、流通农业资金，实目前最切要、最困难之问题"③。农本局设理事23人，其中银行代表有钱新之、周作民、徐新六、王志莘、叶琢堂等12人，另外陈光甫等5人为候补理事。此后，农本局的核心工作是"设合作金库，调剂农村金融"④。

全面抗战时期，吴鼎昌担任贵州省政府主席期间，继续推进县市

---

① 李涌金、胡厚强：《爱国金融巨子胡笔江》，载《上海人大月刊》2009年第5期。
② 王鹏：《吴鼎昌其人其事》，载《百年潮》2001年第9期。
③ 林绪武、邱少君编：《吴鼎昌文集》，南开大学出版社2012年版，第8页。
④ 《农本局举办各种生产贷款》，载1937年5月29日《大公报》第4版。

合作金库工作，发展农村金融，促进农村经济恢复和发展。他认为："本省的金融政策，首注意于各县合作事业的发展。"①农本局的总经理何廉即致函贵州省政府："本局对于各省辅助设县合作金库，不仅以供给农民需要资金为能事，而其最大目的乃在树立合理化之合作金融制度，藉便都市及一般社会之游资，得因制度而可大量流入农村，故拟根据合作金库规程之规定'若干县合作金库成立之后，即应辅导各该县合作金库，组织省合作金库'，稗以完成合作金融系统。"②农本局还致函贵州省政府："本局与贵省合作办理县合作金库，业经派员前来贵省妥商办法，并蒙贵府赞同，并拟有《贵州省政府、农本局合办合作金库合同草案》……即请签章……"③得到吴鼎昌的大力支持。据《贵州省政府、农本局合办合作金库合同》规定，双方"合办贵阳，贵定，定番（惠水），息烽，安顺，平坝，镇宁，镇远，毕节，黔西，玉屏，独山，都匀，盘县，遵义等十五县合作金库，并优先成立贵阳、遵义、安顺、镇远、独山等五县合作金库。以后视实际需要及合作事业发展情形，再分期成立其余各县合作金库"④。这些措施促进了贵州农村经济的恢复和发展。

另据《贵阳市志·金融志》所载：贵阳遭受"二·四"轰炸后，省政府组建复兴贵阳灾区建筑放款委员会，向贵阳地区银行界借款60万元，转放给灾民修建简易住房，缓解无房之忧。银行贷款支持中曹司水利工程建设，增强了贵阳"粮仓"的抗旱能力。贵阳的煤矿、电力、机械制造、建筑、化工、卷烟、面粉、玻璃器皿、陶瓷、印刷、火柴、酿造，以及交通运输业和贸易业，都获得了银行贷款或投资的扶持。这些贷款帮助企业解决了营运资金困难，支持企业由手工作坊式生产提升到机械或半机械生产，给贵阳新兴现代企业打

---

① 贵州全省县政会议秘书处编：《贵州省全省会议纪要》，1940年，第17页。
② 林绪武、邱少君编：《吴鼎昌文集》，南开大学出版社2012年版，代序二第13页。
③④ 林绪武：《由政学会到新政学系：国民党体制内的资产阶级自由派研究》天津人民出版社2009年版，第333页。

下一定基础。①

抗日战争时期，对大后方金融业的管理做出贡献的还有孔祥熙。虽然孔祥熙不是单纯的银行家、金融家，但他与战时的金融业有着重要的联系，甚至在某些金融政策的制定与执行中起着决定性的作用。战时的孔祥熙，任国民政府行政院副院长（1938年至1939年为行政院院长），并兼任财政部部长、中央银行总裁和四联总处副主席等职。这一时期，孔祥熙作为国民政府主管财政金融的首脑，是金融银行界的领袖人物之一，厉行《抗战建国纲领》中关于强化金融监管、统制银行业务、调剂市场金融等重要金融政策。为了适应抗战建国的需要，扩充西南、西北金融网，推行设立省、县银行，调剂地方金融，协助政府抢购物资，贡献颇多。他主张严加监管商业银行，这对国民政府的金融稳定乃至经济发展都有着积极的影响。其完善中央银行职能、划分银行业务、健全金融机构、强化银行监管、融通社会资金等银行方面的思想和实践，为现代银行制度在中国的确立奠定了良好的基础。在孔祥熙的影响下，中国的银行业渐趋规范，金融业逐步稳定，从而带动了生产的发展和经济的恢复。孔祥熙当政期间，我国的银行金融在恶劣的国内外环境下，在惨烈的抗日战争中，不仅没有崩溃破产（当然，这与全国人民的支持和国际社会的积极援助分不开），反而在1944年11月其辞去财政部部长时，国库还存有美金外汇9亿余元，黄金600余万两，共计美元12亿元的财产。②

宋子文与孔祥熙一样，也参与了某些金融政策的制定，抗战时期的宋子文没有孔祥熙与国民政府金融业联系的那么紧密，但宋子文是中国银行的董事长，1939年9月8日被国民政府特派为四联总处常务理事，10月2日，在重庆范庄参加四联总处理事会第一次会议，被会议确

---

① 《贵阳市志》编委员会编著：《贵阳市志·金融志》，贵州人民出版社2004年版，概述第3—4页。

② 张乃中：《孔祥熙银行思想研究》，载《山西财政税务专科学校学报》2006年第8卷第4期。

定为四联总处战时经济委员会委员和战时金融委员会委员。[1]正是凭着这样的身份和他在金融界中的广泛联系与影响,宋子文对战时国民政府金融制度的规划与实施,对战时大后方金融业和金融界的影响和作用还是相当大的。

---

[1] 吴景平:《宋子文政治生涯编年》,福建人民出版社1998年版,第339页。

报效桑梓——大后方本地金融家风采

抗战时期,西南西北大后方的金融业现代化建设与发展取得了相当大的成就。在国家银行的带动下,大后方本地的金融机构也得到了发展与繁荣,同时也涌现出了一大批大后方本地的有见识、敢于开拓创新的金融家,如杨粲三、康心如、刘航琛、潘昌猷、吴晋航。

1. "石匠"——杨粲三

杨粲三(1887—1962),生于四川江北(今重庆江北区宝盖厢),名英培。自幼在父亲(人称"杨百万")的商号学习经商之道。1915,年杨粲三的父亲创办聚兴诚银行,之后杨粲三接任其为总经理。因他锐意经营,聚兴诚银行发展为川帮六大银行之首。创行之初,杨粲三利用原先商号在各地的分支机构,扩大国内埠际汇兑业务,"创业后的头两年,单汇水收益即赚了六十六万元之巨"。[1]杨粲三经营聚行秉承"稳健"理念。对于放款,力求下家稳妥;规定不放高利贷,不收

杨粲三

---

[1] 中国民主建国会重庆市委员会、重庆市工商联合会文史资料工作委员会编:《重庆工商人物志》,重庆出版社1984年版,第66页。

比期存款[①]，以薄利力求细水长流。因他的稳健作风和多次抗拒军阀派垫勒索抵制官僚资本渗入，杨粲三被工商界誉为"石匠"。但是他对银行界的朋友却非常慷慨。全面抗战爆发后，重庆银行总经理潘昌猷投资公债惨败，潘为渡过难关，到处求援。时任四川省财政厅厅长兼四川省银行总经理的刘航琛，百般阻挠重庆银行，不准省银行贷款予重庆银行，重庆银行面临关闭的危机。杨粲三亲自上门看望潘昌猷，主动借款100万元，协助他渡过难关。在抗战期间，他还担任四川省银行理事、重庆银钱公会和银钱业公会联合库常务委员.这些职务，使他能够充分参与到重庆市金融决策中。抗战期间，聚兴诚银行在总经理杨粲三的带领下，秉承"服务社会，便利人群"、稳健经营、不投机取巧的经营理念，获得了进一步发展。1938年夏，聚兴诚银行在香港成立分行。为加强西南业务，聚兴诚银行又添设了衡阳、柳州、昆明（1938年6月设支行，1940年4月升为分行）、贵阳（1941年6月设立办事处，1942年1月升为支行）、老河口、沅陵等分支行，在四川省内增设内江、自流井、乐山、泸县、叙府、遂宁、赵家渡、石桥、新都等处分支机构。1940年3月聚兴诚银行增资为400万元，1942年2月增资为1000万元。这样聚兴诚银行不仅成为最具有经济实力和社会影响的川帮银行，而且成为国民党统治区域的重要银行之一。[②]

2."泥水匠"——康心如

康心如（1890—1969），字宝恕，生于四川绵阳。1911年赴日本早稻田大学攻读经济学。1922年在四川美丰银行（中美合资银行）任协理，大胆提出改变经营方式和裁员节支的建议，使得美丰银行扭亏为盈。他特别注重以广告宣传树立银行信誉，竭力宣传美丰是重庆唯一可与美国各地直接通汇的银行。利用美资关系，把当时的重庆海关、邮

---

① 比期存款：川帮银行中运行一种比期制度。在这种制度中，存款叫"比期存款"，贷款叫"比期放款"，都以半月为期。比期存款放款利率高，存放期短暂，一个月有两个比期，一年就有24个比期。

② 张守广：《川帮银行的首脑——聚兴诚银行简论》，载《民国档案》2005年第1期。

局和各个洋行的汇兑业务牢牢抓在手里。银行汇兑业务由此获利颇丰。为了宣传美资银行发行的兑换券——美丰券,当时在市面上打出美丰券烧成灰也可以兑现的活广告。1927年美丰银行在反帝排外运动下,在刘湘的支持下由中美合资变成中资,仍由康心如经营。1935年前,康心如主要依靠刘湘的政治势力,广泛发展业务。在蒋介石政权入川后,他又取得国民党政府的支持积极发展业务。在重庆银行界,康心如

康心如

以"处世温和,善结人缘"著称。因为他善于折中调和,搁平抹光,所以重庆工商界称他为"泥水匠"。1937年他被推为重庆银行公会主席。[①]

国民政府迁都重庆后,为了笼络重庆地方金融人士,更好地践行战时财政金融政策,把重庆银行公会主席康心如推选为重庆临时参议会议长。如此,康心如也得以结识国民政府的军政要员。康心如所具有的独特的政治地位、雄厚的银行资本和高超的金融才华为美丰银行在抗战中进入发展的黄金时代铺平了道路。1937年到1942年美丰银行先后在四川的乐山、涪陵、合川、南充、叙永、江津、北碚、雅安、自流井、中坝、犍为、三汇、达县、五通桥,贵州的遵义等设立15个办事处以及昆明、贵阳两分行,并在重庆设立化龙桥办事处,在成都设立染房街和苣泉街办事处。1943年又添设西安分行和柳州、衡阳、广元办事处。[②]

除了拓展自身办事机构外,美丰银行还在四川投资了八九十家企业。根据资料,美丰银行停业的时候还有工矿和公用事业、商业、交

[①] 中国民主建国会重庆市委员会、重庆市工商联合会文史资料工作委员会编:《重庆工商人物志》,重庆出版社1984年版,第139—148页。
[②] 《关于填送全国金融机构调查表的来往函(附调查表)》,1947年11月14日,重庆市档案馆馆藏档案,档号02960014005130000015000。

通运输、金融保险信托、文化新闻等五类六十六家企业，比如重庆电力公司、重庆自来水公司、四川水泥公司、四川丝业公司、天府煤矿公司、民生实业公司、太平洋航业公司、四川旅行社、宝丰实业公司、和记地产公司、永成银行、大夏银行、四川商业银行、中国人事保险公司、中华实业信托公司、国民公报、新民报等，所以美丰在重庆，在四川，可以说在西南，都是一个很大的银行。[1]从美丰银行在大后方的投资看，投资水电、交通这些公用事业，极大地推动了重庆市政建设，方便人民生活；投资银行、保险、信托，有利于重庆金融业的发展；投资实业，则有利于大后方工业的发展。这些投资在很大程度上支持了抗战。

3. "木匠"——刘航琛

刘航琛（1896—1975），生于四川泸县。1923年毕业于北京大学经济系。1927年经王陵基的推荐，被任命为重庆铜圆局事务所所长，因扭亏为盈而名声远播，后担任刘湘二十一军财政处处长。1932年，刘航琛策动银钱两业公会设立重庆证券交易所，聚兴诚银行总经理杨粲三担任理事长，刘航琛凭借川康殖业银行担任理事，开拍债券和公司股票等。刘航琛为了打开局面，把公债打六折、七折向银钱业推销，并提高利率，由川康殖业银行带头认购，并推动同他关系紧密的美丰银行、川盐银行以及钱庄认购，造成认购债券的繁荣局面，解决了刘湘庞大的军费开支。因其善于运用金融手段敛财，被誉为"刘湘的财神爷"。四川省

刘航琛

---

[1] 康国雄口述：《康心如和四川美丰银行》，郑仲兵、李宇锋主持，载《中国改革》2010年第5期。

政府成立后，刘航琛担任四川省财政厅厅长。上任后他改组四川地方银行为四川省银行，加拨资本80万，凑足资本200万元，并兼任总经理。刘以财政厅厅长的身份，邀集重庆金融界商议，决定将各行庄所有地钞，尽量交由"四川地方银行兑换券准备库"封存，发行一种抵解证。随着蒋介石统一川政和法币政策的推行，发钞权收归中央。国民政府规定，地钞按照八折以中央本钞收销。后来刘航琛获得财政部批准，四川省银行获得了5角辅币的发行权。

重庆市民银行发行的壹角钞票

此外，刘航琛自己创办银行。1929年，刘航琛联合卢作孚、何北衡等发起成立川康银行。该行有很强的政治色彩，其中刘湘入股60万元，因此川康银行凭借军阀获得优待。比如他可以替刘湘部队承汇转发军饷，向军政机关吸收存款，还以安定重庆金融为名，发行无息存票，相当于变相发行钞票。1937年全面抗战爆发后，全国公债暴跌，重庆的金融市场也陷于风雨飘摇中。为应对危机，川康银行、重庆平民银行、四川商业银行三行合并为川康平民商业银行，刘航琛为董事长，宁芷邨为总经理，周季梅、戴矩初为协理。重庆川盐银行的董事长吴受彤，与刘航琛交情很深，在吴病危时留下遗嘱说："刘航琛是个人才，办法多，各方面走得通，川盐董事长一职，非刘莫属。"①1938年，刘航琛当选为川盐银行的董事长。至此，刘航琛以川康、川盐两行为支柱，大量投

---

① 中国民主建国会重庆市委员会、重庆市工商联合会文史资料工作委员会编：《重庆工商人物志》，重庆出版社1984年版，第236—241页。

资各工商企业。在工矿企业方面有：重庆电力公司、自来水公司、四川水泥厂、大华生丝公司、川康兴业公司、华西兴业公司、益和木材公司、润记营造厂、平光机器厂、华源织造厂、西安益世印刷厂、四川绢纺厂、民生公司等等。在商业方面有：中国国货公司、和沅猪鬃公司、重庆猪鬃公司、南洋烟草公司、中复公司、四川旅行社等等。在金融保险方面有：重庆银行、美丰银行、聚兴诚银行、华康银行、大夏银行、和通银行、兴华保险公司、太平洋保险公司等等。[①]由于刘航琛四处投资搭架子，广为插手钉楔子，所以他被称为"木匠"。当然这些投资客观上促进了西南本地经济的发展，为抗战厚植了根基。

4.潘昌猷

潘昌猷（1901—1981），生于四川仁寿县文公乡，号文义，是民国时期重庆金融业和工商界头面人物之一，是川军将领潘文华的二弟。1928年，任重庆市金库主任兼市奖券所所长，又与人合伙开设中孚钱庄，进入金融界。

1928年，潘昌猷的兄长潘文华成为重庆市第一任市长。1931年，潘文华仿上海市成例，设立官商合办的重庆市民银行，并扶持潘昌猷担任其董事兼总经理。虽然潘不熟悉银行业务，但是他能避己之短用人之长，他延揽原富川银行会计主任杨学优为襄理，原大中银行会计汪粟甫为会计主任。潘昌猷自己也上商业补习学校学习专业银行知识，向同行如聚兴诚银行总经理杨粲三请教管理经验。这对市民银行的经营起到了助推作用。当时市面流通的1元以下的

潘昌猷

---

① 中国民主建国会重庆市委员会、重庆市工商联合会文史资料工作委员会编：《重庆工商人物志》，重庆出版社1984年版，第245页。

辅币只有铜圆，1元钞票兑换二百文的铜圆100多枚，携带流通不便。潘昌猷通过其兄潘文华获得军阀刘湘的支持，取得1角5五角钞票的发行权。这些角票的发行取得了很大成功。

首先，它使得重庆市民银行拥有了庞大的运营资金；其次，推动市民银行的业务不断扩展，获取了丰厚的利润。随之而来的就是潘昌猷个人声望大增，并当选为重庆市银行公会主席。后来潘昌猷认购了重庆市民银行官股，并改名重庆银行。

抗战时期，潘昌猷两度掌管四川省银行。尤其是蒋介石兼任四川省政府主席时，为整理川政和抗战需要，蒋介石要求财政部部长孔祥熙拉拢四川实力派军人潘文华，由财政部投资法币200万元改组四川省银行，指定潘昌猷为董事长。从此，他执掌川省银行达八年之久。四川省银行在资金和业务上都大力支持重庆银行，重庆银行获得长足发展。抗战期间，由于国民政府、工商企业、高校及军队与难民的西迁，大量人口涌入重庆，粮食问题成为亟待解决的问题。潘昌猷经营下的重庆银行在调剂米商资金、便利粮食运销方面发挥了很大作用。潘昌猷利用重庆银行在各地设立的办事机构，承做米商合票汇兑。合票是运米商在各地买米时，先卖出为期15天的一种期票，卖票所得款，支付购米价款，米运到合川出售后，再买回合票。这样不仅可以帮助米商解决资金短缺问题，搞活粮食运销，而且重庆银行也大有利可图。此外，潘昌猷除了给重庆小工商企业发放小额贷款，也直接投资经营一些工商厂矿企业。其中比较著名的有自来水公司、四川水泥公司、庆华轮船公司、华陵化学公司等共计125家。这些举措有力地促进了大后方工商业的发展。[①]

5. 吴晋航

吴晋航（1887—1965），名国琛，生于四川仁寿县，重庆和成银行创始人。1909年考入四川警务学堂。1916年任重庆警察厅厅长，任

[①] 中国民主建国会重庆市委员会、重庆市工商联合会文史资料工作委员会编：《重庆工商人物志》，重庆出版社1982年版，第155—168页。

职不到一年即离职。后跟随军阀刘文辉，1934年刘文辉战败后，他弃政从商，应邀为川康殖业银行总务主任，不久升为经理，但因对总经理刘航琛不满辞职。早在川康殖业银行任职期间，吴晋航就与人发起成立了和成钱庄。凭借与军政人物的交往获得可靠金融信息，买卖申汇，向地方银行领钞，开业当年就获取了丰厚利润。

1938年，和成钱庄增资改组为和成银行，吴晋航任总经理。太平洋战争爆

吴晋航

发后，上海沦陷，渝申汇兑一度中断，旅居后方人士亟须汇款到沪瞻家，因抗战时期交通通信阻断和币值混乱，国民政府指定的商业银行不愿开展此项业务。和成银行却承担了此项业务，获准在安徽屯溪设立转汇办事处。这个办事处靠近敌占区，虽然风险增大，但是既有利于办理瞻家汇款，又有利于资金内移。据统计从1942年到1945年，和成银行共完成瞻家汇款3万多笔。"既为自身提供了一笔可用资金，又为滞留敌占区的家属解决了困难，因而深得各界好评。"此外，和成银行也投资大后方工矿企业，比如四川桐油贸易公司、民生轮船公司等。它所独资的和益公司，还从沦陷区购进纱布等医疗物资，销往西南大后方，一方面获取了利润，另一方面也方便了大后方人民生活。和成银行在川帮银行中成立时间较晚，但在吴晋航的经营下，社会影响日益扩大。因此，吴晋航被金融界誉为后起之秀。[1]

---

[1] 重庆金融编写组编：《重庆金融》上卷，重庆出版社1991年版，第431—433页。

无米之炊如何为继——大后方现代化金融队伍的构建

金融的元素是金融资本，但更重要的元素是人力资本，是高素质的专业人才。近代中国金融现代化的实现需要集中一大批学历最高、素质最好的金融专业人才，然而，自近代以来，西部地区不仅经济金融事业非常落后，金融人才的教育培养也很落后，致使金融人才奇缺。1937年抗战全面爆发后，随着国民政府的西迁，中国金融中心迅速从上海转向重庆，带动了西部地区金融业的快速发展。对抗战时期中国金融现代化进程起到推进作用的，除了大的社会环境，整个工商业、社会、政府的政策等，金融家与金融人才同样起着十分重要的作用。抗战时期，在西南西北大后方，众多金融机构建立，同样除了需要很多有名望、有影响、有地位的金融家与银行家之外，还需要大量了解熟悉现代金融业务的人才。这些金融家与金融人才，有的是从东部发达地区内迁转移到大后方的，有的是从大后方各类学校中培养的，有的则是大后方金融机构自己培养的，他们共同为战时中国抗战大后方的金融现代化做出了自己应有的贡献。

近代中国的其他金融机构如保险、证券等，与银行有着千丝万缕的联系，且其创办者多为银行家，所以战时大后方以重庆为中心的保险业迅速发展起来。大后方的保险机构到1945年底，西南、西北各省及湖南、湖北等地，共有59家公司约200个营业机构。然而，这些保险机构的专业人员并不多，很多机构都是依存银行来开展业务，如中国保险公司虽业务量很大，但专业人员不多，其业务主要依靠中国银行在各地的分支机构派员或公司派驻人员具体办理。1943年12月8日，在重庆成立的太平洋保险公司，是以交通银行投资为主新建的，资本额为1000万元，交通银行投资45％，川康、金城、新华、大陆等银行和民生、中华实业、华侨企业等公司共投资55％。领导成员大部分由交通银行派员担任，王正廷任董事长，钱新之兼总经理，王伯衡、浦心雅任协理，并在成都、万县、自贡、泸州、内江、宜宾、乐山、合川等地的交通银行内设立分公司。经理一般由交通银行经理兼任，另由公司派员协助。①再如，20世纪30年代，在中国出现的主要证券交易所也与银行有着密切的关联，如1932年4月建立的重庆证券交易所，就是由重庆银行公会主席康心如召集，并推银行公会会员七名银行经理人加入发起组织。②第一届理事长为聚兴诚银行总经理杨粲三，常务理事均为重庆金融界的头面人物：川康银行协理康心之、平民银行经理张子黎、重庆钱业公会主席安定钱庄经理卢澜康及一般股东中的邹侠舟。其余理、监事人选则有美丰银行的康心如、周见三，川盐银行的吴受彤，川康银行的刘航琛，等。③有鉴于此，对于保险、证券等其他金融机构的人才培养问题在此就不单列阐述。战时大后方金融业发展的人才培养还是以这些银行为主体的。

1.战时大后方金融人才的培养

金融体系的发展会受到金融机构自身人才制度与政策的制约，金融体系的效率与竞争力取决于优秀人才，现代化的金融体系离不开现代化的教育制度与人才制度。鉴于人才对金融现代化发展的重要性，对近代中国的金融机构来说，发展所面临的最大困难与挑战就是吸引人才、激励人才、挽留人才。

全面抗战爆发前，中国的金融中心在上海，中国的金融业也主要集

---

① 中国保险学会、《中国保险史》编审委员会编：《中国保险史》，中国金融出版社1998年版，第133—136页。
② 《重庆市银行商业同业公会执行委员会会议记录》第2、3、4等次会议（重庆市银行商业同业公会会务如何进行、同业交易重庆市银行商业同业公会如何联络、请求保管会款等），1931年10月2日，重庆市档案馆馆藏档案，档号00860010011700000001。
③ 卢澜康：《重庆证券交易所的兴亡》，见，全国委员会文史资料政协编：《文史资料存稿选编经济》（上），中国文史出版社2002年版，第712页。

中在以上海为核心的东中部沿海沿江的主要城市，而金融人才的主要来源不外乎三个方面：国外留学的金融专业性人才，国内高等院校培养的经济、金融类人才和各类金融机构自身培养的专业人才。

抗战时期，随着中国金融中心从上海转移到重庆，国民政府提出以重庆为中心重构西南西北金融网。于是，在大后方，逐渐形成了以国家银行为主体，地方银行与商业银行为补充的银行网，同时保险、信托等金融机构也从东部向西部转移，以重庆为中心在大后方各省建立起来。各类金融分支机构的建立和发展都急需大量的金融人才，那么，国民政府与金融企业是如何解决战时大后方金融人才的奇缺呢？

（1）金融人才的内迁

全面抗战爆发后，国家银行从东中部迅速搬迁到广大西部地区，并且在西部各重要城市先后成立大大小小几百家分支行处。在国家银行的带动下，商业银行和东部少数省地方银行也开始了内迁。随着银行的内迁，银行人员也随之到西部各省的重要城市，协助在西部各地的分支机构的创立和业务的发展。

内迁银行中无论是国家银行还是商业银行，在内迁的初期，主要通过将东部人才调往西部筹办机构，以解燃眉之急。为完成筹建金融网计划，中国银行发挥其人才多的特长，把原沿海城市分行的负责人员大批调到大后方筹设分支行处。1938年8月，中国银行总处通知沪驻港处嘱令在云南、广西两省筹设支行，派原上海分行襄理兼虹口办事处主任王振芳筹建昆明支行，派原济南支行经理陈隽人筹建桂林支行。经过数月筹备，1938年11月1日昆明支行开业，1939年1月26日桂林支行开业。1938年12月25日成立贵阳支行，调派石家庄支行经理赵宗溥任经理。1939年12月27日筹建甘肃天水分行，调派天津分行副经理束士方任经理，天水分行于1940年10月21日正式开业，1942年1月1日移设西安，与西安支行合并，改称西安分行。①

---

① 中国银行行史编辑委员会编著：《中国银行行史（1912—1949年）》（下卷），中国金融出版社1995年版，第418—420页。

中国通商银行在重庆分行成立时，关于该行人员内调问题，该行曾派骆清华前往筹设，此后沈景时等人内调支援，才使该分行顺利成立。此外，1943年初，该行兰州支行开业时，因业务增多，邃感人手不足，适逢上海分行三名行员内调，遂被派往该支行服务。此外，该行内调人员无多。[①]

当1941年12月8日太平洋战争爆发之后，国民政府开始加大西北金融网的建设。1942年9月3日，四联总处第二百四十次理事会议通过《扩展西北金融网筹设原则》，此为专对西北金融建设而拟定的第一个方案，规定：以兰州为建设西北的出发点，依经济军事交通等需要，四行在陕西、甘肃、宁夏、青海及新疆五省境内，增设行处。各行局新设行处或做其他布置而需增添人员时，应就滇浙赣闽等省撤退行处人员，尽先调用。[②]1943年3月1日，四联总处就增设西北机构致六行局函中明确规定，"各行局新设机构应尽先调用各地因战事撤退行处人员"。[③]

（2）金融机构对金融人才的招考录用

抗战大后方的金融机构，无论是国家行局还是商业银行、保险机构等，还是大后方本地的金融机构，要发展首先面临的一个问题便是人才的招募，如果不能吸引招募大量人才，金融机构的发展便是无源之水、无本之木。因此，大后方各类金融机构对于如何招募人更是各显神通。从下面小故事中可略见一斑。

国家银行在向西南西北大后方迁移的过程中，银行人才也是十分紧缺。关于人才的培养，国民政府十分重视。1939年12月12日，四联总处第十二次理事会中，"中中交农"四行分别陈述了在筹设西南西北金融网建设计划中所遭遇的困难，主要有四个方面："交通不便""人员缺乏""房屋难觅""治安问题"。特别将人才的缺乏列入影响四行在大后

---

① 陈礼茂：《抗战时期中国通商银行的内迁和战后的复员》，载《上海商学院学报》2011年第12卷第1期。
② 李京生：《论西北金融网之建立》，载《经济建设季刊》1944年第2卷第4期。
③ 重庆市档案馆、重庆市人民银行金融研究所合编：《四联总处史料》（上），档案出版社1993年版，第204页。

方筹设分支行、构建金融网的原因之中："人员缺乏，通晓后方各地金融经济情形，并能耐劳忍苦者殊不易见"。同时，还陈述了为解决人才缺乏的困难，各国家银行分别采取训练办法，注重新人才之补充。如中央银行已开办学员训练班，考取受训者达百余人。交通银行曾举办撤退行处员生训练班，农民银行亦正计划招考学生，分批训练。中国银行在推进地方金融事业中，因内地人民智识较旧，近代化之银行尚未能充分发挥其功能，于是采取因势利导，并联络当地银钱业协力推进。四联总处理事会认为，中央、交通、中国农民三总行所采之训练办法，仅仅解决的是中下级人员缺乏的困难，对于各分支行处主持人员则提出了更高的要求："惟应注意者，即各分支行处主持人员，担当一行一处之全责，其能力是否胜任，办事是否认真，能否公忠体国，领导属员，坚贞勇毅，负荷艰巨，尤属重要。明责任，辨是非，重能力，定赏罚，乃奖植贤才，鼓励精神，提高效率，推进事业之重要因素。究应如何计划努力，俾事得其人，人尽其力，如臂使手，运用灵便之处，应请四行继续切实研究者。"[①]

抗战时期内迁大后方的金城银行，在录用人员时总是倾向身家清白、品行良好者。这种要求在战时混战的情况下更显得异常重要，故而金城银行明令规定"有不良嗜好者、身体畸形残废或有痼疾不堪服务者、曾有犯法行为被通缉者、褫夺公权者"[②]不得雇佣。对于办事员、试用办事员、助员、练习生等基层的员工，金城银行基本沿袭战前的规定，以招考试用为原则，并且各行处任用员生均须先到重庆报到，受相当时间的训练，再派往各行处服务。据金城档案记载，1941年自流井办事处因人手颇感不敷，就地招考练习生数名以资补充，报名投考者经国文、英文、口试、常识、数学考试及体格检查后，评判成绩录取，然后到行实习，试用期六个月。[③]

---

① 重庆市档案馆、重庆市人民银行金融研究所合编：《四联总处史料》（上），档案出版社1993年版，第187—189页。
② 金城银行重庆分行未刊档案，重庆市档案馆馆藏档案，档号0304-1-165。
③ 《关于金城银行自流井办事处录用曾洪彬、魏明恕、陈招开并检送招生简则，该员履历表的函（附简则）》1941年1月16日，重庆市档案馆馆藏档案，档号03040010001100000007000。

(3) 金融机构通过接受各方推荐方式招募人才

不少金融机构与后方大专院校建立联系，或由大专院校推荐，或直接向大专院校招收金融人才。如金城银行在大后方发展中，就有诸多学校，比如西南联大、四川省立高级商业学校、四川省立重庆大学商学院、私立实商高级商业职业学校、国立重庆大学、私立立信会计专科学校等，均向金城银行发函介绍该校毕业生。据档案记载，柳克明是经西南联大法学院院长陈序经介绍到金城银行服务的；黄稚琼是由国立商学院院长程瑞霖介绍的；邓秋霖是由四川省立商科学校介绍的，后任渝行代账务组领组；黄理涵由四川省立高级商业学校介绍，后任渝行代收款组领组；李肇泉由四川省立高级商业学校介绍，后任渝行代付款组领组。①国立西北农学院周伯敏院长介绍其院农业经济系第四届毕业生四名，均为品性温和的男性毕业生，金城银行予以录用，以试用员名义派在文书及会计部实习。②当然，有些院校也是金城银行主动联系的，比如湖南大学，戴自牧任汉口分行经理时曾电嘱湖南大学选送毕业生至沅陵办事处服务，湖南大学介绍了许慎、周昭衍、蒯万锦三人，均平日在校学习优秀。③

金融机构也采用由内部管理人员及其他相关企业机关等向其推荐介绍的方式招募人员。如1939年，金城银行昆明本行经理邵仲和介绍胡荣寿到沙平坝分处服务；1941年，重庆管辖行襄理曾济五介绍吴忠廉到两路口分处任办事员；1942年路处主任沈永绥介绍吴贤瑞到渝行任办事员，吴贤瑞曾任江宁县立南京市立小学教员、安徽凤阳县政府科员、司法行政部书记官；1943年，金城陕行副理徐国棠介绍吴硕夫到渝行服务；金城银行专员刘驭万介绍向景星到民权路分处工作，向景星曾任农本局福生总庄会计科办事员、中国建业公司会计主任；1944年总处稽核

---

① 《金城银行重庆分行职员熊守一、钟士权、杨守疆的履历表、考勤登记表、薪津登记表、人事调查表等》，1938年，重庆市档案馆馆藏档案，档号0304000100249000001000。
② 《关于检送金城银行西安支行录用国立西北农学院毕业生经过情形致金城银行重庆管辖行的函》，1942年4月25日，重庆市档案馆馆藏档案，档号0304000100037000028000。
③ 《关于请示湖南大学1940年毕业生许慎、周昭衍、蒯万锦在金城银行长沙办事处服务资级、薪津标准致金城银行汉口分行的函（附履历表）》，1940年10月7日，重庆市档案馆馆藏档案，档号0304000100008000031000。

处主任南经庸介绍刘天禄到渝行服务。[1]1943年金城银行贵阳支行人手缺乏，汞业管理处李文瀛主任介绍胡力生到黔处服务，金城银行因其国学清通，书法秀丽，以助员名义就近录用。[2]中央航空运输公司重庆办事处主任郑远善介绍其旧僚熊守一到重庆办事处工作，桂林中国实业银行襄理余汝勋介绍其朋友谈焕鸿到梧州办事处工作，电话局长黄如祖介绍孟育才到渝行服务。[3]

（4）金融机构自主培养金融人才

1938年6月1日在汉口开幕的第一次地方金融会议，各地银行金融主管70余人到会，此次会议历时三日，决议之原则八项，其中，"训练金融机关人才"就是决议的重要原则之一。[4]1940年7月，成都、重庆等地办理财政金融人员高等考试。[5]

战时大后方金融机构的人事管理制度发生了改变，从全面抗战前自国内外大学商科、银行学校等选用人才，改为自主对职员进行培训、教育，力求使本行的员工素质得到提高，能迅速适应日趋现代化的金融业的需要。银行等金融机构的人事管理也是从人员的选择、培训、调度、考核、人员管理（包括服务规则、奖惩办法、福利待遇等）等方面来进行，并且管理更加完备。

1941年1月开始，到1943年4月，中国农民银行呈奉中央训练团委员会核准举办行员训练班四期，其训练的方式，全系遵照中央训练团颁发办理，受训人员共452人，不仅接受业务训练，明了本行章则及各种银行事务，还要提高民族意识，加强对三民主义及领袖之信仰，养成勇敢果决牺牲奋斗之精神，娴熟军事技能并锻炼强健体魄，养成负责守纪律的精神，

---

[1] 《金城银行重庆分行职员熊守一、钟士权、杨守疆的履历表、考勤登记表、薪津登记表、人事调查表等》，1938年，重庆市档案馆馆藏档案，档号0304000100249000001000。
[2] 《关于录用胡力生为金城银行贵阳支行助员并检送履历致金城银行重庆管辖行的函（附履历）》，1943年10月30日，重庆市档案馆馆藏档案，档号0304000100053000076000。
[3] 《金城银行重庆分行职员熊守一、钟士权、杨守疆的履历表、考勤登记表、薪津登记表、人事调查表等》，1938年，重庆市档案馆馆藏档案，档号0304000100249000001000。
[4] 《汉口金融会议纪》，载《银行周报》1938年第22卷第22期。
[5] 田茂德、吴瑞雨整理：《抗日战争时期四川金融大事记（初稿）》，载《四川金融》1985年第11期。

实行新生活信条，养成勤俭朴素、整齐清洁的风尚和集体生活的习惯。①

为了留住人才，四联总处体恤员工，及时解决他们的燃眉之急。如"查本处员工眷属每月所需炊爨燃料近以市面购买困难拟向贵处购用相应填具十一月份申请书两份连同分住化龙桥及两路口员工眷属人数暨需煤数量清单二份随函送请"，最终燃料管理处同意了四联总处的申请。②四联总处在1939年11月28日的第十次理事会会议上通过了"关于四行中之一行，如有辞职员生，其他三行概不录用"的决议，并函请四行查照办理。1940年1月初，重庆市银行业同业公会致函四联总处，要求将四行限制录用各行辞职员生办法扩大到一般商业银行："此项用人限制办法实为目前切要之图，经该公会第二次执委会议决：（一）请'中中交农'四行，将限制办法扩大，俾适用于一般商业银行；（二）凡在甲会员银行辞职之行员，乙会员银行应以避免任用为原则；（三）会员银行得向公会报告已辞职之行员姓名，公会即据以转知其他会员行一体知照。"1月9日四联总处理事会第十五次会议决议："应由该公会自行拟定办法。"③一般而言，中国的人才多集中在大城市和中心城市，而县银行地处县乡，不仅经济落后，文化和教育水平也十分落后，人才储备更是稀缺。与国家和省地方银行相比，无论是地位、实力还是待遇，县银行都远远低得多，这就造成难以吸引专业人才的加入。县银行从一开始就存在着先天不足，主要是资本短绌、人才匮乏、体制缺陷，这些成为困扰县银行发展的内在因素。人才是县银行组织系统的灵魂，更是决定生存发展的关键。面对人才的匮乏，各地方政府纷纷想方设法延揽人才。陕西省编订了《陕西省县银行服务人员手册》，对县银行经营人员设班专门培训，学员采取保送和招考两种，其中保送以每县银行1人为原则，资本在10万至20万元者可保送2至3人，其余皆为招

---

① 中国人民银行金融研究所编：《中国农民银行》，中国财政经济出版社1980年版，第291—293页。
② 《中央、中国、农民、交通银行联合办事总处秘书处关于购买员工眷属所需日用煤致经济部燃料管理处的函》，1944年11月，重庆市档案馆馆藏档案，档号00210002002120000010。
③ 中国第二历史档案馆编：《四联总处会议录》（一），广西师范大学出版社2003年版，第388、389、400页。

考。招考报名的条件是，第一类为主办人员，要求高中以上学校毕业，曾在银行界服务三年以上者，或者大学或商科高中毕业者；第二类为佐理人员，要求是商科初中毕业或高中肄业者，或者普通中学毕业，曾在银行界服务一年以上者。到1941年时，共有三批学员分别于1940年9月至12月、1941年1月至4月、1941年5月至8月三个时段完成培训。安徽省除各县保送3人至5人外，采取以下几种途径延揽人员：首先，电请考试院将考训合格的财政金融人员选派若干人来皖工作；其次，由财政厅直接考选；再次，商同本省地方银行及中国农民银行，由各该行职员中调用一部分。以上拟选用的人员最后再由省财政厅集中训练两个月，考核成绩，再派往各县县银行工作。然而，这些措施仍很难满足县银行对人才的渴求，一则数量上离需求有很大差距，二则质量上难以保证，三则现有的人才队伍不稳定。

金融机构通过培养、考评经营者和职员，使他们具备艰苦创业的精神、坚韧不拔的毅力、忠实质朴的性格、独立创新的能力。银行在人事管理方面采取培养、考评经营者和职员等各种措施，以达到留住人才的目的。在薪金制度方面各个银行都订定了科学的薪制，除工资外，还有各种非常优厚的福利待遇，创造和维持良好的工作环境，制造员工参与合作的和谐气氛。银行经常会提出"为实现总目标"的服务口号，激励员工努力达到目标并给予奖赏。

现代化人事制度的制定。金融机构必须依靠优秀的专业人才分担各方面工作，因此大后方各类金融机构对专业人才非常重视。他们在经营银行过程中任用了许多优秀人才，以良好的人事管理制度作为金融业务拓展的保障。抗战时期，大后方金融业在人事制度方面的改革与发展是中国金融业现代化发展的一次飞跃，它适应了战时社会经济发展的要求，并突出了本国特色。

总之，在抗战大后方，有名有姓、有具体经营机构的金融家以及各金融机构的金融从业人员，是一个相对庞大的数字。他们既有从东部地区内迁的金融家与金融人才，也有西部地区本土的金融家与金融人才。

在金融家及金融从业人员共同努力下，战时中国金融的业务、管理服务体制等方面得以创新与改革，战时中国西部金融业发展的现代化特征逐步显现。抗战时期杰出的金融家群体与金融人才群体，在西南西北大后方的金融现代化进程中做出过努力，对近代中国金融的现代化起了重要的推进作用。

第七章
中国金融中心的转移与大后方金融中心的构筑

　　近代以来,随着金融机构与金融事业的兴起,中国的金融中心经历了从上海到京、津,再到上海的变迁历程。但全面抗战爆发,昔日的金融中心战火弥漫,狼烟四起,随着国民政府西迁重庆,位于东部的国家行局、商业银行、保险公司等金融机构纷纷内迁并在大后方增设分支机构。在国破家亡的危难之际,重庆成为战时大后方的金融中心,并敷设大后方金融网,铸就了那个时代一道不为人知的风景。

重庆——一个新的金融中心诞生

重庆，自宋代至清朝，从一个军事城邑逐渐发展成为一个著名城市。近代以来，中英《烟台条约》的签订，标志着重庆正式开埠。民国建立以后，1921年11月，四川省长刘湘移驻重庆，设立重庆商埠办事处。1922年，川军第3师师长邓锡侯至重庆，将重庆商埠督办改为重庆市政公所，自己担任督办。1926年6月，刘湘驱逐袁祖铭后将四川善后督办、川康边务督办两署移驻重庆，将重庆市政公所改为商埠督办工署，并任命33师师长潘文华为督办。1927年，潘文华请改重庆商埠为重庆市。1928年，国民政府颁布《普通市组织法》后，潘文华即准备按照普通市的组织办法组织成立市政府。1929年，经过21军军部批准，正式成立重庆市政府，这也标志着重庆正式建市，揭开了近代重庆城市史发展的新篇章。全面抗战爆发后，国民政府移驻重庆，重庆成为战时首都，走向了这座城市近代历史发展的顶峰。随着各类金融机构的迁入以及战时国民政府金融政策的推行，重庆成为名副其实的大后方金融中心。

在近代中国的历史上，随着新式金融机构及金融市场的发展及变迁，全国范围内在不同时期中形成了若干个金融中心。总的来看，金融中心变迁的基本轨迹是：上海—北京与天津—上海—重庆—上海。[1]重庆因为抗战时期的特殊背景，基本上已被公认为是大后方的金融中心。

---

[1] 吴景平：《近代中国金融中心的区域变迁》，载《中国社会科学》1994年第6期。

从经济学理论上来看，金融中心的形成是经济中心发展的必然结果。重庆成为战时大后方的金融中心并非偶然，早在全面抗战爆发前，在西部各个地区的发展之中，重庆就已经具备了金融行业的聚集能力，基本上已经成为西部地区的商贸金融中心。

重庆地处长江与嘉陵江交汇处，沿着长江的众多商业运输都是以水运为主。长途的贩运多以河流

重庆水码头及重庆的特色建筑——吊脚楼

为依托，与沿河的城市串联在一起，形成了以重庆为中心的商业网络。早在清朝，重庆就已经是川东道、重庆府、巴县三级行政机关同城的重镇，也是西南地区最大的商贸集散地。不过，在清朝前期成都依然是四川的政治与经济中心，重庆只是处于从属地位。1891年，重庆正式开埠之后，长江航运迎来轮船时代，国外的商业金融机构也陆续在重庆设立。来自五湖四海的商人汇聚重庆，往往以地域关系组成会馆或者商会。他们各据实力，将天南地北的商品集于重庆，使之发展成为长江上游最大的商品市场。[①]随着近代以来重庆经济的逐渐繁荣，许多金融组织与机构就已经在重庆发展了起来，其中票号、典当等传统金融机构在开埠以前就已经初具规模，而钱庄、银行等金融机构也逐渐出现。

重庆的钱庄业在鼎盛时期"每年吸收存款总数约白银1000万两，

---

① 刘志英：《抗战大后方重庆金融中心的形成与作用》，载《中国社会经济史研究》2013年第3期。

而贷给货帮的款项高达1500万两"①。在1927年以前，虽然四川已经出现了银行，但是其业务量还不能与钱庄相抗衡。之后，由于四川地区连年的战乱，钱庄持续不断地向军政垫款，使得实力稍微逊色一些的钱庄不堪重负，到了九一八事变时钱庄也已经从鼎盛时期的50多家，锐减到了12家。②相对于钱庄，重庆的新式银行业经历了晚清至民国从无到有的发展历程。光绪二十五年（1899年），中国通商银行在重庆设立分行，这是重庆历史上的第一家银行，但仅经营三年就歇业了。光绪三十一年（1905年）官商合办的浚川源银行在重庆成立。光绪三十四年（1908年）大清银行在重庆设立分行。民国建立以后，华资银行有了迅速的发展，到1935年，全国银行总共有159家，当时四川省（不包括重庆），共有总行4家，分支行41家，重庆是当时九大华资银行集中城市中的唯一的西部城市，总行9家，分支行14家，是四川乃至整个西部地区新式银行业最为集中的城市。③但总的来说，在全面抗战爆发前整个西部地区在全国银行业中所占的比重依然十分微弱。

1927年南京国民政府控制政权之后，逐渐形成了以"四行二局"为核心的金融网络体系。四行中除了交通银行在重庆设立的分行很快被撤销了之外，其他三行都在重庆设有分行。特别指出的是中央银行在重庆所设立的分行是一等分行，因为中央银行分支机构的设立并不是完全依照行政区划，主要是参照当地的经济发展状况，在重要的城市设立分行，次要的城市设立支行，一般的城市设立办事处。全面抗战爆发前，中央银行的一等分行只设立在南京、天津、北平、青岛、汉口、重庆、西安、广州、厦门九个城市，西部内陆地区只有西安与重庆设立了一等分行，这足以说明重庆在西部地区经济与金融中的重要性。

---

① 重庆金融编写组编：《重庆金融》上卷，重庆出版社1991年版，第94页。
② 重庆金融编写组编：《重庆金融》上卷，重庆出版社1991年版，第94页。
③ 王承志：《中国金融资本论》，光明书局1936年版，第16—20页。

全面抗战爆发前重庆除了已经具备比较完善的金融机构之外，金融市场也有了较大的发展，除了长期以来一直比较发达的拆借市场与申汇市场，还形成了西部地区唯一的证券市场和票据交换市场。早在明末清初，重庆就已经具有比较发达的申汇市场。所谓申汇，就是重庆的平银与上海规元之间的兑换比率。明清之际，申汇市场比较稳定，基本保持在上海规元1000两等于渝钱平银950两左右。[①]1927年至1937年，四川政局动荡，重庆的申汇市场也出现较大的波动，一日之间常常会有30—40元的升降，许多弱小钱庄纷纷倒闭。当时重庆的"申票大王"石建屏大肆投机申汇，亏损达数十万元，其所经营的产业相继宣告破产，造成市场上的巨大波动，到10月份在重庆酿成金融风潮，引发了申汇市场的整顿，催生了重庆证券交易所。

为了加强对重庆申汇市场的管理，在当时刘湘21军军部财政处处长刘航琛与重庆银行公会的共同努力下，于1932年4月20日成立了重庆证券交易所，资本20万元，经营各种公债、库券及有价证券，同时赋予其整理申票的职责。但申汇市场依然暴涨暴落，1935年2月1日交易所被迫关闭，申汇也因此停拍。1935年为了便利四川善后公债的发行，在重庆银行公会的提议下重庆证券交易所于10月份再度开拍。到全面抗战爆发前，重庆证券交易所已逐渐发展成为一个以经营政府公债为主的交易制度比较完备的证券市场。

除了重庆证券交易所，1933年春重庆市银钱业同业公会联合公库，在公库内设立票据交换所，专门办理会员之间的票据交换业务。1935年5月改组，由银行联合库及义丰钱庄分担转账工作。1936年10月再度改组，由中国银行担任转账工作。[②]10月15日，重庆票据交换所正

[①] 重庆中国银行编：《四川金融风潮史略》，重庆中国银行1933年，第67—68页。
[②] 杨承厚编：《重庆市票据交换制度》，中央银行经济研究处1944年版，第1页。

式成立，其中加入了银行10家，钱庄12家。[1]凡是加入的行庄，所有庄票、支票等票据，经过公库保付后，都可以接受，最后再向公库兑现清算，这样一来大大方便了现金交收，给会员行庄之间的融资提供了很大的便利。从1933年到1937年，重庆银钱业的票据交换额逐年上升，1933年为3300万元，1935年为82,680万元，1937年虽然受到全面抗战爆发的冲击，但仍然有77,555万元。[2]此外，各种股票与有价证券也是票据交换所重要的交换物品。

重庆银钱业同业公会旧址

总的来说在全面抗战爆发前，重庆已逐渐成了以聚兴诚银行为首、以川帮商业银行为中心，各种金融机构、金融市场相互补充的辐射四川乃至整个西南地区的金融核心。重庆金融业进而与川滇银行组合成为全国银行界中的"华西集团"，共同与中国银行重庆分行组成了一个覆盖整个西南地区的金融网络。尽管与东部地区和上海相比还有相当大的差距，但是依然控制并垄断了整个四川地方的金融业务，

---

[1] 田茂德、吴瑞雨、王大敏整理：《辛亥革命至抗战前夕四川金融大事记（初稿）》（六），载《四川金融研究》1984年第11期。
[2] 周勇主编：《重庆通史》，重庆出版社2002年版，第390页。

影响到诸多关联的金融市场，如存放款市场、同业拆借市场、票据贴现市场、证券交易市场、货币汇兑市场以及外汇黄金市场等。重庆作为一个区域性的金融中心的形成并不是一个偶然，而是一个循序渐进的自然过程，是在市场自身需求的拉动下形成的，与其自身的经济发展相伴随，这也为全面抗战爆发后国民政府移驻重庆，建立大后方的金融中心做了铺垫。

全面抗战爆发后，随着战事的扩大，国民政府预计中东部地区难以保全，一面安排政府西迁，一面也在谋划经济、金融中心的西移，提出了要在平汉、粤汉铁路线以西建立"抗战建国"大后方。淞沪会战后上海失守，国民政府于1937年11月20日发表《国民政府移驻重庆办公宣言》，26日国民政府主席林森乘船抵达重庆。于是，金融中心也随着政府西迁从上海向重庆转移。太平洋战争爆发后，上海的"孤岛"[①]不复存在，包括英美在上海的金融机构都被停业清理，上海作为金融中心的辐射作用也日益消退，而重庆作为战时全国的政治经济中心，逐渐发展成为战时最大、最重要的金融中心。

第一，各地金融机构纷纷迁往重庆。所谓金融中心，其中重要的标志是必须要有比较密集的金融机构。战时重庆金融中心的形成最为显著的标志之一就是原先汇集于上海及东部地区的国家银行、地方银行、商业银行及保险公司等金融机构纷纷内迁重庆。全面抗战爆发后，为了稳定大后方的经济局势，1938年1月交通银行在重庆设立分行，同年四联总处也由汉口迁往重庆。1939年10月，四联总处在重庆改组，由研究指导四行业务改组成为战时经济与金融政策的执行机关。[②]其主要职责即负责全国金融政策的制定，集中运用资金，发行小额的币券，组织四行的联合贴放，审核四行发行货币的准备金及内地汇款、外汇申请等，此外还主导战时生产事业的联合投资，物资的调

[①] "孤岛"指的是1937年11月淞沪会战失败之后上海沦陷，日军占领上海，但是上海市中心的英美公共租界和法租界因为英法美宣布对中日战争保持中立，日军没有进入，因此被当时的《大公报》称之为"孤岛"。

[②] 田茂德、吴瑞雨整理：《抗日战争时期四川金融大事记（初稿）》，载《四川金融》1985年第11期。

剂，收兑金银，推行特种储蓄，复核四行的预决算，等。显然，四联总处的职能已经远高于中央银行，是国民政府战时统制金融的重要工具。抗战以来，四行陆续在大后方设立分支机构，截至1943年底，仅重庆一地的四行分支机构就有39家之多。[①]除了四行，中央信托局也迁入中央银行办公，并随之迁来重庆，邮政储金汇业局也于1938年初迁来重庆，4月设立重庆分局。整个抗战时期，"四行二局"与四联总处作为全国性金融首脑机关集中于重庆，使得当时的重庆集聚了大量的货币资本，成为货币发行的枢纽。

除了"四行二局"外，省地方银行、商业银行、外商银行以及钱庄银号也纷纷迁来。由于重庆战时经济中心的特殊地位，对各类金融机构的投资具有很强的吸引力。太平洋战争爆发后，1942年4月1日，国民政府财政部命令全国的商业银行，凡是总行或者总管理处在沦陷区的必须移设后方，指定重庆、昆明、桂林三地任各行选择，[②]进一步促进了沦陷区银行的内迁。据统计1943年7月向政府注册的银行已经达到70家，其中内迁重庆的外地银行情况如下：

■ 截至1943年7月外地在重庆注册的银行统计表

行名	注册时间	资本总额（万元）	备注
新华信托储蓄银行	1932年1月	20,000	原设上海，1942年移渝
江海银行	1934年2月	10,000	原设上海，1938年移渝
山西裕华银行	1941年9月	500	
华侨银行重庆分行	1943年3月	100	
中国国货银行	1929年11月	2000	设香港，1942年9月移渝
云南兴文银行	1942年7月	1600	重庆分行营业基金为50万元
金城银行	1935年7月	1000	重庆管辖行资本600万元
中南银行	1935年7月	750	重庆支行营业基金为25万元
中国农工银行	1932年5月	10	重庆分行资金为70万元

---

① 交通银行总管理处编：《金融市场论》，正中书局1947年版，第97页。
② 田茂德、吴瑞雨整理：《抗日战争时期四川金融大事记（初稿）》，载《四川金融》1986年第1期。

续表

■ 截至1943年7月外地在重庆注册的银行统计表

行名	注册时间	资本总额（万元）	备注
上海商业储蓄银行	1936年4月	500	重庆分行资金为50万元
大陆银行	1929年5月	500	渝分行资金为25万元
中国通商银行	1937年4月	400	原设上海，1943年移渝
四明商业储蓄银行	1937年5月	400	上海总行撤销在渝另设总行办事处
四川农工银行	1943年7月	600	分行资金为10万元
复兴实业银行	1943年4月	500	渝分行资金为30万元
成都商业银行	1940年10月	100	渝支行资金为25万元
浙江兴业银行	1934年5月	400	渝支行资金为100万元
四行储蓄会	1931年8月	100	渝分会
广东省银行	1937年2月	1000	重庆办事处基金10万元
湖北省银行	1940年7月	1000	渝支行资金为3万元
广西省银行	1939年9月	1500	设有重庆办事处
江苏银行	1936年7月	600	重庆设有分行，总行拟移渝
福建省银行	1936年2月	500	重庆办事处基金为3万元
陕西省银行			设有重庆办事处注册手续正在办理中
江西裕民银行	1937年3月	500	设有重庆办事处
安徽地方银行	1942年5月	500	设有驻渝办事处
贵州银行	1941年12月	600	设有重庆办事处
湖南省银行		500	重庆办事处资金5万元，注册手续正办理中
甘肃省银行	1940年10月	500	重庆办事处资金3万元
江苏农民银行	1932年10月	400	驻渝办事处资金5万元
河南农工银行	1943年6月	300	设有重庆办事处
西康省银行	1941年9月	350	设有重庆办事处
河北省银行	1940年3月	100	重庆办事处资金5万元

资料来源：重庆银行公会未刊档案，档号0086-1-11，重庆市档案馆馆藏档案。转引自刘志英：《抗战大后方重庆金融中心的形成与作用》，载《中国社会经济史研究》2013年第3期。

到了1943年7月，外省迁往重庆的商业银行、省地方银行共计33家，占当时在重庆注册银行总数70家中的47.14%。

除了银行之外，保险公司的数量也不断增加。战前重庆的保险公司大都操纵于外商之手，如太古、怡和等洋行均设立有保险部。其他的保险公司普遍经营惨淡，起伏不定，仅太平、宝丰等华商经营的保险公司艰难支撑。①全面抗战爆发后，随着国民政府的西迁，为了保

重庆陕西街，战时重庆金融机构的聚居地

障工矿企业的内迁，重庆随即成为保险业的中心。据1943年交通银行总管理处统计，华商保险公司已经有21家，其中是总公司的有12家，分公司的有8家，另有1家代理处。而这些保险公司其中人寿保险3家，简易寿险1家，人寿兼产物保险1家，盐䴺保险1家，产物保险15家。截至1944年底，保险公司已经增至53家，其中外商保险公司3家，华商保险公司50家。②至于信托业，战时只有中央信托局和中华实业信托公司两家专营信托的机构，而银行附设信托部的则多达38家。

第二，重庆本地的金融机构得到了空前的发展，尤其是本地银行。战前重庆已经是四川乃至整个西部地区的金融中心，在"四行二局"以及大量沿海沿江地区商业银行的内迁背景之下，重庆本地的大小银行也纷纷发展起来。据1939年《商务日报》记载，重庆共有银行30余家，其中有23家加入银行同业公会。到了1943年7月，在重庆注册的银行已达70家，其中37家为本地银行，占总数的62.86%。在政府银行方面，截至1943年底，重庆共有各级政府银行19家，而在战前仅有国家银行分行3家及省银行总行1家。商业行庄方面，重庆共有商业银行50家，银号与钱庄34家，总计84家行庄中战前设立的仅有19家，全面抗战爆发后设立

---

① 罗君辅：《重庆保险业之展望》，载《四川经济汇报》1948年第1卷第1期。
② 董幼娴：《重庆保险业概况》，载《四川经济季刊》1945年第2卷第1期。

的有65家。

1937—1943年底重庆市银钱行庄累计表

	抗战前	1937年底	1938年底	1939年底	1940年底	1941年底	1942年底	1943年底
政府银行	8	8	12	19	26	43	49	59
商业银行	18	19	25	33	41	51	57	75
银号钱庄	14	14	16	18	29	53	46	34
合　计	40	41	53	70	96	147	152	168

资料来源：据交通银行总管理处编《金融市场论》，正中书局1947年版，第94页整理。

上表中包括了各行在重庆市内设立的分支行处，可以明显看出无论是政府银行、商业银行还是银号钱庄大多都在逐年递增，足以说明在全面抗战爆发之后重庆的银钱业呈现一片蓬勃发展的势头。战前，重庆银钱业机构总数不过20余家，抗战结束后重庆已经有政府金融机构、地方银行和商业银行94家，其他银号、钱庄及信托公司等24家，外商银行2家。[1]从总体上来说，重庆的金融业已经具有跨地区的影响力，是战时国统区资金融通划拨的最大集散地，是最大、最重要的金融中心。

第三，战时重庆的金融市场日益完善。全面抗战爆发后，重庆的金融市场发生了重大变化，原有的证券市场停业，票据市场重新改组。在新的形势之下，重庆的内汇市场有了进一步的发展，并形成了外汇市场与黄金市场两个新的金融市场。

战前运行良好的重庆证券交易所在八一三事变之后，就奉命停市，此后，国民政府迁都重庆后，虽然政府以及经济各界人士对恢复证券交易所做了诸多努力，并引发了关于是否建立以重庆为首的大后方证券市场的争论，但终究因为战时的特殊环境，证券交易所的恢复计划最终搁置。票据市场方面，1937年10月中国银行由于受到战事影响停止办理转账事宜，各行庄的折款因此都不易还清，引发风潮。重庆市政府被迫

---

[1] 朱斯煌：《民元末我国之银行业》朱斯煌主编：《民国经济史》，银行学会银行周报社1948年版，第34页。

出面维持，准许差额的行庄以财产作为担保，又另行组织了钱业联合准备委员会，发行代现券以弥补差额，转账机关改由四川省银行和同生福钱庄担任。但是代现券的担保品不容易变现，于1939年便停止发行。票据交换工作也因为差额抵解困难，陷入了停顿。[①]此后，虽然一直有人呼吁恢复票据交换制度，但依旧未能成行。太平洋战争爆发之后，1941年12月24日，财政部函请中央银行筹备恢复重庆市票据交换制度，指出重庆已经是后方的金融中心，应该提倡行使票据，进而取消长期以来高昂的比期利率。经过筹备，1942年6月1日，战时重庆票据市场在中央银行的主持下正式开始交易，交通银行总管理处统计有36家银行、33家钱庄，共69家行庄参加交换，到1943年12月底银行增加到58家，钱庄中因一部分改组为银行减为32家，共计有交换行庄90家。1943年4月2日，财政部公布《非常时期票据承兑贴现办法》，指定在重庆、成都、贵阳、桂林、昆明、衡阳等19个地区实施，[②]以推动票据承兑贴现业务的开展。

重庆的内汇市场在战时也得到了巨大的发展。1943年5月，重庆各行庄向国内城市如成都、昆明、内江、万县、衡阳、泸县、三斗坪、柳州、广东、贵阳、上海、江津、宜宾、西安、梧州等地汇函资金4.81亿元，同期由外地汇入重庆的为3.72亿元，当月共计调动资金就达到8.53亿元。[③]战时的外汇市场则是经历了从无到有。太平洋战争爆发后，上海、香港相继沦陷，申汇与港汇的行情也不复存在，上海与香港的法币外汇市场都宣告结束。中美英平准基金委员会和国民政府财政部外汇管理委员会所在地重庆，成为中国大后方唯一进行外汇决策和操纵的城市。

战时重庆并没有专门设立黄金市场，但是黄金交易却非常活跃。黄金交易的地点一般在银行公会大厦的营业厅，每天上午九时到十时，下午一时到二时，是市场交易的集中时间。在重庆，从事黄金交易的，有

---

① 杨承厚编：《重庆市票据交换制度》，中央银行经济研究处1944年版，第7—8页。
② 田茂德、吴瑞雨整理：《抗日战争时期四川金融大事记（初稿）》，载《四川金融》1986年第2期。
③ 刘方健：《近代重庆金融市场的特征与作用》，载《财经科学》1995年第3期。

银楼、行庄、字号、帮客、掮客等，在帮客中又有西安帮、昆明帮、汉口帮、江浙帮、本地帮的区别。尽管国民政府反复无常，对黄金买卖时开时闭，但黑市买卖终难禁止，只是交易地点时而场内时而场外而已。①

此外，战时重庆新增金融服务机构，"中中交农"四行在重庆设立了联合征信所，为四川和大后方其他各地工商业提供经信息和咨询服务。

总之，抗战期间，随着国民政府政治经济中心的西迁，重庆在原有本地银行的基础上，迎来了大批内迁银行。极盛时期，重庆的金融机构达到160多家，不仅有国家银行、地方银行、商业银行以及钱庄、银号、保险公司，外商银行的汇丰和麦加利也在重庆设立了办事处，它们共同促成了重庆金融业的蓬勃发展，并逐渐形成了一个门类众多、体系完备的金融市场。于是，重庆战时大后方金融中心的地位形成。这也标志着金融中心从上海向重庆转移，一个新的金融中心，在重庆诞生。

---

① 中国人民银行总行金融研究所金融历史研究室编：《近代中国的金融市场》，中国金融出版社1989年版，第196、198页。

困境中的新生——西南西北金融业的崛起

全面抗战爆发前，西南西北地区金融行业十分薄弱，以西南地区为例，四川、西康、云南、贵州、广西五省的银行总行与支行数分别仅占全国总数的11%和10.4%。[①]除了金融机构的数量少之外，金融机构的资本也普遍薄弱。全面抗战爆发后资金与企业向西部转移，各类贷款业务剧增，西南西北的金融业迅速发展起来，较之于战前增长了近十倍，占国统区银行总分支行的半数以上。随着大量金融机构的内迁，重庆成为战时金融中心，而在大后方其他城市如成都、昆明、贵阳、桂林、西安、兰州等地区的金融业也在战时得到了发展。这些城市多数是大后方省份的省会或重要城市，一方面带动了本省金融发展，另一方面也对整个西南西北金融业的发展起到了重要的影响，共同为抗战胜利做出了积极的贡献。

1.云南省

抗战前，云南长期处在军阀龙云的控制之下，没有一家国家银行设置分支机构，甚至也没有外省商业银行入驻。主要的金融机构只有云南省本地的，如云南富滇新银行、劝业银行、兴文官银号、矿业银号、益华银号、云湘银号、兴源钱庄等，规模大都比较小，业务也比较单一。全面抗战爆发后，国家银行与各省商业银行除迁往四川外，也有迁往云

---

① 周勇主编：《西南抗战史》，重庆出版社2006年版，第407页。

南的，"中中交农"四行陆续到云南设立分行。随着滇缅公路的通车，昆明成为国际援华通道上的重要枢纽，省外各商业银行纷纷到云南设立分支机构。与此同时，省内的银行钱庄也都纷纷改组，云南金融业在这一时期呈现出一片欣欣向荣的景象。

1929年云南富滇新银行发行的壹佰圆钞票

　　首先是国家行局的设立。1937年12月1日中央银行昆明分行成立，此后中央银行设立票据交换科负责票据交换，1945年8月之后，被责令停止办理业务。中国银行则是在1938年11月设立昆明分行，除了普通银行业务之外，中国银行昆明分行还开拓了信托、代理保险、代销债券等业务，至1942年，中国银行昆明分行开展农贷的区域遍布云南全省，并开展工商贷款扶助工商业。交通银行1938年也在昆明设立分行，并设有5个办事处，但影响力非常有限。中国农民银行在1938年5月27日设立昆明支行，后升格为分行，重点经营包括农贷在内的所有银行业务，在云南省内多设分理处。邮政储金汇业局于1939年4月10日设立昆明分局，而中央信托局于1940年8月17日设昆明分局。至此"四行二局"的体系在云南省正式建立起来。

　　除了国家行局，省外的商业银行也在云南设立分支机构，如金城银行、聚兴诚银行、上海商业储蓄银行、四川美丰银行、川康平民商业银行、川盐银行、新华信托储蓄银行、和成银行、中国农工银行、四川其昌银行、山西裕华银行、同心银行、大同银行、正和银行、中国工矿银行、光裕银行、亚西实业银行、华侨兴业银行等都在昆明设立分行，浙江兴业银行设昆明分理处,广东省银行、西康省银行、济康银行在昆明设办事处。上海信托股份有限公司设昆明支店。1939年中央信托局于昆明设中央储蓄会昆明分会,到抗战胜利前夕,储户已经达到数万户之多。外商银行在战时也在云南设立分支机构,如法国的东方汇理银行设立的昆明分行。这些银行的设立逐渐使得云南形成了全省规模的银行系统,极大地增强了金融资本。

在其他金融机构方面,1941年云南省信托局成立,并在当年的9月份改组,先后收足股款500万元,并改名为云南省信托处,主要经营信托和保险业务,并参与各类小工业投资贷款以及仓库、保管、房地产等业务。1942年1月1日,云南省合作金库成立,它是由富滇新银行的农村业务部独立而成,隶属于经济委员会,其主要任务就是辅助各县设立合作金库,吸收社会游资,调剂合作金融,沟通各县汇兑,促进合作供销。其吸收的存款主要是小额存款,放款也只是针对合作社放款。省合作金库之下还设立有县合作金库,对当时云南省的农村经济产生了促进作用。到1944年云南省合作金库股本已由1000万元增加到5000万元,合作金库覆盖30个县,并在9个县设立了办事处。[①]

截至1945年,已经有30余家商业银行与金融机构在昆明设立分支行或办事处,昆明逐渐成为大后方的金融核心区之一。当时财政部专门在云南设有昆明区银行监理官,并对1943年外钞充斥昆明市场,造成金融混乱的情况上报财政部,说明这一时期国民政府对云南省金融状况也十分关注。

抗战时期在云南还保留着大量的钱庄,如裕利钱庄、亨利钱庄、怛兴裕钱庄、源通钱庄、西南银号等,这些钱庄资本在法币5000元至2万元之间不等。此外,值得关注的是云南省在1940年12月颁布了《县银行章程准则》和《推行云南各县县银行方案》。据统计到1945年底,已经

---

① 夏强疆:《云南金融业的繁荣期》,见徐朝鉴主编、中国人民政治协商会议西南地区文史资料协作会议编:《抗战时期西南的金融》,西南师范大学出版社1994年版,第13—22页。

着手筹建的县银行有70多个。昆明市银行、昆明县银行及曲靖县银行都在这一时期正式开业。1945年10月16日，云南省各市县汇兑联合办事处成立，负责各市县银行之间的业务联系，使得资金得以融通，对繁荣战时云南的金融业具有重要的意义。①

2.贵州省

民国初年，军阀长期控制贵州，政局不稳。在全面抗战爆发前，贵州省的金融机构只有中央银行、中国银行和中国农民银行于1935年在贵州设立的分支行处，业务还非常萧条。全面抗战爆发后，贵州省也成为大后方，战略地位日益重要。据统计仅贵阳市在抗战期间开设的银行、银号及保险公司就多达30家以上，成为大后方金融集聚的又一重要城市。

在国家行局方面，1935年6月1日中央银行在贵阳成立二等分行，后于抗战胜利前夕升格为一等分行。中国银行1938年派员来到贵州复业，当年随即就成立了贵阳支行，先后在贵州省内建立了18处分支机构。1939年1月4日，交通银行在贵阳设立支行，在贵州省内设立了13个办事处、分理处，简易储蓄处和临时办事处各1个。1944年豫湘桂战役爆发，交通银行在广西的各分支机构撤退至贵州，并在贵阳市青年路1号设立办账处。1935年7月1日，中国农民银行在贵阳设立分行，全面抗战爆发后，贵阳分行陆续成立多个办事处与分理处办理农贷业务。1936年4月1日开始，中央银行贵阳分行以贵阳中央信托局的名义开始办理相关业务。1942年1月5日，中央信托局贵阳分局正式成立，其历任经理也由中央银行贵阳分行经理兼任。1936年7月，邮政储金汇业局先后在贵阳、遵义、安顺、镇远推广存簿储金及邮票储金业务。1939年4月，邮政储金汇业局贵阳分局成立，为二等分局，1947年之后被升为一等分局。至此，国家行局在贵州全面铺开。

---

① 夏强疆：《云南金融业的繁荣期》，见徐朝鉴主编、中国人民政治协商会议西南地区文史资料协作会议编：《抗战时期西南的金融》，西南师范大学出版社1994年版，第23页。

在商业银行方面，抗战时期，贵州作为大后方的重要省份，不少商业银行选择内迁到贵州设立分支机构。截至1947年，东部沿海地区、四川、云南以及湖南等省的商业银行纷纷来贵州设立分支机构，其中正式营业的有25家，在贵州筹备或设立通讯联络处、账务机关的有23家，包括上海商业储蓄银行、金城银行、聚兴诚银行、四川美丰银行、重庆商业银行等知名银行都在贵州开设分支机构。除了战争初期来到贵州开设分支机构的商业银行外，在1944年豫湘桂战役期间，大量外地商业银行迁入贵州，如上海银行桂林分行，美丰银行衡阳、柳州办事处，聚兴诚银行衡阳、柳州、沅陵办事处，华侨兴业银行桂林、长沙分行。还有一些地方银行如广东省银行、湖南省银行、广西省银行、浙江地方银行、福建省银行以及江西裕民银行都先后将其办事处、会汇兑处迁往贵阳。①

民国时期贵州银行旧址，今贵阳市中国工商银行中山西路支行

除了迁来贵州的金融机构之外，贵州本地的银行在战时也得到了较快发展，其中最为著名的就是官商合办的贵州银行。辛亥革命后，贵州官钱局就改组为贵州银行，是贵州省地方银行的开端，但该行于1918年

---

① 贵州省地方志编纂委员会编：《贵州省志·金融志》，方志出版社1998年版，第159—172页。

结束营业，随后又曾两度兴建与裁并。全面抗战爆发后，吴鼎昌任贵州省主席，于1939年8月召开贵州省临时参议会建议重建贵州银行。1940年贵州省财政厅厅长周贻春与省政府委员何辑五、贵阳中国银行经理赵宗浦、贵州企业公司总稽核钱春祺及贵阳富商戴蕴珊为筹备委员，共同组成贵州银行筹备委员会，由周贻春担任主任委员。筹备期间，制订了《贵州银行章程草案》，决定由官商合资，以股份有限公司组织形式集资，并赋予代理金库的特权。由于筹资期间累遇波折，直到1941年8月15日才正式营业，行址位于贵阳市中华南路79号。

贵州银行在经营过程中，由于受到战时通货膨胀的影响，在1941至1945年间前后经历两次增资改组。1943年3月15日贵州银行第一次股东常会通过增资改组提案，决定增资1000万元，这次增资使得官商股比重从原先的3∶2变为了2∶3，商股所占比例占据上风。1944年3月21日第二次股东常会通过了增资2000万元的决定，这次增资一方面是为了应对日益加重的通货膨胀，另一方面也是贵州省政府希望加强对贵州银行的控制。[1]1943年至1945年7月，贵州银行发展迅速，先后在广西、湖南、四川增设办事处，省内在遵义、安顺、贵定各设分行1个，在毕节、镇远、都匀、兴仁等设支行，在黔西、惠水、赤水、织金等地设办事处、分理处。1944年豫湘桂战役爆发，日军侵入广西及贵州南部，该行将衡阳、柳州、独山等分支行处撤回。

在其他金融机构方面，贵州省在抗战时期县合作金库发展迅速。自1938年起，贵州省农村合作委员会主任周贻春分别与贵阳中国农民银行以及经济部农本局驻贵阳专员办事处签订合约，在省内设立合作金库15个，次年又与贵阳的中国银行、交通银行签订合约设立合作金库41个。截至1943年6月，贵州全省54个县合作金库有资本金5,474,816元，共计吸收各项存款23,108,333元，发放各项贷款19,895,001元。[2]县合作

---

[1] 金戈：《记抗战后的贵州银行》，见中国人民政治协商会议西南地区文史资料协作会议编：《抗战时期西南的金融》，西南师范大学出版社1994年版，第277页。
[2] 钱存浩：《抗战时期贵州的合作金融》，见中国人民政治协商会议西南地区文史资料协作会议编：《抗战时期西南的金融》，西南师范大学出版社1994年版，第433页。

金库的发展在一定程度上弥补了银行等金融机构有限的融资能力,为丰富战时贵州省农村金融的融资渠道做出了贡献。

3.陕西省

陕西省毗邻四川,古都西安自古代以来就得到了较好的开发,因此在西北各省中是经济较为发达、金融较为繁荣的省份。全面抗战爆发后,国家行局与商业银行除了迁往四川重庆,陕西也是内迁的一个重要选择,有的还在陕西省内的大县设立分支机构。西安也日益成为大后方的金融核心区之一。[①]

在国家行局方面,1935年5月15日中央银行西安分行开业,代理国家财政金库,并先后在陕西省内设二级分行与收税处。全面抗战爆发后,西安央行由于地处西北大后方枢纽,因此得到了很大的发展,先后开办国家银行票据交换和黄金存款兑付业务,得到很大扩展。1915年3月1日,中国银行西安分行成立,1923年西安分行被压缩为办事处,此后陕西战乱不断,直到1933年中行在陕西才复业。全面抗战爆发后中行在甘肃天水设立分行,作为西北管辖行,西安支行归其管辖。天水分行看重西北地区盛产羊毛、棉花、小麦及玉米,是轻纺工业的重要原料,于1940年请示总行成立雍兴实业公司,并在西安设办事处,先后在陕西、甘肃、四川等地筹设纺织、面粉、煤矿、制革、化学等工厂。交通银行最先是1934年在潼关设立支行,年底又将其改为办事处,同年12月设立西安支行,后改为分行。全面抗战爆发后,交行为安全起见裁撤了潼关、朝邑的办事处。战时,交通银行致力于陕西省的工矿企业贷款投资,据统计仅1942年一年放出款项平均数约为1亿元。中国农民银行西安分行的前身四省农民银行1934年6月就在西安设有办事处,1935年改为中国农民银行西安分行,1947年升格为西北地区管辖行。中央信托局西安分局直到1945年9月17日才正式开业,战时中央信托局的业务主要

---

① 陕西省地方志编纂委员会编:《陕西省志》第36卷《金融志》,陕西人民出版社1992年版,第281—306页。

由西安央行代为办理。陕西省的邮政储金汇兑原来隶属于陕西邮政局的业务范围，1943年3月12日才将南院门邮局改为邮政储金汇业局并正式开业。至此"四行二局"体系完成了在陕西省的布构。

  在商业银行方面，上海商业储蓄银行于1934年12月1日在西安设立分行，首届经理陆君谷，营运资金30万元，同年10月设渭南办事处，1936年11月设咸阳办事处。全面抗战爆发后，该行陆续设立宝鸡、汉中办事处，但随着战事的扩大，该行除宝鸡外，其他各地机构先后裁撤。金城银行于1935年在西安东大街设办事处，营运资金10万元，1946年升格为分行。金城银行是中华农业贷款团成员，是较早来到陕西创办农贷的银行，为陕西的农贷做了不少积极的工作。中国通商银行西安分行设立于1943年3月10日，经理王宝康，同年6月设立宝鸡办事处，第二年4月设东关分理处。1942年杜月笙率团考察西北，中国通商银行西安分行正是在他考察之后决定设立的。亚西实业银行西安分行于1943年1月6日成立，经理姚伯言，该行在西安办理礼券储蓄，便于婚丧嫁娶的礼金馈赠，业务以稳健持重著称，每年都有所盈利。建国商业银行西安分行设立于1943年4月20日，该行存续时间较短，资力和信誉都比较薄弱，但是由于与军方有关系，故西北的军需存款、汇兑多划拨给该行进行办理，因此在西安能够一直开展业务。川康平民商业银行是著名的川帮银行之一，于1943年9月15日在西安设立分行，经营普通的存贷汇业务，并将多余的资金用于"买入汇票"，调往总行赚取拆息与手续费。

  抗战时期许多外省的地方银行，尤其是北方沦陷区的地方银行，由于迁往重庆路途过于遥远，多选择迁往陕西。1939年6月，河南省银行在西安盐店街6号设办事处，主要扶助漯河等地商旅运销沦陷区的物资。河北省银行于1941年10月15日设西安办事处，不久总行也迁往西安，主要承办第一战区的军需款项划拨。1939年山西省银行和山西铁路银号在西安设立联合办事处，并在渭南、泾阳、宝鸡有寄庄，主要投资抢购晋南潞盐、棉花、小麦等物资并兼办第二战区的军需款项。

除了迁入陕西的地方银行，陕西本省战时也保留有不少地方银行，如陕西省银行、长安县银行，本地的钱庄银号近60家以及西北通济信托公司等，使得战时陕西的金融表现出良好的发展势头。此外，1938年7月，农本局西安专员办事处成立，同年就与陕西省政府签订贷款合同190万元。这一年冬天咸阳县合作金库成立，成为陕西省设立的第一个县合作金库，并促进了陕西省政府于第二年批准了《发展合作金库方案》，规定各县合作金库资本一律定为10万元，由县政府、原在该县办理贷款的银行、本县合作社以及联社入股，此后县合作金库的设立也在陕西省逐步铺开。1941年中央信托局保险部，宝丰、亚兴、永大保险公司，在西安设立分支机构，开展保险业务，陕西省的金融机构进一步丰富。

4.甘肃省

抗战时期，各类金融机构的内迁为甘肃省的经济发展起到了促进作用。一方面国家行局的内迁带动了甘肃与内地的经济联系，另一方面甘肃本省的地方性金融机构在这一时期的发展为厚植大后方经济做出了巨大的贡献。

在国家行局方面，1933年12月4日中央银行在兰州设立分行，负责代理国库和检查各类金融机关，抗战期间在甘肃设立办事处和收税处。中国银行最早在1924年设立兰州支行，但在1929年就被清理结束，1939年7月兰州支行复业。1941年中国银行与甘肃省政府合资设立甘肃水利林牧股份有限公司，推动当地农业发展。交通银行在全面抗战爆发之后进入甘肃，1940年1月兰州支行成立，主要负责办理工矿交通事业的存放款，并在甘肃各地设办事处。中国农民银行兰州分行成立于1935年2月，全面抗战爆发后，甘肃省内的农贷业务多交由兰州分行办理。从1943年6月开始兰州分行受中央银行委托，挂牌出售黄金。中央信托局兰州分局成立于1936年7月，开展有信托、保险、储蓄等业务。邮政储金汇业局兰州分局成立于1942年11月，主要开展了储蓄、小额汇兑及简易人寿保险等业务，其存款利率略高于一般银行。

在商业银行方面，抗战后期大后方的建设逐渐从西南转向西北，许多资金也向西北大后方转移，众多商业银行选择到甘肃设立分支机构。

在地方银行方面，甘肃省银行总行、甘肃省合作金库、兰州市银行总行、绥远省银行、新疆省银行、陕西省银行均于1942年在兰州设立办事处。1943年12月兰州市银行成立，资本400万元，并在当年就成立了中华路、和平路两个办事处。

■ 抗战后期兰州的商业银行

银行名称	成立时间	经理	备注
绥远省银行兰州办事处	1942年1月	王发俊	
长江实业银行兰州分行	1942年11月	冯稚衡	
上海信托公司兰州分公司	1942年	李康甫	该公司主要经营银行业务
中国通商银行兰州分行	1943年1月	郑子舫、丁葆瑞	天水设办事处
亚西实业银行兰州分行	1943年7月	李慎修、张雪宾	
四明商业储蓄银行兰州支行	1943年8月	张嘉煦、金鸿湖	平凉设办事处
兰州市银行总行	1943年12月	陈昌明	
永利银行兰州分行	1943年9月	陶稚农、陈信生	天水设办事处
大同银行兰州分行	1943年11月	扈天魁、濮恩耕	天水设分行
华侨兴业银行兰州分行	1944年3月	徐仕达、李纯华	平凉设办事处

资料来源：甘肃省地方志史编纂委员会、甘肃省金融志编纂委员会编纂：《甘肃省志》第44卷《金融志》，甘肃文化出版社1996年版，第51页。

除此之外，太平洋保险股份有限公司兰州支公司，以及宝丰、合众两家保险公司在兰州设立的办事处都在开展保险业务，丰富了甘肃省的金融业。[①]

抗战期间，为了配合"抗战建国"的基本国策，开发大后方，其中经济建设是大后方发展的关键。而在这一过程中，西南西北金融业的崛起无疑为大后方经济的开发提供了坚实的基础。一方面，西南西北地区

---

① 甘肃省地方史志编纂委员会、甘肃省金融志编撰委员会编纂：《甘肃省志》第44卷《金融志》，甘肃文化出版社1996年版，第45—52页。

金融业的崛起使得各级各类金融机构得到了很大的发展，形成了以国家银行为核心，地方银行为基础，商业行庄和其他金融机构为补充的金融体系。另一方面也应该看到，大后方各省份由于历史条件与经济发展水平不同，各省的金融业发展存在较大的不平衡，尤其是在新疆、西藏、青海等偏远省份金融事业发展依然缓慢，部分地区除了有国家银行的分支机构外，几乎没有地方银行与商业行庄。

聚沙成塔，集腋成裘——大后方金融网的构建

大后方金融网的构建是整个抗战大后方金融事业建设的核心，国民政府通过对大后方金融网的构建，一方面有利于厚植大后方经济，支援抗战，另一方面则利用大后方金融网加强对经济金融的垄断。大后方金融网的构建是抗战史上特殊的一幕。国民政府在经济落后的西南西北大后方，撒下了一张生机勃勃的金融网，对于坚持抗战并最终取得胜利具有极为重要的意义。

1937年全面抗战爆发后，国民政府就已经初步有了布局大后方金融网的考量。面对当时存户向各战区银行疯狂提款、银行资金骤减、工商业周转不灵的局面，国民政府为了适应战时需要，采取了一系列战时的金融措施。通过成立四联总处，完善国家行局分支机构，建立省县地方银行，引导商业银行内迁等措施，国民政府完成了大后方金融网的构建，扶植了后方各项生产，增加了政府财政收入，从而支撑抗战的进行。

1.四联总处为大后方金融网的总枢

国民政府成立四联总处，为大后方的金融网建设设置了一个总枢机构。虽然在战前国民政府就已经构建了以"四行二局"为核心的金融体系，但是对国民政府来说，这样的垄断程度依然不够。随着全面抗日战争的爆发，大后方需要一个能处置战时金融事宜的、事权高度集中的、具有权威的战时金融总枢机构，四联总处正是在这样的背景之下应运而生的。1939年9月8日，又颁布《战时健全中央金融机构办法》，遵照此

法令对四行联合办事总处进行了改组，1939年10月，在重庆正式成立四行联合办事总处，简称四联总处。总处设理事会，理事会设主席，主席由中国农民银行理事长蒋介石兼任[①]。四联总处作为战时金融的最高领导，同时也是战时大后方金融网建设的领导者。1939年10月制定的《中央中国交通农民四银行联合办事总处组织章程》中，明确规定四联总处职权任务的第一项就是"关于全国金融网之设计分布事项"[②]。金融网的建设目的就在于以西南西北地区为抗战建国民族复兴的根据地，开发大后方的产业，疏通金融脉络，增强抗战建国的基石。而四联总处的成立也标志着一切金融资本受制于国家垄断资本银行的时代从此开始了。

2.国家行局为大后方金融网的骨干

"四行二局"的国家行局体系在大后方金融网的构建过程中是作为骨干力量存在的。为了配合金融网的构建，国民政府推动了四行专业化工作开展，其目的在于加强中央银行的垄断性，并明确四行的业务范围。1942年6月24日，四联总处通过了《中、中、交、农四行业务划分及考核办法》，决定对四行业务重新划分。规定中央银行的主要业务是，集中钞券发行，统筹外汇收付，代理国库，汇解军政款项，调剂金融市场，等；中国银行的主要业务是，发展和扶助国际贸易并办理有关事业的贷款与投资，受中央银行的委托，经理政府国外款项的收付和经办进出口外汇与侨汇，办理国内商业汇款和储蓄信托业务，等；交通银行的主要业务是，办理工矿、交通及生产事业的贷款与投资，办理国内工商业汇款，公司债券及公司股票的经募或承受，办理仓库及运输业务，办理储蓄信托业务，等；中国农民银行的主要业务是，办理农业生产贷款与投资，办理土地金融业务，合作事业的放款，农业仓库信托及

[①] 洪葭管编著：《中央银行史料（1928.11—1949.5）》，中国金融出版社2005年版，第770—772页。
[②] 重庆市档案馆、重庆市人民银行金融研究所合编：《四联总处史料》（上），档案出版社1993年版，第70页。

农业保险，吸收储蓄存款，等。①

四行专业化之后，职能明确，分工负责，担负起扶助农业、工业、矿业、交通、商业各业生产建设和调剂全国金融的责任，形成了高度集中的国家银行体系。1942年5、6月间，四联总处制定了《统一发行办法》。该办法规定：自1942年7月1日起，所有法币之发行，统由中央银行集中办理。在全国形成了统一的货币发行制度。这一关键性措施，加强了四联总处对国家银行的控制，实现了中央银行的垄断，使其真正成为"银行之银行"。

国民政府一开始便将四行作为构建大后方金融网的骨干力量，1938年8月，拟订《筹设西南、西北及邻近战区金融网二年计划》，1940年3月，增订《第二第三期筹设西南西北金融网计划》，提出凡与军事、政治、交通及货物集散有关，以及人口众多之地，四行至少应筹设一行，以应需要。全面抗战前四行在西南西北地区分支机构较少，只有分支行处64处。但从1938年起，在国家银行的带动下大后方地区的金融业进入了大发展的阶段，按筹设西南西北金融网的计划，推行结果颇见成效，形成了以国家银行为核心的金融网。四行在四川省的机构战前战后情况的显著变化就是一个缩影。

■ 全面抗战前后四行在四川境内分支行处数之比较表（截至1942年底）

地名	中央银行 前	中央银行 后	中国银行 前	中国银行 后	交通银行 前	交通银行 后	中国农民银行 前	中国农民银行 后
四川	3	21	11	30	—	16	16	24
重庆	2	4	3	5	—	7	2	9
总计	5	25	14	35	—	23	18	33
全川现有	130		249		23		51	

资料来源：张舆九《抗战以来四川之金融》，载《四川经济季刊》1943年第1卷1期。

在西南地区，截至1940年3月20日，按照第一期金融网建设计划在西南地区成立的四行分支处，其中四川省60处、云南省25处、贵州省21

---

① 洪葭管编著：《中央银行史料（1928.11—1949.5）》，中国金融出版社2005年版，第803—804页。

处、广西省22处、西康省5处等共计133处。①1941年12月底统计，"中中交农"四行之分行处，在四川省108处，西康省8处，云南省26处，贵州省24处，广西省38处，这五省设总分支行处达到204处，比1940年增约150%。从1942年到1943年更是急剧扩充，四川省最甚，分别达到198处、211处，而上述五省总计则达到了411处、434处，分别较上年增长了202%和105%。在西北地区，开战后截至1942年，四行在西北（新疆除外）已增设行处56家，较之战前增加255%，若与战前的合计则为78家。西南西北地区合计1941年共264处，1942年达到了503处，到1943年更是达549处。

3.地方银行为大后方金融网的基础

省县银行为我国银行体系中之一环，居金融组织之基层，关系地方经济之发展，与地方自治之推行，尤为密切。1937年8月1日，国民政府第八次国务会议通过《经济改革方案》，特别强调加强基层银行的建设。抗战时期地方银行在国民政府构建大后方金融网的背景下也迅猛发展，形成金融网的基层银行，成为大后方金融网的基础力量。1938年6月，第一次地方金融会议在汉口召开，提出"增设内地金融机关，以完成金融网"。次年于重庆召开第二次地方金融会议，强调"将中央所定财政金融万策，藉地方金融机构，广为传导"。②在这样的大背景之下，大后方的地方银行建设迎来了一个高潮。一方面，沦陷区银行纷纷在陪都及大后方各省设立办事处。在陪都重庆设立办事机构的地方银行有江苏农民银行、江苏银行、安徽地方银行、湖南省银行、湖北省银行、河北省银行、河南农工银行、陕西省银行、甘肃省银行、广东省银行、广西省银行、福建省银行、云南兴文银行、西康省银行等14家迁入，并在重庆设立分支行或办事处。③此外，云南、广西、贵州等省份

---

① 重庆市档案馆、重庆市人民银行金融研究所合编：《四联总处史料》（上），档案出版社1993年版，第191页。
② 沈雷春主编：《中国金融年鉴》（1947），中国金融年鉴社1947年版，第A53页。
③ 张舆九：《抗战以来四川之金融》，载《四川经济季刊》1943年第1卷1期。

都有其他省份地方银行迁入或设立办事机构。

另一方面，大后方区域各省的本省地方银行也纷纷增设机构。根据财政部第二次全国地方金融会议的指示，西南西北各省银行迅速在各市县普设分支行处。1937年全面抗战爆发前，四川省银行仅有总行1家、分行2家、办事处13家、汇兑所3家。全面战争爆发后，四川省银行积极构建全川金融网，将它在1940年前代理省库设立的内江办事处改为分行，富顺、太和镇、三台汇兑所改为办事处，1939年分支行处达42家，1940年又增设19家。到了1943年，已经发展到有总行1家（设重庆）、分行3家（设成都、内江、万县）、支行6家（设合川、遂宁、南充、达县、泸县、自流井）、办事处80家，遍及全川各地，总共分支行处89家，连同总行共达90家。[①]四川省银行在省内所设总分支行分布于全省85个县市，几乎占到全省135个县市的三分之二，在大后方的省地方银行中，其为金融网构建所做的努力可以说最为巨大。西北各省地方银行，在战前仅为陕北地方实业银行、陕西省银行、宁夏银行和新疆省银行4家。全面抗战爆发后，1939年甘肃省银行重新设立，该行曾于1929年停业，后青海省银行也建立了，到抗战胜利前夕，西北各省的省银行在各自地域范围内都基本上形成了自己的金融网。总行由战前的4家发展为6家，分支行处由战前44家发展为170家，增长约3.9倍。整个西南西北地区省地方银行总行从7家发展为12家，分支行处由98家，发展到364家，增长了3.7倍。

在省地方银行迅猛发展的同时，县银行也得到了迅猛发展。全面抗战爆发前，全国县银行共凡28家。属于浙江省者最多，共13家，占全数二分之一；其次四川5家，江苏3家，湖南、广东、福建、陕西、北平等地各1家。[②]有鉴于此，国民政府在1939年颁布的《巩固金融办法纲要》中明确指示西南西北金融网的建设力争在每一县或区设一个

[①] 中国人民政治协商会议西南地区文史资料协作会议编：《抗战时期西南的金融》，西南师范大学出版社1994年版，第4页。

[②] 郭荣生：《县银行之前瞻及其现状》，载《经济汇报》1942年第6卷第7期。

县银行。紧接着，1940年四联总处制定《县银行法》，督促设立县银行，并设立简易储蓄处，利用邮局网点普遍的优势，开办银行业务，调节各地资金。此后，大后方各省份的县银行逐渐发展起来，截至1943年，全国登记领照之县银行共86家，未领照而开业者79家，筹备中为58家，总计223家。以省别言：四川第一，全省有97家；陕西第二，全省50家；次为河南，计46家；广东第四，全省14家。[①]到抗战胜利前夕，全国县银行中西南地区占53%，而在西南诸省中四川省的县银行数量占到了90%。西北地区的县银行仅在陕西、甘肃设立，其他省未设立，至抗战胜利时，大后方的县银行从战前的5家，发展到196家。

1940—1945年大后方各省县银行分布表

	1940	1941	1942	1943	1944	1945
四川	2	15	43	36	17	10
云南	—	—	—	1	2	2
贵州	—	—	—	1	2	2
广西	—	—	—	—	1	—
西康	—	—	—	—	1	3
陕西	—	—	4	16	26	11
甘肃	—	—	—	1	—	—

资料来源：据沈长泰编著，胡次威主编《省县银行》，大东书局1948年版，第44页整理。

省县地方银行由此成为大后方金融网的重要组成部分，尤其在偏僻地区，四行无法顾及则由各省的本省银行设立分支行处，遵循一地至少一行的原则。1940年1月，国民政府公布《县银行法》，提出县政府以县乡镇之公款，与人民合资，成立县银行。可见，自中央至省、县银行，它们自上而下互相衔接，形成了一体化的国家银行体系，也构成了推进大后方金融网的基本机制。

[①] 中国通商银行编：《五十年来之中国经济》，六联印刷股份有限公司1947年版，第47页。

4.商业银行为大后方金融网的重要力量

大后方商业银行的日益增多，成为构筑大后方金融网的重要力量。随着国家行局的内迁，商业银行也纷纷选择向大后方转移，首先就是各商业银行在大后方增设分支机构。全面抗战爆发后，中国通商、四明银行、国华银行、国货银行、盐业银行、中南银行、金城银行、浙江兴业银行、大陆银行、新华信托储蓄银行、中国实业银行以及四行储蓄会等十数家较大的银行纷纷选择在大后方省份开设分支机构。在重庆，全面抗战一爆发就有上海银行、浙江兴业银行、中南银行、江苏农行、盐业银行、大陆银行、四行储蓄会、中国通商银行、中国实业银行、四明银行等行来重庆设立分行。[①]在云南，全面抗战爆发前一家国家银行和外省商业银行都没有，全面抗战爆发后国家银行和省外商业银行纷纷涌入，主要有中央银行、中国农民银行、金城银行、聚兴诚银行、上海商业储蓄银行、四川美丰银行、川康平民商业银行、浙江兴业银行、新华信托储蓄银行、上海信托股份有限公司、川盐银行、中国农工银行、济康银行、山西裕华银行、同心银行、大同银行、正和银行、中国工矿银行、光裕银行、亚西实业银行、华侨兴业银行等30家。[②]在贵州，战前除了3家国家银行和1家地方银行外，贵州省没有其他商业银行，全面抗战爆发后省外商业银行纷至沓来，有上海商业储蓄银行、金城银行、聚兴诚银行、亚西实业银行、云南兴文银行、和成银行、云南实业银行、复兴银行、大同银行、昆明商业银行、中国国货银行、利群银行等16家。[③]

除了内迁至大后方的商业银行之外，大后方各省的本地商业银行也在这一时期得到了较快的发展。到1943年下半年，新成立29家商业银

[①]《省外银行纷纷入川》，载《四川经济月刊》1938年第9卷第1—2期。
[②] 中国人民政治协商会议西南地区文史资料协作会议编：《抗战时期西南的金融》，西南师范大学出版社1994年版，第15—19页。
[③] 中国人民政治协商会议西南地区文史资料协作会议编：《抗战时期西南的金融》，西南师范大学出版社1994年版，第37—40页。

行，重庆最多，有18家，集中了其中的近69%。其次是昆明，有7家，成都2家，衡阳1家，贵阳1家。这也从一个侧面反映了西南地区在大后方金融中的地位，战时重庆作为大后方金融中心的影响力。从1943年到1945年三年间，以总行论，西南西北地区的商业银行分别为164家、253家、179家，加上分支行处，则分别为611家、757家、682家，其中四川省（包括重庆在内）位居首位。

但近代中国私人资本并不发达，私人资本的企业以及商业银行总体来说资金较为单薄，规模也普遍偏小。在金融市场上的融资过程中，商业银行的私人资本往往只能充当国家行局的配角而已。无论在资力，业务规模，以及分支机构各方面，商业银行的势力都远不及政府系统银行，在战时，商业银行虽颇发达，但仍不能变更这种悬殊的局面。[1]国民政府"四行二局"体系早在战前就已经基本确定了对金融行业的垄断局面，仅就存款和发放兑换券业务而言，"四行二局"就已经占到全国的59%和78%，其资产总额和总收益也分别占全国的59%和44%。因此尽管战时中国的商业银行在大后方得到了迅速发展，但是依旧没有改变国家行局的金融垄断局面。

最后国民政府还建立公库制度，并将商业银行纳入国家的严密监控之下。晚清时期，政府库款的代理主要由钱庄、票号等代理，1912年民国政府建立以后，中央银行、中国银行、交通银行定为国家银行，统一代理国家库款的制度便开始逐步加强。但是由于当时银行机构少，大量的公库款项，仍要依赖钱庄办理管理。1938年国民政府正式颁布《公库法》，规定：公库现金、票据、证券之出纳、保管、移转及财产之契据等保管业务，应指定银行代理，属于国库者，以中央银行代理。[2]中央银行国库局代理国库总库，各省分行代理分库，其他分行代理支库，凡未设中央银行分支机构的地区，由中央银行国库局委托中国、交通、农

---

[1] 寿进文：《战时中国的银行业》，出版社不详，1944年版，第134页。
[2] 宋汉章：《我国银行制度之演进》，见朱斯煌主编：《民国经济史》，银行学会银行周报社1948年版，第2页。

民三行及邮局代理支库。《公库法》的实施在全国范围内形成了由中央到地方的公库网，为调动一切财力物力支援抗战奠定了基础。

5.其他金融机构为大后方金融网的补充力量

传统的钱庄、票号行业重新崛起成为构筑大后方金融网的重要补充。钱庄是我国固有之商业金融组织，而其业务主要侧重于商业金融中的普通存放款。在我国古代没有银行之前，钱庄是金融行业中的翘楚，负有调剂金融的重任。但是到了20世纪30年代，钱庄因为经营不善，再加上银行与外商资本的冲击，逐渐衰落了下来。全面抗战爆发后，在银行业发展的同时，钱庄业也逐渐发展起来，其中以四川省最为发达。战前，四川省有钱庄55家，共计有资本318.1万元，到1941年时，重庆新设银号、钱庄36家，成都新设22家，内江新设8家，仅此三地的新设钱庄数已超过战前的20%，资本少则10万元，多则数百万元不等。1943年10月底止，重庆市钱庄银号的总分庄号计36家。具体情况如下表：

■ 全面抗战前后重庆钱庄银号的家数统计表

年份	1937年7月前	1941年底	1943年10月底
钱庄银号	2	53	36

资料来源：康永仁《重庆的银行》，载《四川经济季刊》1944年第1卷第3期。

■ 全面抗战前后重庆银号钱庄平均资本、资本总额（单位：千元）

年份	1937年7月前	1941年底	1943年10月底
平均资本	87	492	1272
资本总额	2006	26,088	43,258

资料来源：康永仁《重庆的银行》，载《四川经济季刊》1944年第1卷第3期。

从上表来看，虽然重庆1943年钱庄银号的家数较1941年有所减少，但资本总额及平均资本额均较前增加很多。就资本总额论，1941年底，钱庄银号资本，也不过为战前资本的13倍，而1943年10月底，钱庄银号的资本总额,则为战前资本总额的近22倍。所以1942年以后,乃是钱庄银号增加资本最多的时期。到1945年8月,四川、西康、贵州、陕西、甘肃五省的银号和钱庄总数发展到154家,分号27所;其中四川省仍有82家总号和26所分号。但是与银行业相比,钱庄业组织形式较为落后,资本规模也偏小。以1942年6月底重庆银钱业的存款数额为例,32家商业银行共有存款226,732千元,而43家庄号的存款,仅有80,565千元,仅及银行存款的三分之一强。其拓展业务的主要手段就是通过高利率吸收存款,又以高利贷给相关的商家,经营风险较大。钱庄业对银行也具有较大的依赖性,钱庄需要款项时往往需要向银行拆借,各商业银行中存放同业科目下的资金中钱庄业的拆借款就占到了很大的比重。

通过一系列措施,国民政府建立起了战时金融垄断机制,建立起了以四联总处为领导,以四行为骨干,以省县地方银行为基础,商业银行作为重要力量,其他金融机构作为重要补充的大后方金融网建设的推进机制,这就为在政府主导下大后方金融网的构建创造了前提。

抗战时期大后方金融网构建是以金融中心的转移为重要前提的。战前上海是全国的金融中心,西南西北地区的金融业比较落后,而西南西北地区金融业比较集中的也只有四川。八一三事变之后,国民政府迁往重庆,作为政府金融机构的"中中交农"四行、邮政储金汇业局、中央信托局随政府西迁。各机构的总行、总管理处和总局以及四联办事处,均纷纷迁往重庆,这标志着全国金融中心的西移。除了国家行局的西迁,其他金融机构尤其是商业银行也纷纷选择西迁,其经营业务也多转向西南,与政府战时金融政策采取一致的行动。以中央金融机构西迁重庆为标志,重庆作为全国抗战金融中心的地位迅速形成,并不断增强,同时其他各类金融机构大量前往西南地区,并遍设分支机构,逐步形成了在西南金融方面强有力的金融网。[1]截至抗战胜利,全国除了沦陷区外共有银行总行416家,分支行2566家。而在西南西北地区的总行就有

---

[1] 《西南金融经济之全貌》,载《金融导报》1941年第3卷第9期。

309家，占总数的74.27%；分支行1680家，占总数的65.47%。而在西部地区又主要以西南五省为数最多，计总行245家，占总数59%；分行1314家，占总数51%。而在西南地区又以重庆最为突出。

1945年川渝沪银行分布比较表

地名	总计 共计	总计 总行	总计 分行支处	中央特许银行 共计	中央特许银行 总行	中央特许银行 分行支处	省县地方银行 共计	省县地方银行 总行	省县地方银行 分行支处	商业银行 共计	商业银行 总行	商业银行 分行支处
四川	851	201	650	136		136	311	106	205	404	95	309
重庆	157	67	90	30	4	26	17	2	15	108	61	47
上海	43	9	34	4		4	13	2	11	26	7	19

资料来源：据重庆市档案馆、重庆市人民银行金融研究所合编《四联总处史料》（下），档案出版社1993年版，第492页整理。

战时的重庆，其银行发展是十分迅速的，截至1943年10月底，重庆市银钱业行庄的家数，共计为126家。其中银行总行计37家，银行的分支行处计89家，包括国家银行、省县地方银行、商业银行及外商银行，种类齐全。而到抗战结束的1945年，其总分支行已达157家，其中总行67家，分支行90家，远远超过上海，当时上海之银行，仅有总分支行43家，其中总行9家，分支行34家，可见重庆在抗战时期作为金融中心的显赫地位。

大后方金融网的建设是随着国民政府推动金融中心的西移而进行的，金融中心的西移可以说是大后方金融网构建的前提，而这一过程的实施又是以国家银行为主、其他银行为辅的各类银行及金融机构的全面扩充和发展为载体的。

随着战争的进行，国民政府日益看到金融机构对金融体系来说就如同血液与血管之间的关系，血液的运转必须依赖于血管，而资金的融通必须依赖于这些金融机构。随着国民政府西迁，国民政府便着手部署和实施大后方金融网的建设。1938年、1939年国民政府分别在武汉和重庆召开了两次地方金融工作会议，提出"扶助经济建设""活泼地方金融""调剂地方金融"的任务。其目的在于以西南西北地区为抗战建国民族复兴的根据地,开发大后方的产业,疏通金融脉络,增强抗战建国的基石。此后在1938年拟定的《筹设西南、西北及邻近战区金融网二年计划》和1940年增订的《第二第三期筹设西南西北金融网计划》都积极规划了在大后方设立银行分支机构,并且提出了四行在大后方敷设金融网的具体任务：设立金融机构200余处,分三期进行,限于1941年底全部完成。第一期预计1939年底完成,第二期于1940年底完成,第三期于1941年底完成。

抗战中,在特定的环境下,以银行为主体的各类金融机构在大后方有了快速的发展。大后方地区的金融业取得了长足的进展,各级各类金融机构逐步形成了一个以重庆为中心的遍布西南西北大中城市和县区的金融网。

全面抗战爆发前,西南西北地区的经济社会发展十分落后,就金融行业而言,除了四川、重庆等地区有一定程度的发展外,其他地区金融机构都很稀少,金融网更是无从说起。全面抗战爆发,大后方的金融形势为之大变,金融业迅猛发展起来,并很快构建起以重庆为全国金融中心的近代化金融网。从深层次的原因来看,大后方金融网的形成一是源于特殊的时代背景,二是选择了政府强力推动的路径。从时代背景来看,全面抗战爆发,整个国家的政治经济中心西移,重庆成为战时首都,全国的资源、资金、技术、人才向大后方特别是四川和重庆聚集,从而推动了大后方经济和金融的腾飞,为大后方金融网的建设提供了必要的条件。另一方面,大后方金融网的敷设是在政府的强力推动下进行的,虽然有别于在自由市场竞争下所形成的金融网,但是其效率之高、成效之明显是毋庸置疑的。大后方金融网的建设,无疑极大地推进了该地区金融近代化,以及整个经济近代化的发展,对坚持抗战并取得最终胜利起到了不可替代的作用。但是我们同样应该看到,正是由于大后方金融网的构建是特殊时代下政府主导的产物,是一种短期行为,因此,大后方金融网的构建中又存在着政府高度垄断、各银行所设的分支处过于集中、金融发育的区域差别悬殊、资金运用过分投资于商业、市场秩序紊乱等一系列严重问题。而且随着抗战的胜利,国民政府还都南京,政治、经济中心回到东部,重庆和整个大后方地区的发展顿时因失去动力而陷入停滞,甚至出现混乱。大后方金融网的建立、发展与衰退,也是当时西部地区在特殊背景和条件下,整个社会经济与近代化道路艰难坎坷的发展轨迹的缩影。

后记：不一样的战场同样残酷

抗日战争，是中国人民为反抗日本帝国主义的殖民侵略而进行的卓绝斗争，是自近代以来中华民族反侵略战争中的首场伟大胜利。抗战的胜利，不仅彻底粉碎了日本帝国主义企图殖民中国的狂妄野心，也改变了中华民族自近代以来向下沉沦的命运，并且成为开始走向崛起和复兴的转折点。

抗日战争，是人类战争史上的奇观，可谓惊天地、泣鬼神。这场斗争，不仅发生在炮火连天、浴血搏杀的两军对垒的战场，也发生在波诡云谲、瞬息万变的金融领域。全面抗战爆发后，中国金融业的大迁徙，是在日本法西斯毁灭性的打击下气壮山河的大突围，是与日本侵略者展开全面决战之际的金融对垒。

战时的金融对垒，虽不闻杀声震天，不见尸横遍野，但一样如血流成河的面对面厮杀那样残酷无情，一样如刺刀林立的战场上两军对垒时的间不容发。战时的金融对垒是宁死不屈的战斗，是中国人民抗日战争极其重要的组成部分。它同样体现了全民族共御外侮的钢铁般的意志，凝聚了全民族团结一致的战无不胜的力量。战时的金融对垒，不仅有力地支撑了中国抗战经济的运转，提供了军需与民生、前方与后方的基本物质保障，为抗日战争的胜利做出了不可或缺的独特贡献，而且改变了中国广大的中西部地区现代金融在战前极其落后的状况，有力地推动了该地区金融业的现代化进程。战时的金融对垒，不仅表现了中国人民捍卫民族利益的强烈自尊，不畏强敌、不怕牺牲的英勇气概，也体现了中国人民敢于斗争、善于斗争的卓越智慧；不仅经受了血与火的考验，彻底打败了一切来犯之敌，而且历经了货币战、金融战、经济战的锤炼，提升了驾驭现代金融的水平与能力，积累了丰厚的经验与智慧。

前事不忘后事之师，今天，我们了解和研究抗日战争时期中国金融业的大迁徙，不仅是为了永远铭记这段不应忘却的历史，更是为了以史为鉴，汲取宝贵的历史经验与启示，为推进当代中国社会主义现代化建设，为实现中华民族的伟大复兴，为维护中国人民和世界人民的永久和平而不懈努力！

本著作是集体智慧与创作的成果，采用分工协作的方式完成。全书的写作大纲由刘志英拟定，引言、后记由刘志英撰写，第一章由田青青撰写，第二章由石大姚撰写，第三章由刘籽艺撰写，第四、七章由王凯撰写，第五章由梁若愚撰写，第六章由张秀梅撰写。王凯对全书进行了统稿，张朝晖对全书进行了校对和修改，最后，由刘志英统一修改定稿。课题组成员在研究上各有优势，但在谋篇布局与写作风格上，我们尽量做到统一，力求将学术问题和复杂问题，做到通俗易懂，为普及抗战史、金融史做出应有的贡献。

本书在写作中得到西南大学中央高校基本科研业务费专项创新团队项目"抗战大后方经济发展与社会变迁研究"（SWU1709122）的资金资助，也是该项目的阶段性成果。本书是中央高校基本科研业务费专项资助创新团队项目"中国抗战大后方研究"（SWU1709101）的成果之一，并得到国家社科基金抗日战争研究专项工程项目"中国抗战大后方历史文献资料整理与研究"（19KZD005）的支持。

刘志英谨识

2020年5月于山语城